MODERNES ANGELN

Das Standardwerk

Klaus Schmidt

JAHR TOP SPECIAL VERLAG HAMBURG

Die Deutsche Bibliothek - CIP-Einheitsaufnahme

Schmidt, Klaus:
Modernes Angeln : das Standardwerk / Klaus Schmidt. - 2. Aufl.
Hamburg: Jahr-Top-Special-Verl., 2002
ISBN 3-86132-626-4

Überarbeitete Neuausgabe
Copyright © 2002

JAHR TOP SPECIAL VERLAG GmbH & Co. KG
Jessenstraße 1, D-22767 Hamburg
Telefon 040 / 38906-0
Telefax 040 / 38906-302

Texte und Fotos: Klaus Schmidt
Redaktion: Bernd Kuleisa, André Pawlitzki
Titelgestaltung und Layout: Klaus Kuisys, Iris Lauster
Lithografie: Letter + Litho Neumünster GmbH
Druck: freiburger graphische betriebe

ISBN 3-86132-626-4

INHALT

■ Meisterhaft stippen:
Posenangeln auf Friedfische   **6**

Fein abgestimmt: Geräte zum Stippangeln   7
Alles im Fluß: Rotaugen reizen   10
Auf den Punkt gebracht: Die Brassenmethode   14
Stille Wasser sind tief:
Fein und leicht in Seen und Kanälen   18
Friedfisch à la Bolognese: Techniken mit der Rollenrute   22

■ Die feine englische Art:
Variationen mit der Matchrute   **27**

Wackler und Schleudern: Matchrute und Zubehör   28
Am Ufer entlang: Trotting an Fließgewässern   32
Sommer-Strategien: Mit der Wagglerpose am Fluß   35
Hinaus in die Ferne: Mit der Matchrute am See   38

■ Picker, Feeder & Co:
Grundangeln aktuell   **42**

Blickpunkt Spitze: Geräte und Montagen   43
Stippen ohne Pose: Mit Winklepicker im Stillwasser   46
Im Gleichschritt: Mit dem Futterkorb auf Brassen   50
Bisse mit Schwung:
Die Schwingspitze – der feinste Bißanzeiger   55
Draußen im Strom: Am Fluß mit dem Futterkorb   58

■ Zielfische im Visier:
Methoden, Köder und Tricks   **62**

Angeln mit Gespür:
Auf Döbel und Barbe mit dem Bodenblei   63
Kein Zufall: Aland, Nase, Zährte   66
An der Krautkante: Rotfeder, Karausche und Giebel   70
Stille Schönheit: Gezielt auf Schleien   74
■
Kämpfer mit Leidenschaft:
Karpfen auf moderne Art   **78**

Wer sucht, der fängt: Lebensweise und Standplätze   79
Zauberkugeln und Partikel: Karpfenköder und Futter   82

Technisches Englisch: Karpfengeräte und Zubehör   86
Gut gehakt: Ködermontagen und Tricks   90
Ufernah und oberflächlich: Die Pirsch auf Karpfen   94

■ Natürliche Beute:
Mit Naturködern auf Raubfische   **98**

Ansitz auf Esox: Gerät und Köderfische für Hechte   99
Tot wie lebendig: Methoden mit dem Köderfisch   103
Zander(s) sind anders: Mit Köderfisch und Fetzen   108
Bewegung tut gut: Mit Naturködern auf Barsche   112
Giganten auf dem Vormarsch: Waller in Deutschland   115
Schweres Geschütz: Gerät und Methoden auf Waller   119
Spezi-Aalitäten für einen rätselhaften Fisch   125
Dorsche im Süßwasser: Angeln auf Quappen   130
Zauber des Regenbogens: Forellen aus dem Teich   132

■ Die Kunst zu verführen:
Auf Raubfische mit künstlichen Ködern   **136**

Auf einen Blick: Köder und Geräte zum Spinnfischen   137
Jagen auf Jäger: Spinnfischen auf Hechte   142
Suchen und fangen: Hecht-Strategien an Fluß und See   146
Seefahrt auf Hecht: Taktik für große Wasserflächen   150
Glasaugen sind wachsam: Spinnfischen auf Zander   154
Wobbeln oder wabbeln? Köder-Variationen für Zander   158
Rund ums Jahr: Spinnfischen auf Barsche   164
Wölfe im Schafspelz: Rapfen, Döbel und Aland   168
Adel auf Raubzug: Forellen an der Spinnangel   171

■ Faszinierende Fischwaid:
Die Kunst mit der Fliege   **174**

Mit Schwung ins Ziel: Gerät und Wurftechnik   175
Fangen auf Sicht: Trockenfliegen gekonnt serviert   179
Insekten unter Wasser: Nymphen fangen mehr   184
Mit Fliegen reizen: Naßfliege und Streamer   188

Stichwortverzeichnis   **192**

VORWORT

Lieber Leser,
Angeln macht Spaß, Angeln und Fangen aber noch mehr. Der besondere Reiz des Angelns liegt in der Verbindung von entspannender Freizeit in der Natur und spannenden Fangerlebnissen. Diese freilich verteilen sich nicht gleichmäßig auf alle Angler. Manche fangen ständig mehr und größere Fische als die anderen.
Anglerglück? Wohl kaum, eher hat dies mit Geschick und Erfahrung zu tun.

Erfolgreiches Angeln kann man lernen, am besten von erfolgreichen Anglern. Auf meinen ersten Schritten ins Anglerleben führte mich mein Vater, danach suchte ich mir neue Lehrmeister und fand sie in Büchern. Die Tips englischer Experten wie Peter Stone und Richard Walker wurden ins Deutsche übersetzt: Sie wiesen mir den Weg zu großen Döbeln, Rotaugen und Brassen.

Von den großen Engländern lernte ich rückblickend noch etwas: Sie beherrschen es meisterhaft, Angelmethoden anschaulich und nachvollziehbar zu beschreiben. Demzufolge orientiere ich mich am englischen Vorbild einer praxisnahen Darstellung auch komplizierter Techniken.

Bei meiner langjährigen Arbeit für den BLINKER konnte ich viele in- und ausländische Angel-Experten kennenlernen und mit ihnen zusammen fischen. Ihre Kenntnisse und Erfahrungen haben meine Angelpraxis bereichert und damit auch das Wissen, das ich in diesem Buch weitergebe. Das Spektrum reicht von den Friedfischen über Hecht, Zander & Co. bis zum Fliegenfischen auf Forellen und Äschen.
Allen Freunden und Kollegen, die ich Ihnen im Verlaufe dieses Buches vorstellen werde, danke ich für ihre Beiträge, Tips und Fotos.

Ich wünschen Ihnen, lieber Leser, daß Sie durch dieses Buch neue Wege zum Fangerfolg finden. „Modernes Angeln" präsentiert Ihnen alle Angelmethoden im Süßwasser auf dem aktuellen Stand. Viel Spaß und Erfolg beim Ausprobieren!

Ihr

Klaus Schmidt

Meisterhaft stippen

POSENANGELN AUF FRIEDFISCHE

Posen stehen beim Stippen im Blickpunkt.

*D*ie Pose steht beim Stippen im Blickpunkt. Sie vermittelt den direkten Kontakt zum Köder und zeigt die Bisse an. Der Sichtkontakt zur Pose und über sie zum Fisch macht die besondere Faszination dieser Angelmethode aus, mit der die meisten von uns ihre ersten Fische gefangen haben, die aber auch in (welt-)meisterlicher Perfektion ausgeübt wird.

Fein abgestimmt:
Geräte zum Stippangeln

Lange Ruten, dünne Schnüre, präzise auf das Gewässer abgestimmte Posen und Bleimontagen sind das Rüstzeug des erfolgreichen Stippers.

Rotauge und Häsling, Brassen und Güster, seltener Döbel, Nase und Barbe sind die wichtigsten Zielfische – Fischarten also, die in Schwärmen leben und sich überwiegend von Kleintieren ernähren. Das hat für die Angelmethode zwei Konsequenzen: Erstens müssen wir kleine Köder in natürlicher Form anbieten, mit kleinen Haken, an feiner Schnur, gefühlvoll und an sensiblem Gerät. Zweitens müssen in aller Regel die Fische durch Anfüttern an den Angelplatz gelockt und dort bei (Freß-)Laune gehalten werden. Die Kunst des Anglers liegt darin, den Köder präzise über dem Futter anzubieten. Das gelingt am besten mit einer langen unberingten Rute, einer Kopfrute, bei der die Schnur direkt an der Rutenspitze befestigt ist.

Tele- oder Steckrute?

Unberingte Stippruten von 6 bis 11 Metern, teilweise noch länger, werden als Teleskop- oder Steckruten gebaut. Teleskopruten sind besonders leicht, in der Aktion etwas weicher und nachgiebiger als Steckruten. In 6 bis 8 Metern Länge kann man sie bequem einhändig handhaben. Für größere Längen eignen sich steife Steckruten mit schneller Aktion besser. Sie stehen ruhiger, schwingen kaum nach und setzen einen direkten, prompten Anhieb.

Steckruten ermöglichen außerdem das Fischen mit verkürzter Schnur genau auf dem Futter. Die Präzision als größter Vorzug der Kopfrute geht nämlich bei sehr langen Ruten und Schnüren verloren, besonders wenn der Wind in die Schnur greift. Mit einer langen Steckrute und kurzer Schnur kommt die Präzision zurück. Bemessen Sie die Länge der Schnur so, daß sich nach dem Ausloten nur 1 bis 2 Meter zwischen Rutenspitze und Pose befinden. Zum Beködern des Hakens und zum Landen der Fische wird die Rute auf entsprechender Länge zerlegt.

Voraussetzung für das Angeln mit feinen Schnüren und kleinen Haken ist eine flexible Rutenspitze. Bei modernen Stippruten aus Kohlefaser ist zumeist eine nadelfeine Voll-Kohlefaserspitze in die hohle Rutenspitze eingebaut.

An der Steckrute verwenden viele Experten gern einen Gummizug: In die hohle Rutenspitze oder in die beiden obersten Rutenteile wird eine ela-

Moderne Stipper fischen mit verkürzter Steckrute und Gummizug in der Spitze.

Meisterhaft stippen

Landung mit langstieligem Kescher aus monofilem Netz. Plattform und Kiepe sorgen für bequemen Sitz.

stische Gummischnur unter Spannung eingesetzt. Diese tritt bei Belastung heraus, wirkt beim Anhieb als Stoßdämpfer und bändigt im Drill auch größere Fische, sogar Karpfen bis etwa 8 Pfund.

Für den Gummizug gibt es spezielle Montagesysteme. Am vorderen Ende nimmt eine Kunststoff-Agraffe die Schnur auf. Eine Führung aus Teflon oben auf der Rutenspitze schont das Gummi vor Abrieb. Unten in der Spitze oder Teil zwei der Rute ist das Gummi an einer Halterung befestigt. Praktisch sind „Leitern", auf denen man das Gummi auf- und abwickeln und so seine Spannung verändern kann.

Beringt mit Rolle

Angeln mit der unberingten Kopfrute, das ist Stippen in seiner klassischen Form. Natürlich können Sie alle nachfolgend beschriebenen Methoden auch mit beringten Ruten ausüben. Wenn die Angelstelle außerhalb der Reichweite einer Kopfrute liegt, wenn Sie keine Lust haben, mit einer 11 Meter langen Rute zu fischen, wenn mit großen, kampfstarken Fischen zu rechnen ist, dann brauchen Sie ohnehin eine lange beringte Rute mit Rolle. Leicht und praktisch sind 5 bis 8 Meter lange Teleskopruten mit angewickelten Ringen und Klapp-Rollenhalter, sogenannte Bolognese-Ruten.

An der beringten Stipprute dient die Rolle in erster Linie als Schnurreserve, weite Würfe sind nicht erforderlich. Daher reicht eine kleine, leichte Stationärrolle aus. Wichtig beim Angeln mit dünnen Schnüren ist eine fein einstellbare Bremse, die ruckfrei reagiert.

Fein ist Trumpf

Als Standard-Schnurstärke empfehle ich 0,14 mm mit einem Vorfach von 0,12 mm. Stipp-Experten verwenden normalerweise 0,12 mm Schnur mit 0,10 mm Vorfach. Manchmal ist auch das noch zu stark: Beim Angeln mit sehr kleinen Haken oder auf vorsichtige Fische, besonders bei kaltem, klarem Wasser im Winter, bringt ein Vorfach von 0,08 mm noch Bisse, wo sonst gar nichts mehr geht.

Statt mit Hauptschnur 0,14 mm und Vorfach 0,12 mm können Sie auch mit durchgehender Schnur 0,12 mm von der Rutenspitze bis zum Haken angeln. Das hat zwei Vorteile: Die durchgehend dünne Schnur hat weniger Wasserwiderstand und ermöglicht eine sensiblere Köderführung. Die Elastizität der Schnur wird beim Anhieb und Drill besser ausgenutzt. Es bringt aber auch Nachteile: Bei einem Hänger muß der Haken neu angeknotet werden (Vorfach einschlaufen geht schneller), möglicherweise reißt das gesamte Geschirr einschließlich Pose ab.

Je besser die Schnur, desto feiner kann man fischen. Deshalb kommt insbesondere beim Vorfach nur erstklassiges Material mit hoher Naß-

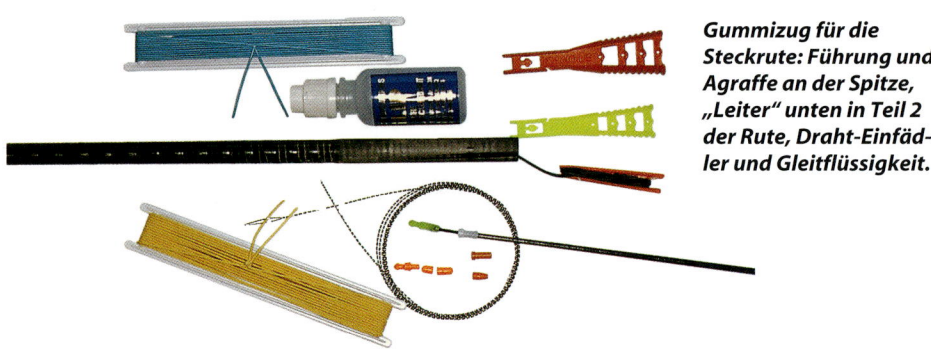

Gummizug für die Steckrute: Führung und Agraffe an der Spitze, „Leiter" unten in Teil 2 der Rute, Draht-Einfädler und Gleitflüssigkeit.

Modernes Angeln

Knotenfestigkeit und exakt gleichbleibendem Durchmesser in Frage.

Die schwächste Stelle der Schnur ist immer der Knoten. Zwei Knoten sollte der Stippangler möglichst „blind" beherrschen: das Anwinden des Plättchenhakens und die Schlaufe zur Verbindung von Vorfach und Hauptschnur bzw. Hauptschnur und Rutenspitze.

Von Größe 8 für gefräßige Brassen bis Größe 24 für superscheue Rotaugen reicht die Skala der Haken zum Stippen. Vorteilhaft sind feindrähtige Haken aus Carbonstahl mit chemisch geschärften Spitzen. Form und Größe des Hakens richten sich neben der Fischart auch nach dem Köder.

Posen und Blei

Ob lang oder kurz, dick oder schlank, grau oder bunt – Posen gibt es in unendlicher Vielfalt. Die Wahl hängt aber nicht ab von Modetrends, sondern von den Strömungs-, Tiefen- und Windverhältnissen am Gewässer. Längliche, schlanke Posen mit 0,5 bis 2 Gramm Tragkraft für stehende Gewässer, kompakte Posenkörper mit 1,5 bis 6 Gramm Tragkraft und langem Kiel für Fließgewässer, so lautet eine erste Orientierung.

Die Pose muß mit Blei so weit austariert werden, daß nur noch die Antenne aus dem Wasser schaut. Schon 0,1 Gramm (jawohl!) zu wenig Blei kann dazu führen, daß vorsichtig beißende Fische den Köder nach dem ersten Betasten wieder loslassen. Spaltschrote und Tropfenbleie sind die gängigen Bleiformen. Wichtig ist ihre richtige Anordnung auf der Schnur. Eine optimale Köderführung und Bißanzeige gelingen nur dann, wenn Posentyp und Bleischema richtig aufeinander und auf das Gewässer abgestimmt sind. Wir kommen bei den verschiedenen Gewässertypen darauf zurück.

Fester Sitz

Beim Stippangeln brauchen Sie einen festen, bequemen Sitz, sonst wird das Hantieren mit der langen Rute auf die Dauer zur Qual. Eine stabile Kiepe ist für den Stipper die ideale Sitzgelegenheit, sie bietet außerdem genügend Stauraum für Köder und Futter sowie Fächer für das gesamte Kleingerät. An schrägen, steinigen Böschungen ist eine Plattform mit verstellbaren Beinen als Untersatz für die Kiepe praktisch. In der gehobenen Preisklasse werden auch Sitzkiepen mit verstellbaren Teleskop-Füßen angeboten.

Ein langstieliger, leichter Unterfangkescher mit flachem, feinmaschigem Netz, in dem die Bleie sich nicht ständig verfangen, bringt die Fische sicher an Land. Zum kleinen Zubehör zählen Lotbleie zum Ermitteln der Wassertiefe, ein Hakenlöser mit Führungsschlitz, der auch einen zu tief geschluckten 18er Haken im engen Rotaugenmaul aufspürt und faßt, und eine Mehrzweckschere zum Schneiden der Schnur, Anklemmen und Öffnen der Bleischrote u. a.

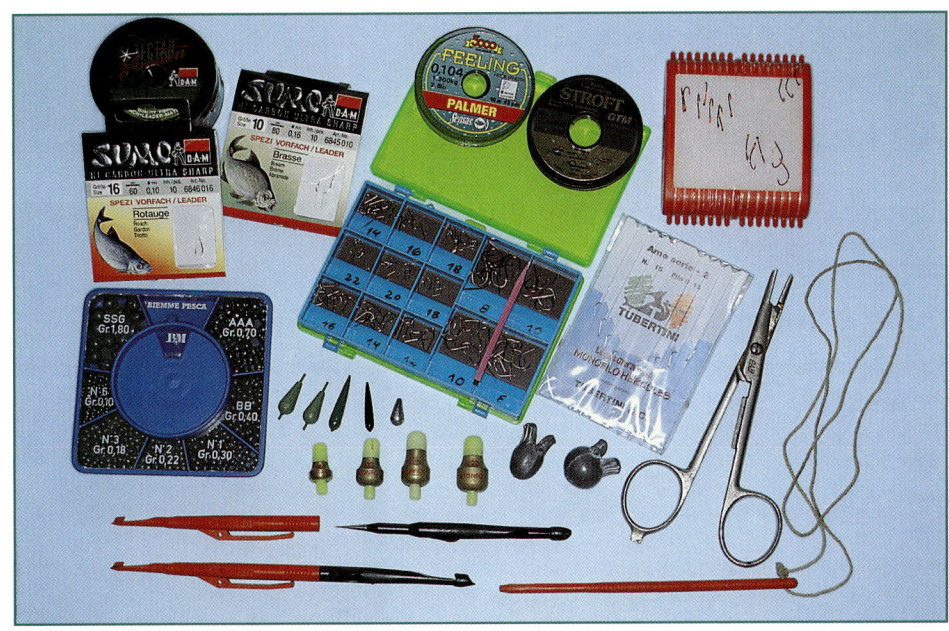

Zubehör zum Stippen: Haken, Vorfächer, Bleischrot und Tropfenblei, Lotblei, Schere, Hakenlöser. Der Hakenlöser links hat einen Dorn zum Lösen von Knoten.

Die beiden wichtigsten Knoten für den Stipper:

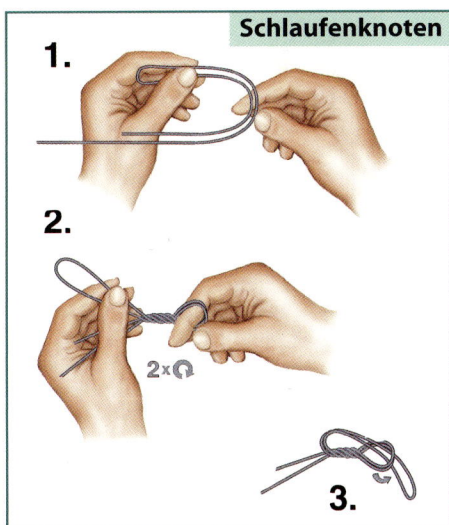

Hakenknoten (unten) und Schlaufenknoten. Hauptschnur und Vorfach werden Schlaufe in Schlaufe verbunden.

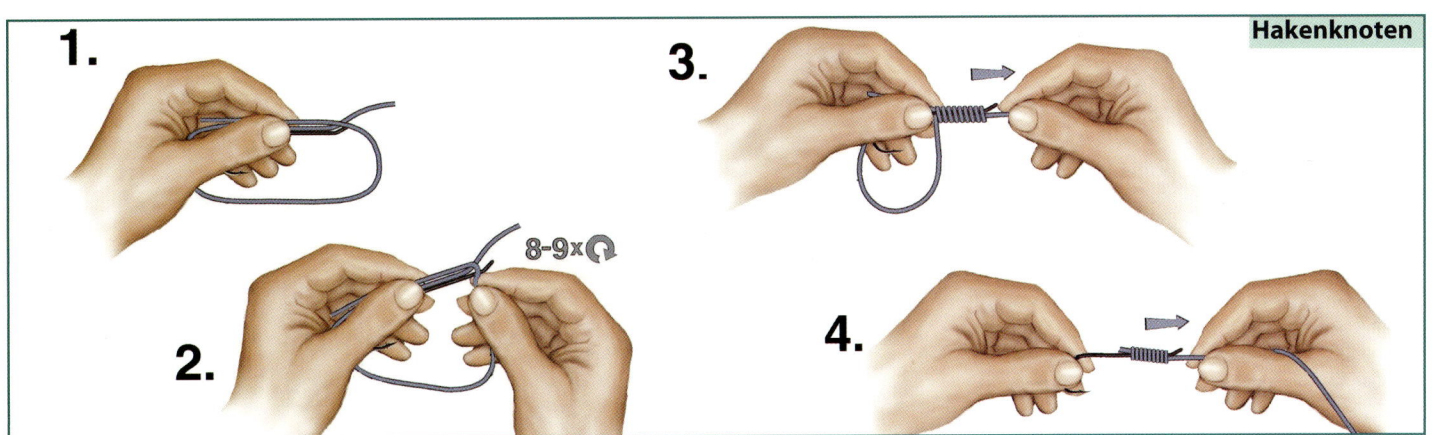

Meisterhaft stippen

Alles im Fluß: Rotaugen reizen

Das Rotauge ist Stippers Liebling. Regelmäßiges Füttern und aktive Köderführung bringen die Schwarmfische an den Haken.

Rotaugen sind Schwarmfische. Durch Anfüttern lockt man sie an den Haken.

Ein Flußabschnitt mit mäßiger Strömung, Wassertiefe 1,5 bis 2 Meter, glatter Kiesgrund, das sind günstige Voraussetzungen zum Angeln auf Rotaugen. Die Fische stehen gern am Fuße der Uferböschung, wo die schräg abfallende Kante in den ebenen Gewässerboden übergeht. Dort erwarten sie ihre natürliche Nahrung, die von der Strömung ans Ufer herangedrückt oder auch aus der Uferbefestigung herausgespült wird. Bei warmen Temperaturen im Sommer orientieren sie sich mehr zur Flußmitte in das stärker durchströmte, sauerstoffreiche Wasser.

Zum Rotaugenstippen im Fluß verwende ich gern eine leichte 7 oder 8 Meter lange Teleskoprute mit flexibler Spitze. Pose und Köder sollen parallel zum Ufer in einer Futterspur treiben. Das gelingt am besten mit einer Rute, die etwa einen Meter länger ist als die vorgesehene Angeldistanz.

Bei wirklich glattem Kiesgrund ohne große Gefahr von Hängern sollten Sie mit einer durchgehenden Schnur von 0,12 mm angeln, sonst mit Hauptschnur 0,14 mm und einem 30 bis 40 Zentimeter langen Vorfach von 0,12 mm. Experten fischen jeweils 0,02 mm feiner. Hakengröße 16 ist die Standardgröße auf Rotaugen.

Strom-Linie

Zum Angeln in leichter bis mäßiger Strömung empfehle ich schlanke tropfenförmige Posen mit 1,5 bis 2,5 Gramm Tragkraft. Sie werden mit einer Kette aus Bleischroten austariert (siehe **Skizze** nächste Seite). In langsamer Strömung und wenn die Fische sehr vorsichtig beißen, verteile ich die Schrote auf einer Länge von einem Meter über dem Vorfach (a). In flachem und stärker strömendem Wasser und wenn die Rotaugen den Köder entschlossen nehmen, schiebe ich die Schrote näher zusammen (b). Bei schneller Strömung verwende ich kompaktere, ebenfalls tropfenförmige Posen mit 3 bis 5 Gramm Tragkraft. Sie werden mit einem Tropfenblei und vier bis fünf kleineren Schroten austariert (c). Auch diese Schrote werden je nach Beißverhalten auf einer Länge von 50 Zentimetern über dem Vorfach verteilt oder zusammengeschoben (c). Zunächst lote ich parallel zum Ufer die Wassertiefe aus. Der ideale Angelplatz liegt in einer sanften Mulde, an deren Auslauf sich das Futter sammelt. Die Pose stelle ich so ein, daß der Köder ein paar

Anfüttern unter der Rutenspitze

Modernes Angeln **11**

Meisterhaft stippen

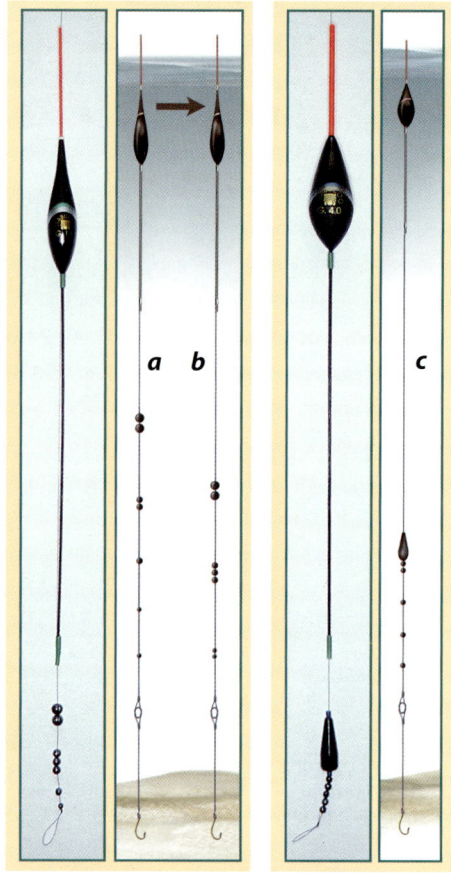

Posen und Blei zum Rotaugenstippen: links schlanke Tropfenpose mit Kette aus Bleischroten für langsame Fließe, rechts kompakte Pose mit Tropfenblei und Schroten für schnellere Strömung.

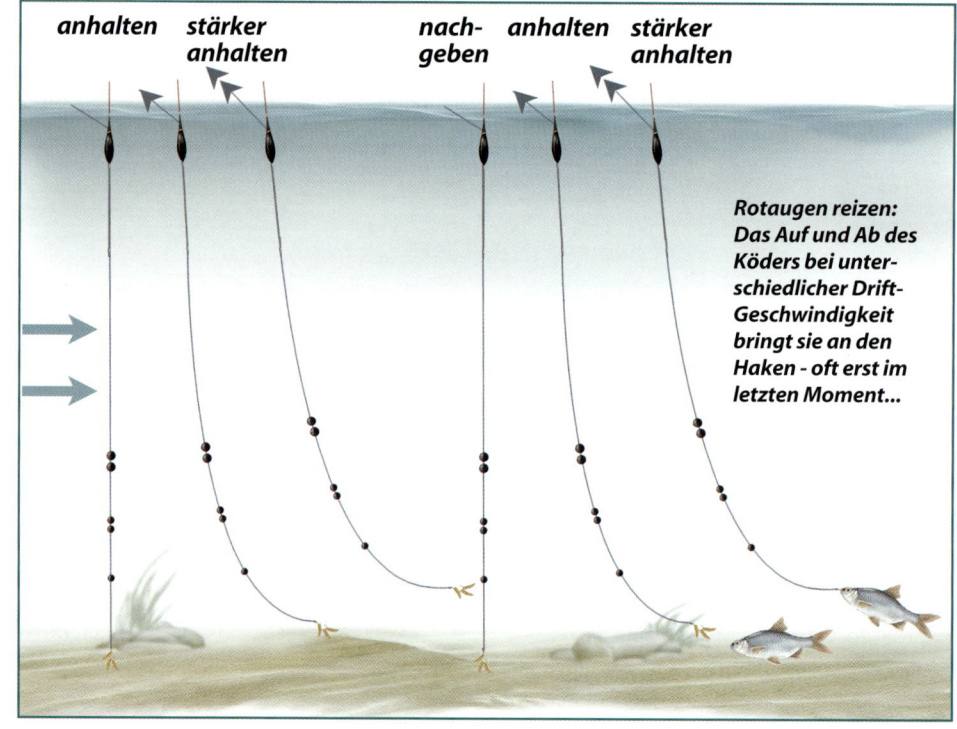

Rotaugen reizen: Das Auf und Ab des Köders bei unterschiedlicher Drift-Geschwindigkeit bringt sie an den Haken – oft erst im letzten Moment...

Zentimeter über dem Grund schwebt. Anfüttern ist der nächste Schritt. An einem günstig gewählten Platz stehen zwar oft schon Rotaugen, doch ihre Freßlust wird erst durch Anfüttern richtig geweckt. 3 bis 5 kleinere, einhändig geformte Futterballen reichen für den Anfang aus. Die Ballen sollen sich am Grund rasch auflösen und eine Futterspur bilden. Die Rotaugen sammeln das über den Kiesgrund treibende Futter ein und suchen darin nach nahrhaften „Mustern" vom Hakenköder.

Stehen zu Beginn noch keine Fische am Platz, so kommen bei regelmäßigem Anfüttern mit kleinen Portionen spätestens nach 15 bis 20 Minuten die ersten Bisse, wenn ein Schwarm die abtreibenden Futterpartikel wahrnimmt und ihnen stromauf entgegenschwimmt. Bei kaltem Wasser und entsprechend trägen Fischen kann sich die Wartezeit verlängern. Auch wenn die Rotaugen das Futter angenommen haben und regelmäßig beißen, sollten Sie nach dem Grundsatz „wenig, aber oft" weiterhin anfüttern.

Bereits mit dem Wurf beginnt das aktive Fischen. Werfen Sie die Angel so ein, daß die Pose etwa einen Meter vor der Rutenspitze, das Blei und der Köder schräg stromab davon an gestreckter Schnur ins Wasser fallen. So steht

Lockfütterung mit Maden, lose mit dem Katapult eingeschossen.

der Köder schon im Absinken unter Kontrolle und treibt dem Blei und der Pose voraus.
Verändern Sie im weiteren Verlauf der Drift die Schnurspannung, lassen Sie den Köder ein Stück ungehindert treiben, halten ihn dann zurück, so daß er aufschwimmt, lassen ihn wieder fallen. Abhängig von der Strömung und der Wassertemperatur bevorzugen die Rotaugen jeweils ein bestimmtes Verhalten des Köders. Sehr häufig nehmen sie den Köder, wenn er beim Zurückhalten der Pose aufsteigt. Vielleicht greifen sie gerade in diesem Moment zu, weil ihr Instinkt oder ihre Gier ihnen sagt, daß sonst ein anderer Schwarmgenosse zum Zuge käme. Für eine sensible Köderführung, ein harmonisches Auf und Ab des Köders ohne unnatürliche Sprünge, wähle ich gern eine verteilte Bebleiung aus mehreren Schroten.

Platzwechsel

Auch die Einstellung der Pose, d. h., die Angeltiefe entscheidet mit über den Erfolg. In normaler Freßhaltung stehen die Rotaugen am Boden und nehmen mit ihrem endständigen Maul Nahrung auf, die knapp darüber treibt. Bei regelmäßiger Anfütterung stehen sie manchmal ein Stück über dem Grund, sie kommen dem Futter entgegen.

Futter und Lockstoffe für Rotaugen

Wenn also im Laufe der Zeit die Bisse nachlassen oder ausbleiben, lohnt es, die Pose zu verstellen und die Fische in den verschiedenen Wasserschichten zu suchen.
Vielleicht sind sie auch ein Stück gewandert: Gerade die größten Mitglieder eines Rotaugenschwarms stehen häufig an dessen Rändern, einen Meter weiter draußen als die anderen, ganz am Ende der Futterspur. Oder auch direkt unter der Rutenspitze, wo das Futter zuerst den Grund erreicht.
In schnell fließenden Gewässern oder im Sommer, wenn die Rotaugen in der Strömung stehen, nehmen sie am liebsten einen Köder, der stark verzögert über dem Grund schwebt. Dann fische ich mit kompakten Strömungsposen, die für eine ruhige Köderführung garantieren, und einer Punkt-Bebleiung. Dazu schiebe ich Tropfenblei und Bleischrote zusammen und stelle die Pose so ein, daß das Blei knapp über dem Boden treibt, das Vorfach mit dem Köder wiederum voraus.

Maden und Puppen

Standardköder auf Rotaugen sind zwei Maden, an einen Haken Größe 16 angehängt. Sehr gut sind auch frisch verpuppte hellbraune Madenpuppen (Caster). Sie verführen oft die größeren Rotaugen. Wenn Sie ihr Futter selbst mischen möchten, hier ein bewährtes Rezept:

30 % Brötchenpaniermehl
30 % Zwiebackmehl
20 % Biskuitmehl
20 % Hanfmehl

Zum Angeln in schneller Strömung oder tiefem Wasser, wenn die Futterballen schwer sein und gut binden müssen, verwende ich Hartweizenpaniermehl (Brata) anstelle des Brötchenpaniermehls.
Da der Handel gute fertige Futtermischungen mit abgestimmtem Aroma anbietet, geht es auch einfacher:

50 % Fertigfutter für Rotaugen
50 % Gemisch aus Brötchen- und Brata-Paniermehl (je stärker die Strömung, desto höher der Anteil Brata).

In einem Fertigfutter sind bereits Lockstoffe enthalten, auf die Rotaugen besonders gut ansprechen. Solche Lockstoffe wie Anis, Koriander, Fenchel, Cumin oder flüssige Locksubstanzen vom Typ „Rotauge" können Sie auch Ihrer eigenen Futtermischung beimengen, aber bitte sparsam, denn in zu hoher Dosierung schrecken Sie die Fische vielleicht ab.
Das wirksamste Lockmittel ist eine Handvoll Maden und/oder Caster im Futter. Maden streue ich allerdings nur portionsweise über das Futter und verknete sie sofort in den nächsten Ballen. Anderenfalls vergraben sie sich blitzschnell und sitzen zum Schluß alle auf dem Boden des Futtereimers.
Das Futter muß gut und gleichmäßig durchgefeuchtet werden. Zu trockenes Futter treibt auf und schwimmt weg, zu nasses ergibt Klumpen oder, noch schlimmer, einen Brei, der nie den Grund erreicht. Ich feuchte daher nach Erreichen meines Angelplatzes zuerst das Futter an, baue danach das Gerät auf und feuchte zum Schluß das Futter noch einmal nach. Stipp-Profis passieren das fertige Futter durch ein Sieb. So wird es schön locker und klumpenfrei.
Im Sommer, wenn alle möglichen Kleinfische sich auf den Madenköder stürzen, sind gequollene Weizenkörner an Haken Größe 14 ein Top-Köder für große Rotaugen. Werfen Sie als Lockfütterung regelmäßig kleine Portionen Weizen ein.

Meisterhaft stippen

Rotwurm und Caster verführen die dicken Brassen.

Auf den Punkt gebracht:

Ex-Weltmeister Wolf-Rüdiger Kremkus hat einen dicken Ems-Brassen gelandet.

Die Brassenmethode

Mit Steckrute und verkürzter Schnur, schwerem Futter und kompaktem Blei fängt man die großen Flußbrassen.

Bei einem Angeltag mit dem Dreifach-Weltmeister und Brassen-Experten Wolf-Rüdiger Kremkus an der Ems lernte ich die „Brassenmethode". Und ich machte die (schmerzhafte) Erfahrung, welch wichtige Rolle das richtige Anfüttern beim Brassenangeln spielt. Großzügig überließ Wolf mir den günstigeren Angelplatz stromab. Ich fing die ersten Fische, ein Rotauge, eine Güster, einen dicken Brassen von vier Pfund, noch einen Brassen. Danach konnte ich mich ungestört auf meine Fotos für den BLINKER konzentrieren, denn meine Brassen waren weg. Und Wolf fing sie Schlag auf Schlag.
Was war geschehen? Mein Futter hatte die Fische angelockt. Aber es war zu leicht, klebte nicht genug. Die Futterballen lösten sich schnell auf und lockten die Fische herbei. Aber am Grund lag nicht genug Freßbares, um sie an meinem Platz zu halten. Also schwammen sie weiter stromauf und fanden den „Brassenfraß" des Meisters. Der hielt sie bei Freßlaune und fing und fing ...
Niederungsflüsse mit langsamer Strömung, Staustufen und tiefe, ruhig durchströmte Buhnenfelder laden ein zum Posenangeln auf Brassen. In Schwärmen suchen die Fische den Boden nach Nahrung ab und saugen mit dem vorgestülpten Rüsselmaul ihre Lieblingsspeise heraus: rote Mückenlarven und Schlammröhrenwürmer (Tubifex). Auch den Angelköder und das Futter nehmen sie gern und gierig an, wenn zwei Voraussetzungen stimmen: Das Futter schmeckt süß, und der Köder läßt sich bequem und ohne Hast einsaugen. Große Brassen besetzen immer nur den unmittelbaren Futterplatz. Sie verdrängen dabei kleinere Artgenossen und andere Fische, die das Futter vor ihnen aufgespürt hatten.
Da der Köder präzise auf dem Futterplatz serviert werden muß, benutze ich am liebsten eine 10 oder 11 Meter lange Steckrute mit verkürzter Schnur. Der Abstand zwischen Rutenspitze und Pose beträgt ungefähr 2 Meter. Die Rute wird zum Beködern des Hakens zerlegt, zum Angeln auf volle Länge aufgesteckt, beim Landen der Fische wieder zerlegt. Ein starker Gummizug in der Rutenspitze macht auch einen großen Brassen mürbe, der sich mit seinem breiten Buckel quer zur Strömung stellt, oder den zufälligen Karpfen, der sich an die Brassenangel verirrt.
Eine Hauptschnur von 0,16 mm Durchmesser mit einem Vorfach von 0,14 mm „schafft" jeden Brassen. Wer feiner fischt, bekommt oftmals mehr Bisse und fängt mehr Fische. Normalerweise ist ein Vorfach von 0,12 mm immer noch stark genug, insbesondere beim Angeln mit Gummizug. Das Vorfach sollte 60 bis 80 Zentimeter lang sein, damit die Brassen beim Prüfen des Köders nicht sofort das relativ schwere Blei spüren.
Die Hakengröße richtet sich nach dem Köder und der Jahreszeit. Die Skala für Brassen reicht von Größe 8 bis 14. Ich empfehle spezielle Brassenhaken mit weitem Bogen und einer leicht nach innen gerichteten Hakenspitze. Diese Hakenform hält auch große Fische sehr gut.
Brassenangler brauchen kompakte Posen mit 5 bis 10 Gramm Tragkraft. Der Körper der Pose muß rund und sauber verarbeitet, ihr langer Kiel exakt zentrisch in den Körper eingepaßt sein, damit die Pose nicht in der Strömung flattert und dabei Scheinbisse vortäuscht. Die Bleibeschwerung besteht am besten nur aus einem Tropfenblei, wenn nötig ergänzt durch 1 bis 3 zusätzliche Schrote. Ein Gummistopper verhindert, daß der Tropfen auf das Vorfach durchrutscht oder die Schrote abschlägt.

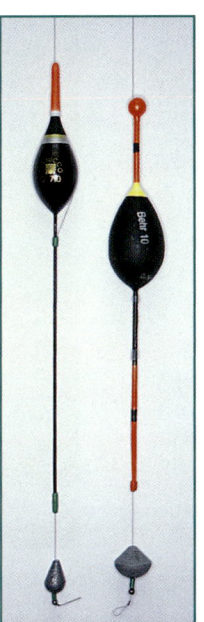

Brassenposen: links kompakte Strömungspose mit Tropfenblei, rechts spezielle Pose zum Tunken mit flachem Tunkblei. Ein Stück Silikonschlauch und ein Bleischrot stoppen das schwere Blei über dem Schlaufenknoten am Ende der Hauptschnur.

Auf dem Futterplatz

Nach dem Ausloten wird die Pose so eingestellt, daß das Blei am Grund aufliegt. Legen Sie mit 5 bis 8 apfelsinengroßen Futterballen unter der Rutenspitze einen Futterplatz an. Wichtig ist ein schweres, gut klebendes Futter, das sich zu kompakten Ballen formen läßt. Die sollen schnell zum Grund sinken, dort liegenbleiben, sich aber nur langsam auflösen und das darin enthaltene

Meisterhaft stippen

Lebendfutter (Maden, Puppen) freigeben. Wenn sich ein Brassenschwarm auf dem Futterplatz eingestellt hat, muß man regelmäßig mit faustgroßen, fest zusammengedrückten Futterportionen nachfüttern. Anderenfalls haben die gefräßigen Fische bald abgeräumt und ziehen weiter.

Wolf-Rüdiger Kremkus erklärt das mit seinen Worten: „Brassen sind wie Staubsauger. Wenn das Futter zu locker ist und sich gleich am Boden verteilt, saugen sie es in kurzer Zeit auf und schwimmen weiter. Dann fängt man in der ersten Viertelstunde ein paar Fische, danach ist Schluß. Wenn ein Brassenschwarm am Platz steht, drücke ich die Ballen zum Nachfüttern noch fester. Das Wasser soll nach Futter schmecken, und wenn die Brassen einen Köder nehmen, muß mein Haken drin sein."

Einstellungen

Auf ebenem Gewässerboden, z. B. auf dem Sandboden der Ems und ähnlicher Flüsse der norddeutschen Tiefebene, werden Blei und Köder auf Grund gelegt. Das bedeutet nicht, daß sie dort still auf einen Fisch warten. Führen Sie das Blei durch leichtes Anheben der Rute und der Pose Stück für Stück über das Futter. Das lange Vor-

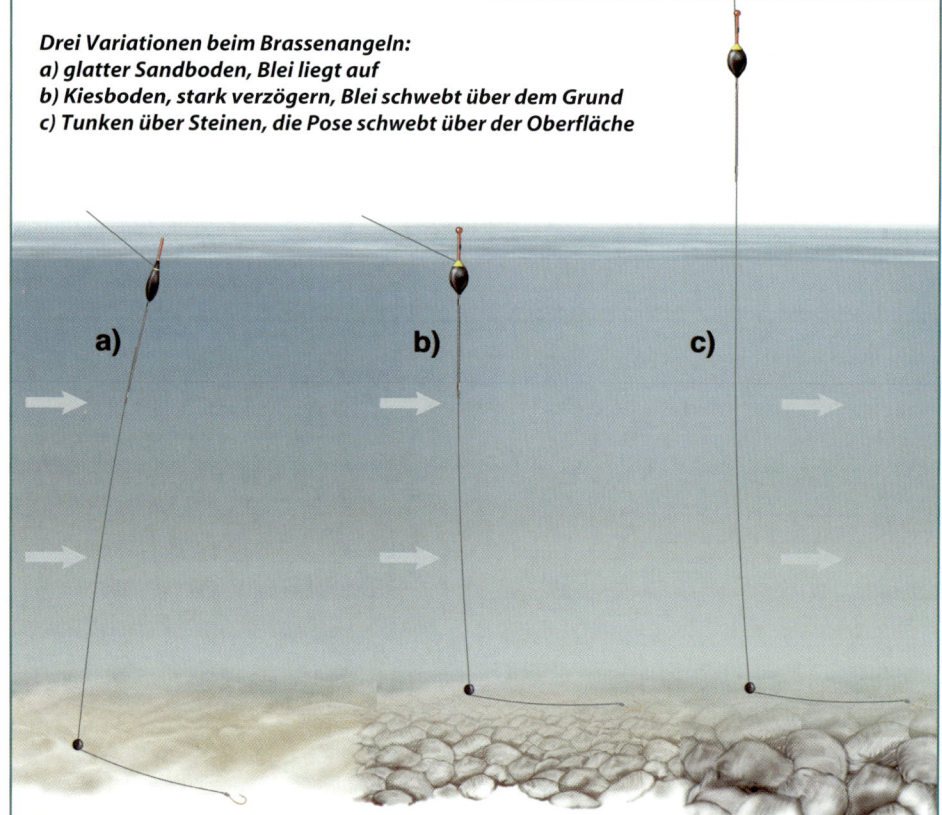

Drei Variationen beim Brassenangeln:
a) glatter Sandboden, Blei liegt auf
b) Kiesboden, stark verzögern, Blei schwebt über dem Grund
c) Tunken über Steinen, die Pose schwebt über der Oberfläche

fach streicht dabei über den Boden, der Köder sucht den Futterplatz ab.

Auf Kiesboden wäre diese Köderführung zu holprig. Hier sollte das (relativ schwere) Blei knapp über Grund schweben, die Pose stark zurückgehalten oder ganz festgehalten werden.

Am schwierigsten ist die richtige Tiefe über Steinschüttungen zu finden. Hier geht Probieren über Loten, sonst reißt man nur Lotbleie ab. Die Angel soll einigermaßen problemlos durchtreiben, muß aber hin und wieder auch mal anhaken. Nur so können Sie sicher sein, nicht über den Köpfen der Brassen hinweg zu fischen. Denn die erwarten ihre natürliche Nahrung, das Futter und den Köder gerade in den Mulden hinter Unebenheiten.

Tunken im Strom

Enorme Bestände guter Brassen leben in den großen Strömen wie Rhein, Weser und Elbe. Sie sind aber schwierig zu fangen, denn über den steinbefestigten Uferböschungen gibt es Hänger in Serie, weiter draußen herrscht reißende Strömung. Findige Wettfischer haben für diese Verhältnisse das „Tunken" erfunden: Unter der Spitze der Steckrute wird mit einem der Strömung angemessenen Blei von 10 bis 20 Gramm der Köder eingesetzt. Extreme Situationen, z. B. bei Hochwasser, erfordern Bleigewichte bis 100 Gramm.

Die Pose schwebt an verkürzter Schnur über der

Maden im Futter locken die Brassen an. Kies beschwert die Ballen für die Strömung.

Kräftiger „Brassenfraß" mit Haferflocken, Maden und Puppen. Nur frisch verpuppte hellbraune Caster gehören ins Futter. Ältere und dunkle treiben auf.

Futter und Lockstoffe für Brassen.

Flüssige Melasse ist ein hervorragendes Lock- und Bindemittel.

Wasseroberfläche. Damit ist sie dem Strömungsdruck nicht ausgesetzt, der ihre Drift und damit den Durchlauf des Köders unnatürlich beschleunigen würde. Denn die Oberflächenströmung ist viel schneller als die durch Hindernisse gebremste Strömung am Grund, in der das Futter treibt. Die Pose dient nur als Bißanzeiger: Der Anbiß ist an ihrem Zucken unschwer zu erkennen. Spezielle Tunk-Posen sind so gebaut, daß ein langer, dicker, gut sichtbarer Kiel nach unten zur Wasseroberfläche zeigt. So ist die Pose bei Wellen, Lichtreflexen und Schattenbildung auf dem Wasser leichter zu beobachten.

Süß und klebend

Brassen nehmen gern große Köder, z. B. ein Bündel von 5 bis 6 Maden an einem Haken Größe 8. Das Bündel wird noch attraktiver, wenn ein oder zwei Caster dazwischen hängen. Um gezielt die großen Brassen herauszusortieren, fische ich gern mit Rotwürmern oder einem Cocktail aus Rotwurm und Made oder Caster.
Brassenfutter soll süß und klebend sein. Hier eine erfolgreiche Mischung:

  40 % Biskuitmehl
  40 % Brata-Hartweizenpaniermehl
  10 % Kopramelasse
  10 % Maismehl

Lockstoffe wie Vanille, Karamel, Lebkuchen- oder Spekulatiusgewürz und Traubenzucker üben eine besondere Anziehung auf Brassen aus, wenn sie sparsam dosiert dem Futter beigemischt werden. Bei einer Überdosis kann die Lockwirkung in eine Scheuchwirkung umschlagen.
Keine Probleme und Risiken gibt es mit der folgenden einfachen Mischung:

  40 % Biskuitmehl
  30 % Hartweizenpaniermehl
  30 % Fertigfutter für Brassen

Maden, Caster und süßer Dosenmais als Beigaben zum Futter reizen die gierigen Brassen zum Verweilen am Futterplatz. Eine Handvoll Caster zerquetsche ich, bevor ich sie unter das Futter mische. Ihr Duft macht die Brassen verrückt nach Freßbarem.
Wenn die Futterballen größere Mengen an Ködern zum Grund bringen sollen, ist ein Bindemittel erforderlich, z. B. gemahlene Haferflocken. Flüssige Melasse, eine Substanz aus der Zuckerproduktion, zeigt beim Brassenangeln doppelte Wirkung: Sie bindet und süßt das Futter. Für starke Strömung oder große Tiefe beschwere ich die Futterballen mit feinkörnigem Kies (10 bis 20 Prozent der Futtermenge). Er gibt den Futterballen das nötige Gewicht. Aber Achtung! Kies beeinträchtigt die Bindung des Futters, Sie benötigen also möglicherweise zusätzliches Bindemittel.

Modernes Angeln **17**

Meisterhaft stippen

Stille Wasser sind tief:
Fein und leicht in Seer

Feines Stippen ist Trumpf an stehenden Gewässern und am Kanal.

und Kanälen

Futter für Seen und Kanäle. Gequollene Hanfkörner sind unschlagbar auf Rotaugen.

Fein, leicht und sensibel fischen, so lautet das Erfolgsrezept beim Stippen an stehenden Gewässern.

Die Zusammenstellung des Geräts und die Köderführung richten sich nach der vorherrschenden Fischart und ihren Nahrungsgewohnheiten. Rotaugen saugen gern Nahrung ein, die vor ihren Mäulern schwebt. Sie lehnen einen Angelköder ab, der dabei Widerstand leistet, weil er durch eine steife Schnur, zu schweres Blei oder eine schlecht austarierte Pose gehemmt wird. Brassen nehmen den Köder vom Grund auf, sie sind dabei nicht ganz so empfindlich. Sie mögen aber keine Köder, die „vom Winde verweht" unnatürlich über den Boden eines stehenden Gewässers wandern.

Bei den Ruten haben Sie die Wahl zwischen einer 8 oder 9 Meter langen Teleskoprute und einer 10 bis 12 Meter langen Steckrute. Die Steckrute mit verkürzter Schnur ist für präzises Fischen auf dem Futterplatz unschlagbar, besonders bei Wind. Dann sollte der Abstand zwischen Rutenspitze und Pose längstens einen Meter betragen. Eine flexible Voll-Kohlefaserspitze vermittelt mehr Gefühl für den Fisch als eine steife Spitze mit Gummizug. Die flexible Spitze ziehe ich daher im Winter vor, wenn überwiegend mit Rotaugen zu rechnen ist. In der warmen Jahreszeit, wenn gelegentlich auch Schleien und Karpfen an die Angel gehen, erscheint mir der Gummi-Innenzug sicherer. Beim Fischen mit extrem feinen Vorfächern ist der Gummizug unverzichtbar.

Leichtes Geschirr

Eine Hauptschnur von 0,12 mm mit einem Vorfach von 0,10 mm, noch besser eine durchgehende Schnur von 0,10 mm, mag vielen Anglern heikel erscheinen, bringt aber deutlich mehr Bisse und Fische als gröberes Geschirr. Experten fischen noch wesentlich feiner und haben damit

Meisterhaft stippen

besonders im Winter mehr Erfolg. Verwenden Sie feindrähtige, kurzschenklige und damit leichte Haken Größe 16 bis 20. Sie setzen dem Fisch weniger Widerstand entgegen, wenn er den Köder ansaugen will.

Schlanke Posen mit 0,5 bis 1 Gramm Tragkraft sind richtig in Seen ohne nennenswerte Unterströmung. Zum Austarieren befestige ich ein Tropfenblei einen Meter über dem Haken und verteile darunter 3 bis 5 kleine Schrote auf der Schnur. Mit einer langen Kette aus Schroten oder schlanken Stabbleien läßt sich der Köder noch gefühlvoller servieren. Solche Ketten verhängen sich aber gern.

Der Abstand zwischen dem Haken und dem untersten Schrot- bzw. Stabblei beträgt im Normalfall 30 cm, auf träge Fische im Winter bis zu 60 cm. Bei Wind und Oberflächenströmung stehen Posen mit tief liegendem Schwerpunkt ruhiger. 1 bis 3 Gramm Blei sind dann erforderlich, um den Köder am Platz zu halten.

Futterwolken

Beim Angeln auf Rotaugen wird die Pose so eingestellt, daß der Haken zunächst einige Zentimeter über Grund schwebt. Werfen Sie nach dem Loten 5 oder 6 Futterballen vor der Rutenspitze ein. Das Futter sollte leicht sein und nicht zu stark gepreßt werden, so daß die Ballen sich am Grund sofort auflösen. An flachen Gewässern sollten sie schon an der Oberfläche auseinanderbrechen und als Futterwolke zum Boden rieseln. Füttern Sie danach nicht mehr grob an, sondern nur noch mit losen Maden und Puppen, die Sie um die Pose herum einwerfen oder mit einer kleinen Madenschleuder einschießen.

Stehen die Rotaugen nicht von vornherein am Platz, so kann bis zum ersten Anbiß einige Zeit vergehen. Es fehlt ja die Strömung, die Futterpartikel zu den Fischen tragen würde. Im Winter dauert es daher manchmal über eine Stunde, bis ein Rotaugenschwarm das Futter findet.

Für die Futtermischung gebe ich den Tip eines ausgewiesenen Stillwasser-Experten weiter, Ex-Weltmeister Lout Wever aus Holland: „Ich verwende in stehenden Gewässern auf Rotaugen nur natürliche Futterbestandteile: Weißbrotpaniermehl, Zwiebackmehl und Hanfmehl ungefähr zu gleichen Teilen. Gute Lockstoffe für Rotaugen sind Anis und Fenchel in kleinen Mengen."

Aktive Köderführung erhöht auch im Stillwasser den Erfolg. Zupfen und Lupfen heißt die Devise. Führen Sie mit kleinen, sanften Bewegungen der Rutenspitze die Angel über den Futterplatz. So erregt der Hakenköder die Aufmerksamkeit der Fische.

Wenn die Rotaugen einen schwebenden Köder nicht annehmen, stelle ich die Angel tiefer, so daß der Köder und ein Teil des Vorfachs aufliegen. Bei Wind oder Unterströmung kann es notwendig sein, mit größeren Posen und mehr Blei zu fischen und auch einen Teil der Bebleiung auf Grund zu legen.

Auf den Grund gegangen

Sind Brassen als vorherrschende Fischart zu erwarten, stelle ich die Angel von vornherein so ein, daß Köder und Vorfach auf Grund liegen. Bei unruhigen Verhältnissen muß außerdem soviel Blei mit aufliegen, daß die Angel nicht vom Futterplatz wegtreibt. Der typische Brassenbiß bei dieser Einstellung ist der „Hebebiß": Der Brassen nimmt in Schrägstellung den Köder, richtet sich auf und hebt dabei das Blei an. Dadurch wird die Pose entlastet und steigt ein Stück aus dem Wasser.

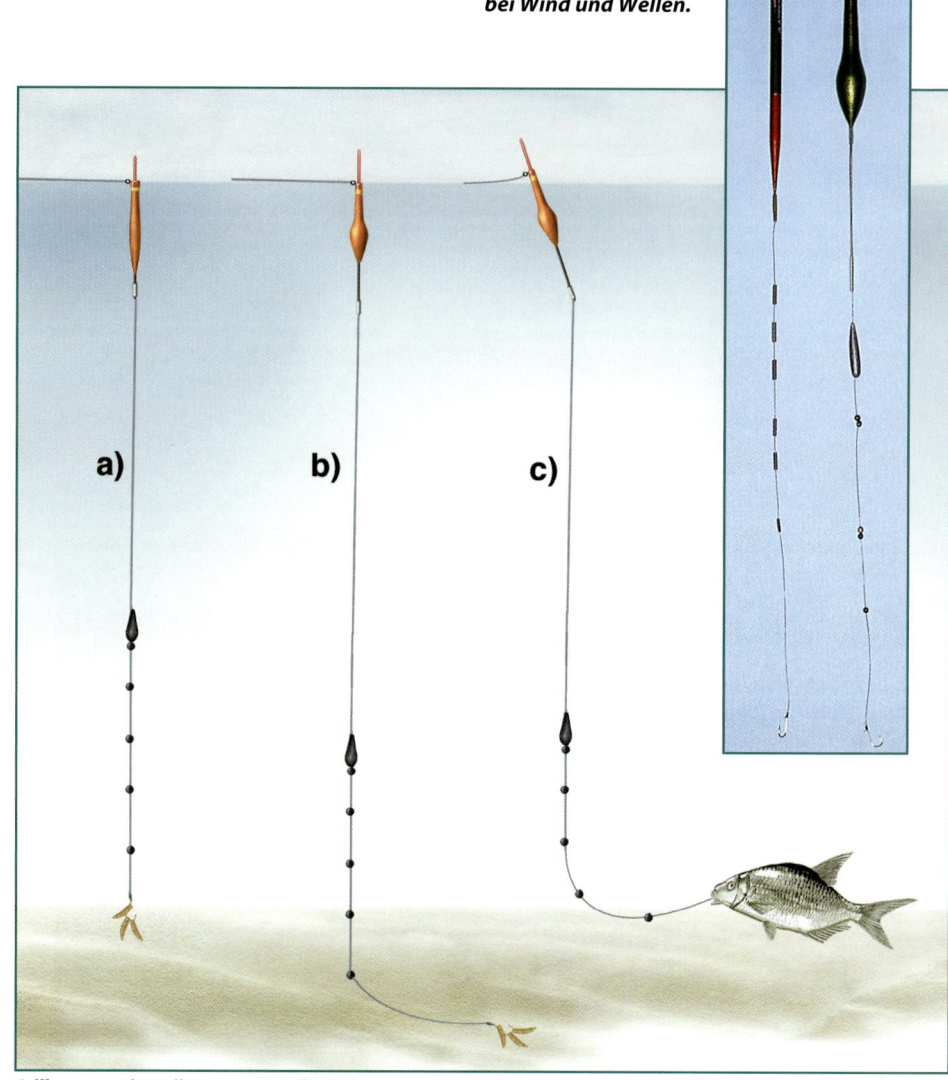

Feine Stillwasser-Posen: Die linke ist mit schlanken Stabbleien für eine besonders sensible Köderführung austariert. Die rechte hat einen tief liegenden Körper für mehr Stabilität bei Wind und Wellen.

Stillwasser-Einstellungen: a) Auf Rotaugen, der Köder schwebt knapp über Grund. b) Auf Brassen, Köder und Blei liegen auf. c) Der "Hebebiß", die Pose steigt aus dem Wasser.

Speziell im Sommer schwimmen die Fische oft dem Köder entgegen und nehmen ihn schon im Absinken. Meist bemerkt man das durch Zufall, wenn die Pose sich nach dem Einsetzen der Angel gar nicht oder nicht vollständig aufrichtet. Ich erinnere mich an einen Angeltag mit Freunden an einem kleinen Baggerloch an der Weser. Nach anfänglichen Erfolgen auf Brassen blieben mit der Zeit die Bisse aus, trotz regelmäßigen Fütterns ging schließlich gar nichs mehr. Es dauerte wohl eine halbe Stunde, bis ich direkt nach dem Einwerfen der Angel einen Biß erkannte: Die Pose blieb liegen, ein Brassen hatte den Köder „abgefangen". Ich stellte die Pose etwa 80 Zentimeter flacher und fing danach Fisch auf Fisch, sehr zum Erstaunen der weiterhin erfolglosen Kollegen.

Suchen Sie also die Fische in den höheren Was-

Solche pfündigen Rotaugen lassen sich das ganze Jahr über in Kanälen fangen. Beste Köder sind Zuckmückenlarven oder Pinkies.

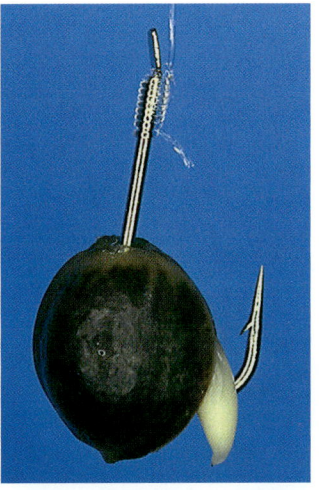

Hanf am Haken, die Spitze bleibt frei. Als zusätzliche Attraktion lockt eine einzelne angehängte Made.

Wenn die Fische besonders spitz beißen, sind zwei Pinkies am Haken Größe 20 die richtige Lösung.

serschichten, wenn am Grund die Bisse ausbleiben. Schieben Sie die Hauptmasse des Bleis an der Schnur hoch, um die Absinkphase des Köders zu verlängern. Stellen Sie die Pose ein Stück flacher, um Fische zu fangen, die dem Futter entgegensteigen.

Wenn die Bisse zurückgehen, kann Nachfüttern die Fische neu animieren: Ich werfe dann kleine Futterportionen mit hohem Madenanteil ein oder schieße mit dem Katapult lose Maden um die Pose herum. In tiefen Gewässern bergen beide Verfahren ein Risiko: Möglicherweise steigen die Fische dem Lockfutter entgegen, nehmen es irgendwo im Mittelwasser auf und sind dort mit dem Hakenköder nur schwierig zu finden. Gequollene Hanfkörner als Lockfütterung lösen das Problem, sie sinken schneller ab und halten die Fische am Boden.

Kanäle

Schiffahrtskanäle haben oft einen sehr guten Bestand an Brassen und großen Rotaugen. Im Prinzip handelt es sich auch hier um stehende Gewässer, doch Schleusen und vorbeifahrende Schiffe verursachen Strömung und Schwankungen des Wasserstands. Daraus ergeben sich für das Stippen in Kanälen einige Besonderheiten. Das Futter muß sich zu schweren, kompakten Ballen formen lassen, die schnell zum Grund sinken, sich dort aber rasch auflösen. Füttern Sie niemals während eines Schleusenvorgangs an, sondern nur bei Stillstand. Füttern Sie nach, wenn ein Schiff vorbeigezogen ist und den Futterplatz aufgewühlt hat. Hanfkörner, lose im Bereich der Rutenspitze eingeschossen, sind auch am Kanal ein exzellentes Lockfutter. Die schweren Körner bleiben selbst bei Schiffahrt oder Schleusenströmung am Platz liegen. Anhand einer Markierung am Ufer beobachte ich die Veränderungen des Wasserstands beim Schleusen und verstelle entsprechend die Pose. Eine Markierung an der Rute mit Isolierband oder Tippex hilft, die ursprünglich gelotete Einstellung der Pose wiederzufinden. Kleine Maden (Pinkies) animieren auch träge Fische in stehenden Gewässern, selbst bei kaltem Wasser im Winter. Ziehen Sie eine Mini-Made auf einen Haken Größe 18 und hängen Sie zwei weitere an. Auch als Zusatz zum Futter sind Pinkies besonders aktiv und effektiv. Spezialisten in Frankreich, Belgien, Holland und Luxemburg fischen im Stillwasser mit großen Mückenlarven an langschenkligen roten Haken Größe 20 oder kleiner. Sie mischen kleine Mückenlarven ins Futter. An Kanalhäfen ist besonders im Winter Hanf ein unschlagbarer Rotaugenköder. Ködern Sie ein Hanfkorn an einen Haken Größe 16. Die Spitze muß frei herausschauen, damit sie beim Anschlag faßt. Mischen Sie viel Hanfmehl ins Futter und werfen bzw. schießen Sie lose Hanfkörner als Lockfutter um die Pose herum ein. Oft ist es noch besser, völlig auf Grundfutter zu verzichten und ausschließlich mit Hanfkörnern pur anzufüttern.

Meisterhaft stippen

Friedfisch à la Bolognese:
Techniken

Nase im Drill. Angeln in schneller Strömung über unebenem Grund zählt zu den Stärken der Bologna-Methode.

mit der Rollenrute

Leichte beringte Ruten vom Bologna-Typ vergrößern die Reichweite und das Spektrum der Methoden beim Stippen. Die Rolle hilft beim Drill großer Fische.

Alle bisher beschriebenen Techniken des Posenangelns mit der Kopfrute können Sie auch mit einer beringten Rute und Rolle ausüben. Gewiß fischen Sie damit nicht so präzise wie mit der langen Steckrute, dafür aber mit anderen Vorteilen. Sie können längere Strecken abfischen, können mit einer relativ kurzen, leichten Rute weiter vom Ufer entfernt angeln. Und die Schnur-Reserve auf der Rolle bietet mehr Sicherheit für den Drill starker Fische.

Zum Stippen sind leichte beringte Teleskopruten italienischer Bauweise ideal, die Bolognese-Ruten. Ihre Ursprünge liegen südlich der Alpen in der Region um Bologna. Mit der 5-Meter-Rute und treibender Pose am Fluß entlang zu wandern, einen Beutel mit Maden zum Anfüttern über die Schulter gehängt, das ist in Oberitalien die Angelmethode Nr. 1 auf Forellen, Äschen und Döbel. Italienische Erfolge bei Weltmeisterschaften haben in ganz Europa die Aufmerksamkeit auf die Bologna-Methode gelenkt und damit der beringten Teleskoprute zu neuer Popularität verholfen.

Bologna-Ruten

Im Original sind Bologna-Ruten dafür ausgelegt, in glasklaren Flüssen mit Schnüren von 0,10 oder 0,08 mm zu fischen und dabei gelegentlich auch einen 2-Kilo-Fisch auszudrillen. Entsprechend flexibel und nachgiebig ist ihre Aktion. An deutschen bzw. mitteleuropäischen Gewässern wird die Rollenrute vor allem für den Fang größerer Friedfische eingesetzt. Dabei sind Ruten mit schneller, straffer Aktion und mehr Rückgrat vorteilhaft.

Während herkömmliche Teleskopruten mit stabilen Brückenringen auf Metallhülsen ausgerüstet sind, werden bei Bologna-Ruten leichte Einstegringe angewickelt. Das erfordert mehr Vorsicht beim Zusammenschieben der Ruten und beim Transport, spart aber eine Menge Gewicht. Davon profitiert die Rutenaktion. Ein leichter Klemm-Rollenhalter paßt besser zur Rute als ein klobiger Schraubrollenhalter.

Die normalen Rutenlängen betragen 5 bis 7

Lange, kräftige Bologna-Ruten eignen sich gut zum Strömungsangeln, hier beim „Tunken" und mit einer Achsrolle.

Meter. Für bestimmte Situationen, besonders beim Strömungsangeln, sind noch längere Ruten notwendig. Nur erstklassige und entsprechend teure Ruten bieten auch bei 8 oder 9 Metern noch eine zufriedenstellende Aktion.

Zu einer federleichten Rute, die bei 5 Metern Länge knapp 150 Gramm wiegt, paßt am besten eine kleine, leichte Stationärrolle. Für weite Würfe mit leichten Posen und Bleigewichten ist eine mittlere Rolle günstiger, denn von größeren Spulen läuft die Schnur besser ab. In Italien haben Kapselrollen viele Freunde. Bei diesem Rollentyp kann man die Schnur einhändig kontrollieren. Der Zeigefinger an der Kapsel gibt die Schnur frei oder blockiert sie für den Anschlag.

Wenn Weitwürfe nicht erforderlich sind, bildet die englische Nottingham-Rolle mit der italienischen Bolognese-Rute ein ideales Gespann. Keine andere Rolle ermöglicht eine so gefühlvolle und präzise Köderführung wie eine solche Achsrolle. Mit dem Daumen oder Zeigefinger an der Schnurtrommel kann man die Driftgeschwindigkeit der Pose fein dosieren.

An Flußstrecken der Äschen- und Barbenregion mit 1 bis 2 Metern Wassertiefe, langsamer bis mäßiger Strömung und Kiesgrund ist die Bologna-Methode mit treibender Pose ideal. Zielfisch Nr. 1 ist der Döbel. Rotaugen, Nasen, auch Barben kommen hinzu. Um einen Schwarm Fische anzulocken, werfe ich zunächst einige Portionen lose Maden ein oder schieße sie mit der Schleuder auf die gewünschte Distanz. Es folgen ein paar größere Ballen Paniermehlfutter. Sie sollen am Grund eine Futterspur bilden, in der die Fische sich einfinden und nach weiterer Nahrung suchen. Durch regelmäßiges Nachfüttern mit kleinen Futterportionen und/oder losen Maden bleibt der Schwarm in Aktion.

Kontrolle auf Distanz

Die Rutenlänge richtet sich danach, in welcher Distanz vom Ufer gefischt wird. Bis 10 Meter Distanz reicht eine Rute von 5 Metern aus. Bei 10 bis 15 Metern Distanz läßt die Pose sich mit einer 6-Meter-Rute besser führen und kontrollieren. Für noch größere Entfernungen ist eine 7-Meter-Rute vorteilhaft. Wählen Sie bei starker Strömung oder ungünstiger Windrichtung (Wind

Meisterhaft stippen

Barbe à la Bolognese

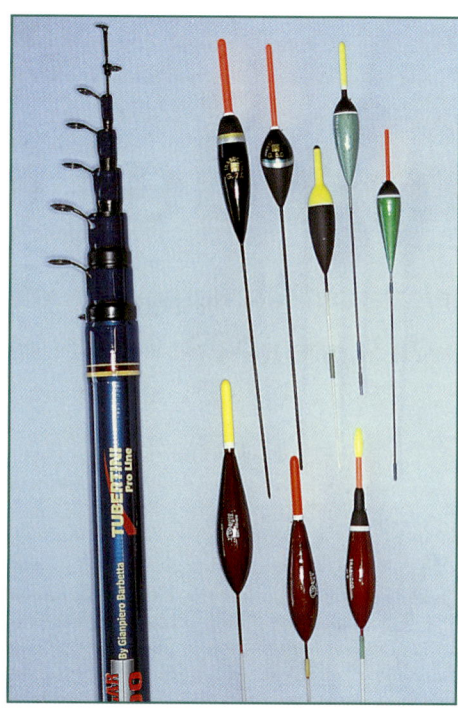

Italienische Teleskoprute und typische Bologna-Posen: oben in umgekehrter Tropfenform zum Angeln in der Strömung, unten in schlanker Tropfenform für Weitwürfe im Stillwasser.

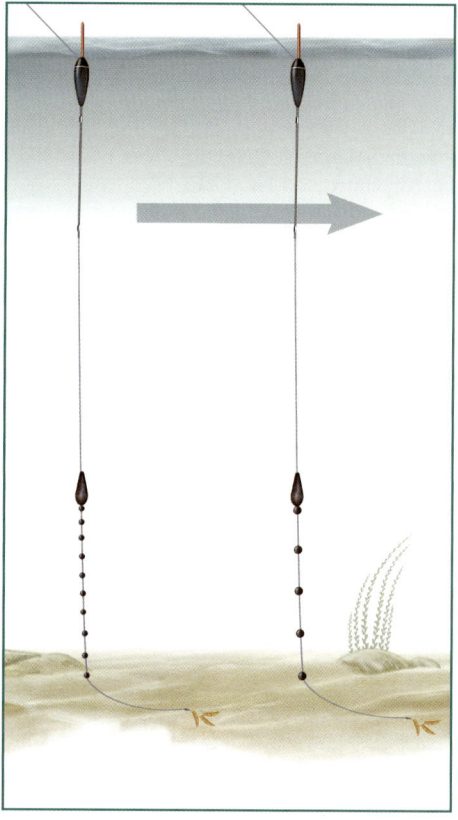

Bleimontagen, links mit Tropfenblei und zehn kleinen Schroten, rechts mit fünf größeren Schroten.

stromab oder Gegenwind) die Rute von vornherein einen Meter länger, als in dieser Faustregel beschrieben.
Auf der Rolle befindet sich eine Hauptschnur von 0,14 mm, die Vorfachstärke liegt bei 0,12 oder 0,10 mm. Der Haken Größe 14 bis 16 wird mit zwei angehängten Maden beködert. Bei flachem, klarem Wasser im Sommer oder kaltem, klarem Wasser im Winter müssen Sie oft noch feiner fischen.

Filigrane Bleimontagen

Die klassische Fließwasserpose nach Bologna-Art hat eine umgekehrte Tropfenform. Diese Form ist vorteilhaft, wenn der Köder und ein Teil der Bebleiung über Grund schleifen: Eine Pose mit dickem Kopf schleppt das Blei mit, ohne bei jedem kleinen Widerstand unterzutauchen. Bei normalen Strömungsverhältnissen haben die Posen 1,5 bis 3 Gramm Tragkraft. Italienische Experten verwenden filigrane Bleimontagen aus einem Tropfenblei und 10 bis 12 kleinen Bleischroten, deren Abstände untereinander sich von oben nach unten vergrößern. Auch die vereinfachte Montage mit einem Tropfenblei und 5 oder 6 Schroten gestattet eine weiche und variable Köderführung. Das Tropfenblei sollte ungefähr drei Viertel des gesamten Bleigewichts ausmachen. Für die Bebleiung einer 2-Gramm-Pose heißt das: Ein Tropfenblei von

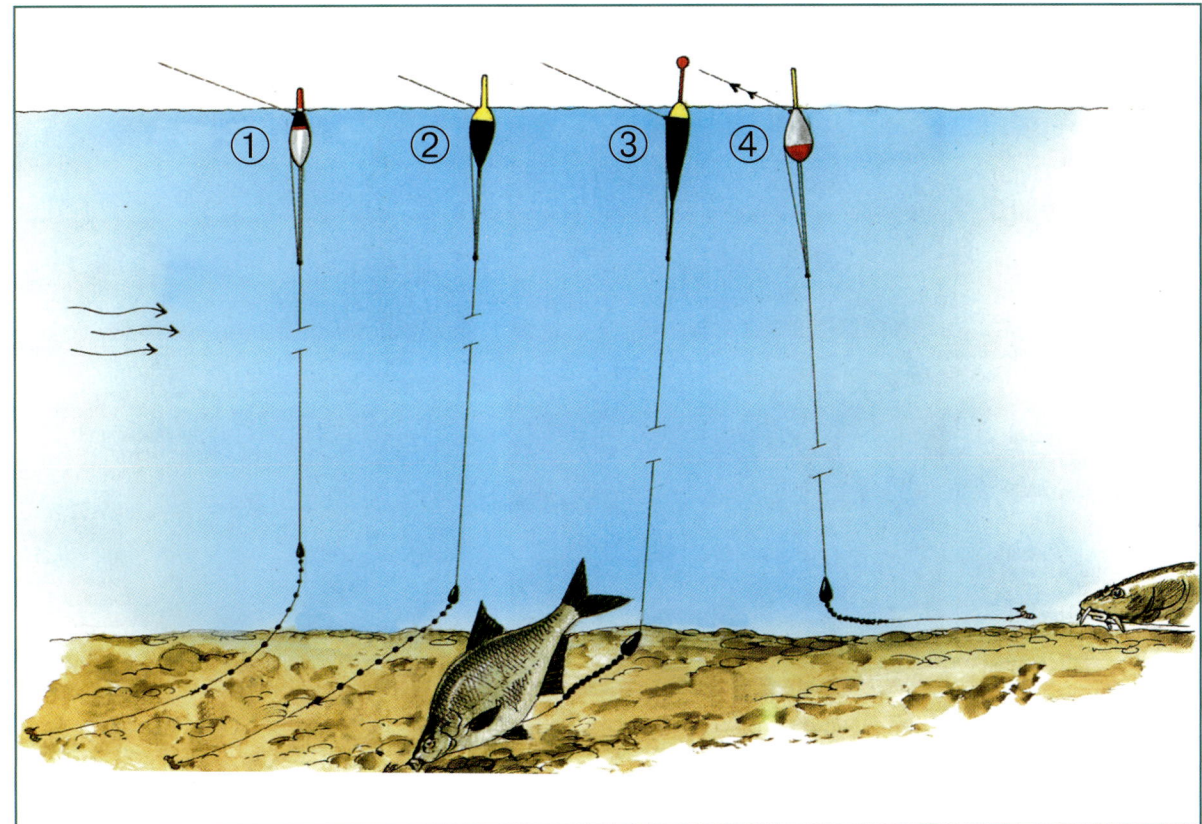

Variationen der Köderführung an der Bologna-Rute:
1) Langsame Strömung: Die Pose treibt voraus, der Köder und zwei bis drei Bleischrote schleifen über Grund nach.
2) Mäßige Strömung oder Wind stromab: Mehr Bleischrote am Boden verzögern die Drift.
3) Brassenmethode: Auch das Tropfenblei liegt auf.
4) Schnelle Strömung: Die (tropfenförmige) Pose wird stark verzögert, das Tropfenblei schwebt knapp über dem Grund. Köder und Vorfach treiben voraus.

1,5 Gramm wird ergänzt durch 10 Schrote No. 8 (10 x 0,05 Gramm) oder 5 Schrote No. 6 (5 x 0,1 Gramm). Entsprechend gilt für eine 4-Gramm-Pose: 3 Gramm Tropfenblei plus 10 Schrote No. 6 (10 x 0,1 Gramm) bzw. 5 Schrote No. 3 (5 x 0,2 Gramm).

Ein Gummistopper unter dem Tropfenblei oder ein Tropfen mit eingesetztem Silikonschlauch verhindert, daß die kleinen Schrote verschoben oder abgeschlagen werden. Klemmen Sie die Schrote zunächst unten an die Schnur und schieben Sie jedes Schrot nach dem Anklemmen ein Stück hoch. Schneiden Sie zum Schluß das Ende der Schnur ab, es könnte vom Anklemmen der Schrote beschädigt sein.

Wechselspiel

Die Pose wird zunächst so eingestellt, daß die untersten zwei oder drei Bleischrote über den Grund schleifen, der Köder hinterher. Wenn Sie die Pose zurückhalten, treibt der Köder an den Bleischroten vorbei und hebt sich vom Boden ab. Wenn danach die Pose ungehindert weitertreibt, fällt er zum Grund zurück, bleibt einen Moment liegen, schleift dann wieder nach. Dieses Wechselspiel ist die typische Köderführung bei der Bologna-Methode.

Die Tiefeneinstellung der Pose und die Verteilung der Bleie auf der Schnur müssen der Strömung und dem Beißverhalten der Fische angepaßt werden. Hakt der Köder beim Nachschleifen zu oft an, so stelle ich die Pose flacher oder schiebe das Blei ein Stück an der Schnur hoch. Bevorzugen die Fische einen aufsteigenden Köder beim Zurückhalten der Pose, schiebe ich mehr Blei nach unten und fische durchgängig mit verzögerter Drift.

Bei der Bologna-Methode treiben der Köder und die Pose normalerweise in eineinhalb Rutenlängen Entfernung vor dem Ufer. Beim Führen und Verzögern der Pose wird die Angel zwangsläufig näher an das Ufer herangezogen. Die Pose ist erst nach einigen Metern Drift wirksam zu kontrollieren, erst hier beginnt das aktive Angeln. Werfen Sie daher das Futter ein Stück unterhalb der Angelstelle ein und legen Sie eine breite Futterspur an, die der Hakenköder diagonal durchläuft.

Schnelle Naturflüsse

Mulden, Rinnen, Kanten und dicke Steine, die umfischt werden müssen; unruhige Oberfläche mit Wellen, Wirbeln und Strudeln; flaches und klares Wasser – das sind Kennzeichen von naturbelassenen Flüssen. Für solche Gewässerstrecken wurde die Bologna-Methode ursprünglich entwickelt, hier ist sie besonders erfolgreich.

Wechselnde Boden- und Strömungsverhältnisse erfordern eine variable Bebleiung. Sind die Tiefenunterschiede erheblich, so verteile ich die Schrote gleichmäßig zwischen Tropfenblei und Vorfach. Mit treibender Pose lasse ich den Köder in Mulden hineinfallen, durch Verzögern der Drift führe ich ihn über Bodenwellen hinweg. Auch bei unruhiger Wasseroberfläche ist diese verteilte Bebleiung von Vorteil: Wirbel und Turbulenzen übertragen sich nicht unmittelbar auf den Köder. In schnell fließenden Gewässern ist die Oberflächenströmung erheblich stärker als die Bodenströmung, die den Fischen ihre Nahrung zutreibt. Hier müssen Sie die Drift der Pose durchgehend verzögern, sonst zieht die Pose mit unnatürlicher Geschwindigkeit an den Fischen vorbei. Dazu benötigen Sie eine längere Rute, um direkt unter der Rutenspitze zu fischen, und kompakte tropfenförmige Strömungsposen. Das Blei wird auf einem Punkt über dem Vorfach zusammengeschoben.

Brassen in der Rinne

Auch bei der „Brassenmethode" am Fluß vergrößert eine Bologna-Rute die Reichweite. Ohne lange, schwere Kopfruten können Sie weit draußen in der Flußmitte oder Fahrrinne fischen. Viel Blei und entsprechend große Posen mit 6 bis 12 Gramm Tragkraft sind notwendig, um den Köder so langsam und ruhig, wie die Brassen es mögen, über den Boden treiben zu lassen. Die Pose wird 5 bis 15 cm über Wassertiefe eingestellt, das Blei liegt auf. Der Strömungsdruck auf Pose und Schnur bewirkt, daß das Blei allmählich über den Boden rutscht. Die Brassen nehmen den Köder vom Grund auf und heben das Blei an. Dadurch verringert sich die Schnurspannung zwischen Pose und Blei. Die Pose „hoppelt", steigt auf und zeigt so den Biß an.

Bei stärkerer Strömung oder kiesigem Grund, der das Blei bremst, tariere ich die Pose nicht voll aus, sondern beschwere z. B. eine 8-

Meisterhaft stippen

Daniele Bertoli zeigt die Bologna-Montage für stehende Gewässer: schlanke Weitwurfpose mit dicker Balsa-Antenne, Tropfenblei und viele kleine Schrote.

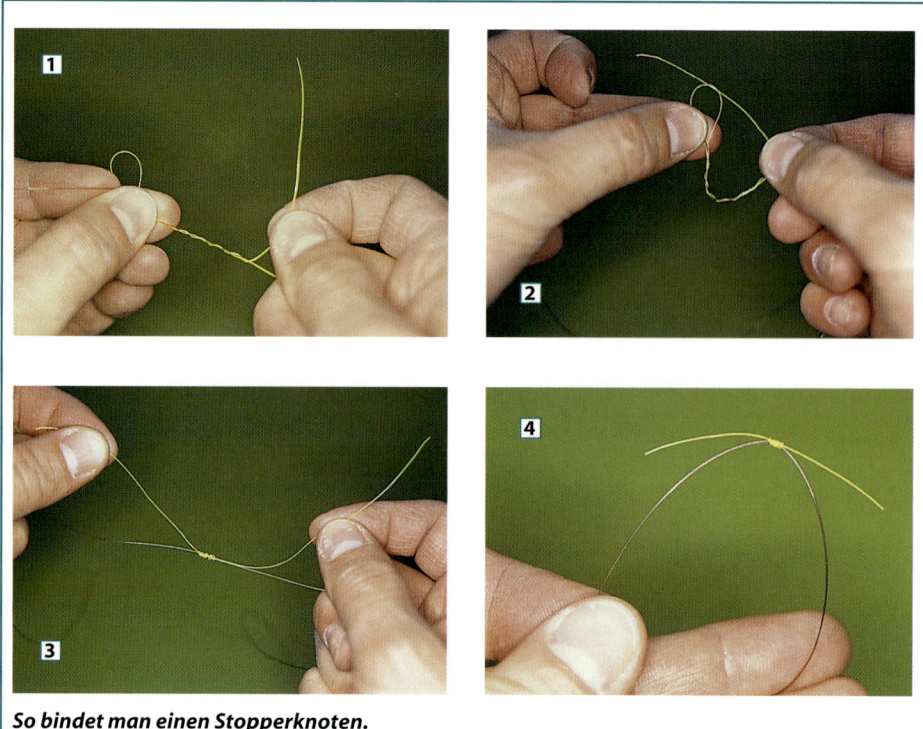

So bindet man einen Stopperknoten.

Gramm-Pose nur mit 7 Gramm. Sie würde sonst ständig unter Wasser gedrückt, anstatt weiterzutreiben und das Blei nachzuschleppen.

Bologna am See

Auch für stehende Gewässer bietet die Bologna-Rute interessante Variationen. Zum Posenangeln in großer Entfernung von 15 bis 40 Metern verwenden die Italiener 5 bis 6 Meter lange Ruten mit straffer Aktion und Posen mit 6 bis 14 Gramm Tragkraft. Diese Weitwurfposen haben eine langgestreckte Tropfenform, Posenkörper und Antennen sind aus Balsaholz gefertigt. Dank ihrer aerodynamisch günstigen Form und der leichten Balsa-Antenne fliegen sie ohne Trudeln und Flattern, und sie sind auf Distanz gut sichtbar. Die Pose wird wiederum mit einem Tropfenblei und einer Kette aus 6 bis 8 Schroten ausgebleit. Bei wirklich ruhigem Wasser schwebt alles Blei über dem Grund, der Köder und das ca. 60 cm lange Vorfach liegen auf. Bei Winddrift und/oder Unterströmung schiebt man die Pose ein Stück hoch, so daß auch einige Schrote aufliegen und den Köder am Platz halten. Eventuell muß das Tropfenblei ebenfalls aufliegen, damit der Köder nicht wegtreibt. In diesem Fall stellt man die Pose übertief ein und strafft die Schnur so weit, daß nur die Antenne aus dem Wasser schaut. Bei starkem Wind und Wellengang sind die Bisse allerdings schwierig zu erkennen, hier stößt die Bologna-Methode an ihre Grenzen.

Den folgenden Futtertip erhielt ich vom Bolognese-Experten Daniele Bertoli. Der Großhändler und Importeur italienischer Angelgeräte war in Italien ein erfolgreicher Wettfischer:

„Beim Angeln in tiefen, stehenden Gewässern mische ich zunächst keine Maden ins Futter. Maden würden das Aufbrechen der Futterballen beschleunigen und Kleinfische heranlocken. Eine Dose süßer Gemüsemais im Futter schmeckt den großen Brassen und Rotaugen und hält sie am Platz. Über das fertig angefeuchtete Futter streue ich etwas trockenen Lehm und mische es dann noch einmal durch. Der Lehm gibt den Futterballen vorübergehend mehr Bindung, so daß sich beim Absinken keine Partikel ablösen und im Wasser schweben. Am Grund fördert der trockene Lehm die Auflösung des Futters."

Mit Laufposen in die Tiefe

Je tiefer das Wasser, umso schwieriger wird das Werfen mit feststehenden Posen. Der Abstand zwischen Rutenspitze und Pose sollte mindestens einen, besser zwei Meter betragen. Ein kürzerer Abstand birgt die Gefahr, daß die Pose sich beim Wurf um die Spitze wickelt. Geschickte Werfer vermeiden das, indem sie Pose und Blei an gestreckter Schnur um die Spitze herum kreisen lassen. Doch das erfordert eine Menge Übung. Zum Angeln in 4 Metern Wassertiefe brauchen Sie also mindestens eine 5-Meter-Rute, bei größerer Tiefe muß die Rute entsprechend länger sein. Es sei denn, Sie fischen mit einer Laufpose. Dieser Posentyp sitzt nicht fest auf der Schnur, sondern gleitet durch zwei Ösen frei auf der Schnur. Die Angeltiefe wird durch einen verschiebbaren Stopperknoten eingestellt. Nach dem Wurf zieht das Blei die Schnur durch die Ösen der Pose, bis der Stopperknoten die obere Öse erreicht. Jetzt richtet sich die Pose auf. Falls die Öse so groß ist, daß der Stopperknoten sich darin festsetzen oder gar hindurchrutschen würde, fädeln Sie zwischen dem Stopper und der Pose eine Perle auf die Schnur. Dann bremst der Stopperknoten die Perle, und diese stoppt die Pose.

Den Stopperknoten binde ich aus einem Stück Schnur, das etwas stärker ist als die Hauptschnur (z. B. 0,18 mm bei Hauptschnur 0,16 mm). Die Fotos sagen mehr als Worte. Bevor ich die Hauptschnur straffe und den Stopper festziehe, feuchte ich die Knotenstelle mit Speichel an. Die beiden Enden schneide ich nicht zu kurz ab, sondern lasse ca. 3 cm auf jeder Seite stehen. So wirkt der Stopper weicher, gleitet leichter durch die Rutenringe und blockiert nicht den Ablauf der Schnur von der Rolle. Noch ein Tip: Ein Stopperknoten aus fluoreszierender Schnur ist besser sichtbar.

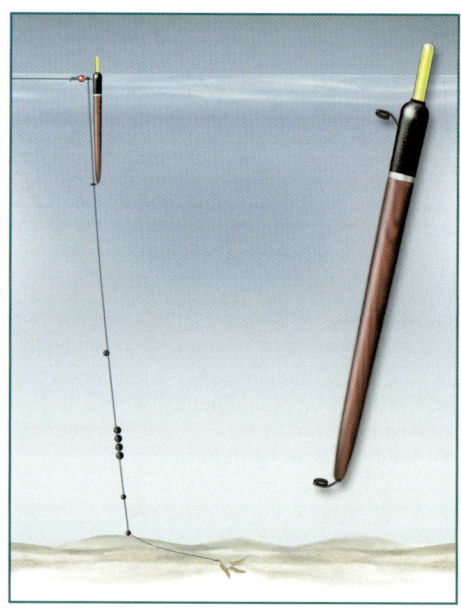

Laufposen kommen zum Einsatz, wo die Wassertiefe die Rutenlänge weit übersteigt. Die Pose gleitet frei auf der Schnur, bis sie vom Stopperknoten gestoppt wird.

Variationen mit der Matchrute

DIE FEINE ENGLISCHE ART

Fang bei Wind und Wellen. Die englischen Methoden bereichern das Posenangeln.

Wenn die herkömmliche Posenangel an ihre Grenzen stößt, treten die englischen Methoden auf den Plan. Drift, Distanz und Drill sind die Stichworte. An klaren Flüssen sind Döbel, Barben und große Rotaugen die Beute beim Angeln mit langer Drift. Weit vom Ufer entfernt lassen sich in flachen Seen die Brassen überlisten. Mit der elastischen Matchrute und der Schnurreserve auf der Rolle können Sie einen starken Karpfen am leichten Geschirr ausdrillen. Und immer bereitet mir das Angeln mit der filigranen Matchrute besonderen Spaß.

Variationen mit der Matchrute

Wackler und Schleudern:

Rotauge im Drill. Mit der sensiblen Matchrute ein Genuß.

Modernes Angeln

Matchrute und Zubehör

Leicht, elegant und sensibel – diese Eigenschaften gelten für Matchruten ebenso wie für die englischen Methoden und Montagen.

Leichte und eng stehende Einstegringe führen die Schnur entlang der Biegungskurve der Spitze.

Die Reise zur Weltmeisterschaft 1981 in England, dem Mutterland des Angelsports, wurde für mich ein Schlüsselerlebnis. Am Avon-Fluß nahe der Shakespeare-Stadt Stratford demonstrierte die englische Mannschaft, allen voran Weltmeister Dave Thomas, in Perfektion das Posenangeln auf englische Art. Von meinen letzten Bargeld-Reserven kaufte ich mir eine Matchrute, eine Madenschleuder und ein paar Waggler-Posen. Denn diese Geräte gab es in Deutschland erst später, nachdem ich im BLINKER die „feine englische Art" vorgestellt hatte.

Matchruten sind in der Regel dreiteilige Steckruten von 3,60 bis 4,20 Metern Länge. Die Standardlänge beträgt 13 Fuß, rund 3,90 Meter.

Auf der Rute sind 13 bis 16 Ringe so verteilt, daß die Schnurkurve sich bei Belastung optimal der Rutenbiegung anpaßt. Hoch abstehende Ringe halten die Schnur vom Rutenblank fern, damit sie beim Wurf nicht an der Rute klebt. Erstklassige Ruten haben auf der Spitze und dem mittleren Teil Einstegringe, die Gewicht sparen und die Rutenaktion insbesondere im Spitzenbereich nicht stören. Wichtig beim Wurf und zur Schonung der feinen Schnüre sind harte Ringeinlagen, am besten aus SIC (Silicon Carbid).

Die Rolle wird mit Schieberingen nahe dem oberen Ende des langen Kork-Handgriffs befestigt. So ist die Rute am besten ausbalanciert. Viele Hersteller statten ihre Matchruten mit leichten Schraubrollenhaltern aus, die in den Griff eingepaßt sind.

Matchruten haben normalerweise eine semi-parabolische (halb-parabolische) Aktion. Das heißt, die Rute reagiert beim Anschlag überwiegend im Spitzenbereich, bei höherer Belastung im Wurf und im Drill arbeitet sie aber auf ganzer Länge.

Für bestimmte Einsatzbereiche werden Matchruten mit spezieller Aktion gebaut. Stick-Ruten haben eine schnelle Spitzenaktion für einen schnellen Anschlag. Waggler-Ruten haben eine sehr nachgiebige durchgehende Aktion, richtig für den Drill starker Fische an feinen Schnüren. Long Distance-Ruten mit insgesamt stärkerer, schneller Aktion eignen sich für Weitwürfe mit schweren Posen.

Sauber gewickelt

Zur superleichten Matchrute paßt eine leichte, aber nicht zu kleine Stationärrolle. Der Spulendurchmesser muß groß genug sein, um die Schnur sauber aufzuwickeln, so daß sie beim Werfen mit leichten Posen gut abläuft. Ideal sind hohe, flache Matchspulen mit einem Fassungsvermögen von 100 Metern Schnur von 0,16 oder 0,18 mm. Die Rolle sollte möglichst mit einer Kreuzwicklung arbeiten, bei der die Lagen der dünnen Schnur sich nicht ineinander verklemmen können.

Traditionell ist bei Matchruten-Anglern die Kapselrolle sehr beliebt, besonders zum Angeln in fließenden Gewässern. Ebenfalls im Fließwasser verwenden englische Experten gern moderne Ausführungen der klassischen Achsrolle (Nottingham- oder Centrepin-Rolle). Wir kommen darauf zurück.

Leider werden einige erstklassige Staionärrollen hierzulande nicht mehr mit flachen Matchspulen geliefert. In diesem Fall spule ich zunächst eine dickere Füllschnur auf die Rolle und danach die eigentliche Hauptschnur. Dazu zwei Beispiele: Die Schnurfassung der Rolle beträgt 100 Meter Schnur 0,30 mm. Dann wickle ich erst 100 Meter 0,25 mm auf, danach 100 Meter 0,16 mm. Wenn die Rolle 100 Meter 0,35 mm Schnur faßt, brauche ich 100 Meter Füllschnur 0,30 mm, damit anschließend 100 Meter 0,16 mm die Spule richtig bis zum Rand füllen.

Schnüre und Haken

Während englische Match-Experten häufig mit Schnurstärke 0,12 mm fischen, empfehle ich für unsere weniger überfischten Gewässer 0,14 bis 0,16 mm als Standard. Noch dickere Schnüre behindern den Wurf. Wichtiger als der Durch-

Modernes Angeln **29**

Variationen mit der Matchrute

messer der Schnur ist eine möglichst hohe Tragkraft und eine glatte, abriebfeste Oberfläche. Wer bei diesen feinen Schnüren billige Ware verwendet, spart am falschen Platz.

Beim Angeln auf Distanz, besonders an stehenden Gewässern, muß die Schnur unter der Wasseroberfläche liegen, damit der Wind keinen Schnurbogen hineinblasen kann. Dafür gibt es spezielle sinkende Schnüre. Auch eine normale Schnur sinkt, wenn man sie mit Spülmittel oder mit einem Sinkspray entfettet.

Hakenknoten und Schlaufenknoten zur Verbindung von Hauptschnur und Vorfach wurden bereits beim Stippen vorgestellt. Schlaufen können bei Weitwürfen zum Verheddern führen. Eine gute Alternative ist der sehr unauffällige Verbindungsknoten (Skizze).

Mit kleinen Ködern auf große Fische – entsprechend dieser Devise müssen die Haken für die Matchrute klein und leicht, aber dennoch stark sein. Haken mit kurzem oder mittellangem Schenkel und breitem Bogen bieten auch in Größe 16 bis 20 noch genügend Halt für einen dicken Döbel, der sich nur mit einer einzelnen langsam absinkenden Made überlisten ließ.

Posen-Typen

Englische Posen sind eine Wissenschaft für sich, die ganze Bücher gefüllt hat. Bei all ihrer Vielfalt lassen sie sich zunächst auf zwei Grundtypen zurückführen. Posen mit zwei Befestigungspunkten an der Schnur (Stick, Avon u.ä.) zum Angeln in der Strömung ähneln in ihrer Form den Posen zum Stippen, sind aber stabiler gebaut und haben dickere Antennen.

Die englische Spezialität schlechthin sind

Maden, Caster und Hanf sind die klassischen Partikel-Köder. Caster werden in Wasser aufbewahrt, damit sie sich nicht weiter verpuppen.

Oben: Wieder ein Rotauge. Die Partikel haben den Schwarm angelockt.

Die beiden grundlegenden englischen Posentypen: links Stick-Montage mit zwei Befestigungspunkten, rechts Waggler, der nur unten mit der Schnur verbunden wird.

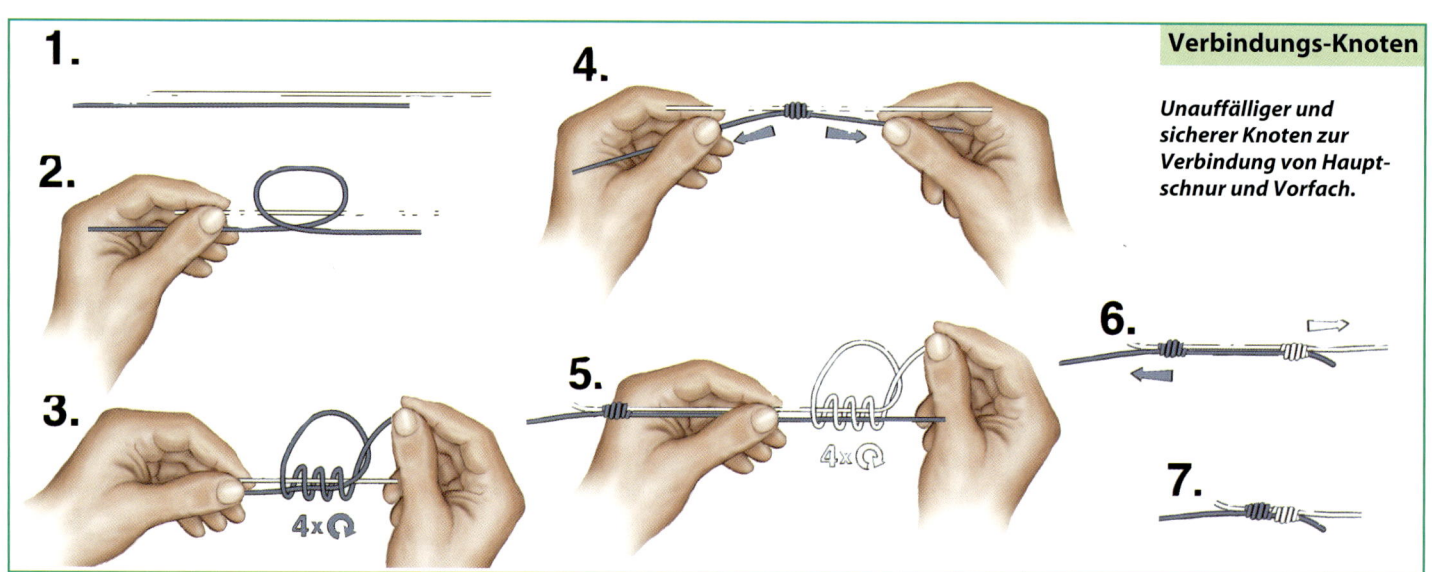

Verbindungs-Knoten

Unauffälliger und sicherer Knoten zur Verbindung von Hauptschnur und Vorfach.

sich ein kleines Schrot No. 8 in 10 bis 25 Zentimetern Abstand über dem Haken. Die Engländer nennen dieses Blei tell-tale (Geschichtenerzähler), weil es den ersten Kontakt zwischen Fisch und Pose herstellt und sozusagen die Geschichte vom Anbiß „erzählt". Ich nenne es deshalb „Bißblei".

Schleuderkurs

Katapulte spielen beim Angeln mit der Matchrute eine wichtige Rolle. Häufig wird mit losen Maden, Puppen oder Hanfkörnern angefüttert, die sich von Hand nicht sehr weit werfen lassen. Loosefeeding (lose füttern) nennen die Engländer das, und die Köder (particles) führen inzwischen den schönen deutschen Namen „Partikelköder". Zum Anfüttern mit Maden und Körnern eignen sich Madenschleudern mit trichterförmigem Köcher. Kleine Köcher schießen die Maden konzentriert auf eine kleine Fläche, große Köcher befördern mehr Maden hinaus, aber mit breiterer Streuung.

Auch beim Anfüttern mit Grundfutter auf große

Wackelposen (Waggler), die nur an ihrem unteren Ende mit der Schnur verbunden werden. Diese Posen kommen an stehenden und langsam fließenden Gewässern zum Einsatz. Ihre spezielle Montage ermöglicht weite Würfe ohne Verwicklungen und das Versenken der Schnur unter der Oberfläche.

Als Behälter für die teilweise recht langen und zerbrechlichen Matchposen eignet sich ein Posenrohr oder einen Posenkasten. Stilechte englische Posenkästen werden natürlich aus Holz gebaut. Auch zwischen Schaumstoffstreifen in einer Lade der Sitzkiepe sind die Posen gut aufgehoben.

Geschichtenerzähler

Beim Angeln mit der Matchrute werden die Posen mit Schrotblei austariert. Die ungefähre Tragkraft ist auf den meisten Posen angegeben, und zwar in den englischen Bleigrößen. Diese entsprechen folgenden Gewichten:

Bezeichnung	Gramm	entspricht
SSG	1,89	
SG	1,6	2 x AAA
AAA	0,81	2 x BB
BB	0,4	2 x No. 3
No. 1	0,28	
No. 3	0,2	2 x No. 6
No. 4	0,17	
No. 5	0,13	
No. 6	0,1	2 x No. 9
No. 7	0,08	
No. 8	0,06	
No. 9	0,05	
No. 10	0,04	

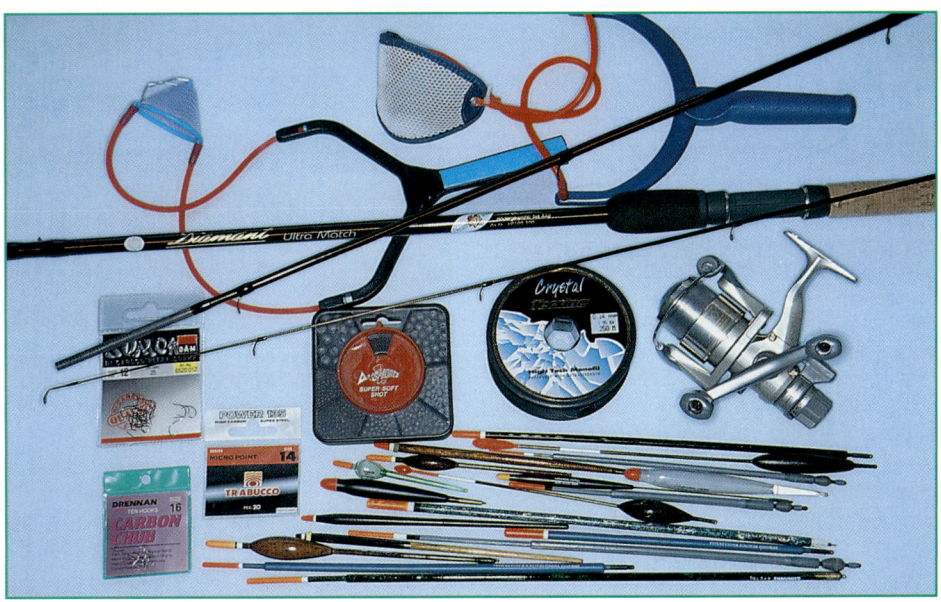

Matchrute, leichte Stationärrolle und Zubehör: Schnur, Blei und Haken, dazu ein Bündel englischer Posen. Oben Katapulte für Maden (links) und Futter.

Eine Pose mit der Tragkraftangabe 4 AAA trägt also 4 x 0,8 = 3,2 Gramm. Man kann sie natürlich auch mit 8 Schroten BB (8 x 0,4 Gramm) austarieren oder mit 2 AAA plus 4 BB oder ... Die für die Praxis wichtigsten Bleigrößen sind AAA, BB, No. 3 und No. 6, deren Gewichte sich untereinander jeweils verdoppeln. So kann man sie leicht kombinieren bzw. gegeneinander austauschen.

Bei fast allen englischen Bleimontagen befindet

Distanz reicht das Wurftalent des Anglers oft nicht aus. Für Futterballen brauchen Sie Schleudern mit einem großen Köcher oder einem Maschenkorb. Über die Schußkraft der Schleuder entscheidet ihr Gummizug. Dickes Gummi oder Gummischlauch beschleunigt stärker und schießt weiter, weiches Gummi schießt langsamer und präziser. Wie gut, daß der Handel genügend Katapulte für die verschiedenen Einsatzbereiche bereithält.

Variationen mit der Matchrute

Am Ufer entlang: Trotting an

An einem kleineren Fluß die Uferkante Schritt für Schritt mit der Pose abfischen, das ist die ursprüngliche Angelmethode mit der Matchrute.

Im englischen Jargon heißt diese Methode Trotting. Beutefische sind hauptsächlich Rotauge und Häsling, im Winter auch Döbel, die bei kaltem oder hohem Wasser gern in Ufernähe stehen. Weiter draußen in der Strömung, wo in der warmen Jahreszeit Döbel und Barben, aber auch große Rotaugen das sauerstoffreiche Wasser suchen, fischt man mit mehr Blei und größeren Posen.

Von den verschiedenen Matchruten-Typen ist eine Stickrute mit Spitzenaktion für einen schnellen Anhieb am besten geeignet. Die Rutenlänge sollte 3,90 bis 4,20 Meter betragen. An größeren Flüssen mit breiter Uferböschung läßt sich der Köder mit einer noch längeren Rute besser führen. Hier verwende ich allerdings anstelle der Matchrute lieber eine längere Bologna-Rute.

Nottingham-Fan

Ich gebe zu, ich bin ein Achsrollen-Fan. Nicht aus Nostalgie, sondern weil mit keiner anderen Rolle eine so perfekte Köderführung möglich ist wie mit einer Nottingham- oder Centrepin-Rolle. Beim Trotting in Ufernähe mit leichten Posen ist die Achsrolle ideal. Mit ihrer fein justierbaren Bremse bzw. mit dem Daumen oder dem Zeigefinger am Rand der Schnurtrommel kann ich die Drift des Köders perfekt den wechselnden Strömungs- und Tiefenverhältnissen anpassen. Das gilt in gleicher Weise beim Angeln mit langer Drift entlang der Stromkante von Buhnen an großen Flüssen und Strömen. Am Ende der Drift hole ich die Schnur ein, indem ich von außen die Trommel der Rolle in Bewegung setze. Das geht viel schneller als durch noch so besessenes Kurbeln.

Beim Angeln mit Stationär- oder Kapselrollen läuft die Schnur nicht gleichmäßig von der Spule, sondern wird Stück für Stück in Klängen freigegeben. Dabei dürfen sich keine ruckartigen Bewegungen auf den Köder übertragen. Dosieren Sie deshalb den Ablauf der Schnur mit dem Zeigefinger an der Spule oder mit der linken Hand. Damit und durch ausgleichende Bewegungen mit der Rute erreichen Sie, daß der Köder natürlich mit der Strömung abdriftet.

Mit einer Hauptschnur von 0,14 mm und Vorfach 0,12 mm liegen Sie meist richtig. An klei-

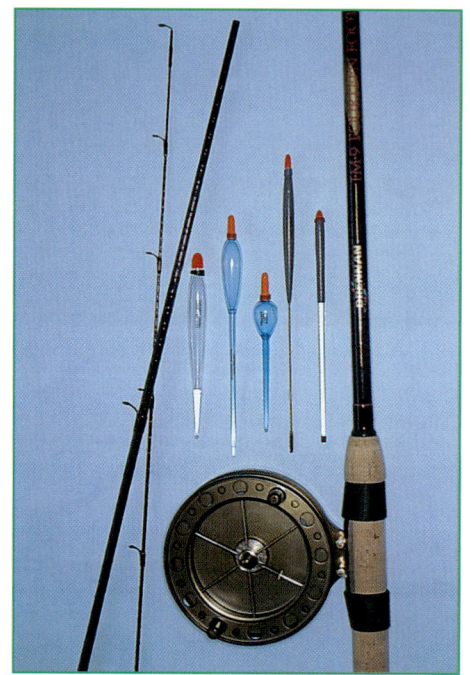

Klassisches Gerät zum Trotting: 14-Fuß-Rute mit Achsrolle, dazu die Posen (von rechts) Stick, Wire Stick, Bobber, Avon, Loafer.

nen, flachen und klaren Flüssen sollten Sie beides 0,02 mm feiner wählen. Wo starke Barben vorkommen, ist eine durchgehende Schnur von 0,16 mm oder stärker notwendig.

Sticks für langsame Strömung

Posen vom Typ Stick (Stäbchen) sind eine englische Spezialität zum Fischen in langsamer Strömung bei maximal 1,5 Metern Wassertiefe. Die Posen bestehen aus leichtem Balsaholz im oberen Drittel und aus einem schweren Tonkinstab darunter. Diese Bauweise gibt ihnen bei relativ geringer Tragkraft genügend Eigengewicht für den Wurf. Bei modernen Stick-Posen besteht der untere Teil aus Kunststoff anstelle von Tonkin. Sticks werden mit einer Kette aus kleinen Bleischroten austariert. Bei einer Pose mit 0,5 Gramm Tragkraft z. B. verteile ich 4 Schrote No. 6 und ein Bißblei No. 8 in gleichmäßigen

32 Modernes Angeln

Fließgewässern

Mit Matchrute und Achsrolle: Döbel und Rotaugen sind die Hauptbeute beim Trotting.

Variationen mit der Matchrute

Großmaul Döbel vor dem Kescher.

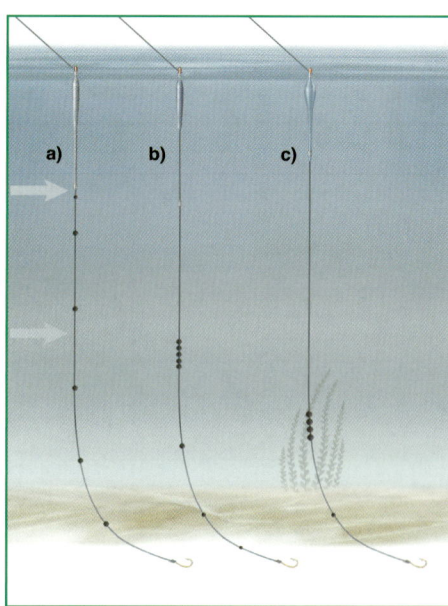

Bleimontagen für a) Stick, b) Wire Stick, c) Avon oder Loafer.

Abständen zwischen der Pose und dem Haken. Ein weiteres Schrot No. 8 klemme ich direkt unter der Pose auf die Schnur (a). Dieses Blei dient als Tiefenmarkierung. Wenn ich während des Fischens die Tiefe verstelle, hilft es mir, die ursprüngliche Einstellung der Pose wiederzufinden. Damit sich die Schrote nicht untereinander verfangen, werfe ich die Angel mit einem sanften Unterhandschwung ein.

Bedingt durch das geringe Bleigewicht und den Widerstand der Schnur im Wasser sinkt der Köder in der Strömung nur langsam ab. In dem Maße, wie die einzelnen Schrote ihre Endposition erreichen, stellt sich die Pose allmählich auf. Wird dieser Rhythmus unterbrochen, verharrt die Pose zu lange in Schrägstellung, so erkennt der geübte Angler daran den Anbiß: Ein Fisch hat den Köder im Absinken genommen.

In Verbindung mit lose eingeworfenen Maden, Hanf- oder Weizenkörnern als Anfütterung ist die Stick-Pose ideal zum Fischen in Ufernähe bei langsamer, relativ gleichmäßiger Strömung. Günstige Windverhältnisse, am besten ein leichter Wind stromauf, sind eine weitere Voraussetzung zum Fischen mit diesem sensiblen Gerät.

Wind und Strömung

Sobald Strömungswirbel auftreten oder der Wind auffrischt, läßt sich die Angel mit der leichten Pose nicht mehr wirksam kontrollieren. Mehr Stabilität bietet eine Stick-Pose mit Drahtkiel (Wire Stick, wire = Draht). Bei Strömung, Wind und über 1,5 Meter Wassertiefe muß sie mehr Blei tragen, auch die Bleimontage verändert sich: Verwenden Sie dann eine Pose mit 1 Gramm Tragkraft, schieben Sie 5 bis 6 Schrote No. 6 etwa einen Meter über dem Haken zu einer Kette zusammen, verteilen Sie darunter zwei weitere Schrote No. 6 und das Bißblei No. 8 in gleichen Abständen (b).

Zum Anfüttern empfehle ich weiterhin lose eingeschossene Maden, Caster und Hanfkörner. In tieferem Wasser oder bei stärkerer Strömung werfe ich vor jedem Durchlauf der Pose eine haselnußgroße Portion Paniermehlfutter ein.

In der Strömung wird, ähnlich wie bei der Stipp- und Bologna-Methode, hauptsächlich mit verzögerter Drift gefischt. Selbstverständlich erfordert das nochmals größere Posen und mehr Blei, zum Beispiel: Für mäßige Strömung und Wassertiefen bis 2 Meter einen Bobber mit 1,6 Gramm (4 BB) Tragkraft, für schnellere Strömung eine Avon-Pose mit 2,4 Gramm (3 AAA), für die quirlige Strömungskante von Buhnen einen dicken Loafer mit 4 Gramm (5 AAA) Tragkraft. In klaren Gewässern verwende ich diese korpulenten Posen gern in Ausführungen aus transparentem Kunststoff, die an der Oberfläche keine Schatten werfen.

Bei den Strömungsposen Avon und Loafer wird das Bleischema noch einmal vereinfacht: Schieben Sie alle größeren Schrote ca. 60 cm über dem Haken zusammen, bringen Sie darunter nur noch ein Bißblei ungefähr auf halbem Weg zum Haken an. Die Größe des Bißbleis richtet sich nach der Pose und dem übrigen Bleigewicht, für die drei genannten Beispiele: No. 6 oder No. 3 oder BB (c).

Die letztgenannten Posen haben, typisch für englische Fließwasserposen, ziemlich starke Antennen. Sie sind daher auch beim Angeln mit langer Drift gut zu beobachten. Außerdem reagieren sie weniger empfindlich auf Strömungswirbel und gestatten das Angeln mit größeren Ködern wie Tauwürmern, Brotflocken oder Würfeln aus Frühstücksfleisch auf große Döbel und Barben. Natürlich darf beim Angeln mit 2 Maden am Haken Größe 16 nicht der ganze dicke Kopf einer Loafer-Pose aus dem Wasser schauen; auch solche Posen kann man sensibel austarieren.

Zum Anfüttern in der Strömung verwende ich beim Angeln mit der Matchrute die gleichen Futtermischungen wie beim Stippen. Wenn ich allerdings weit über die Rutenlänge hinaus vom Ufer entfernt fische, werfe ich die Futterballen zwei bis drei Meter stromab ein, um den Köder allmählich diagonal durch die Futterspur zu führen (genau wie beim Angeln à la Bolognese).

Das Fehl-Biß-Blei

Ermitteln Sie die Tiefen- und Strömungsverhältnisse am Angelplatz durch wiederholte Probedurchläufe der Pose. Stellen Sie bei leichten Stick-Posen die Tiefe zunächst so ein, daß das Bißblei knapp über dem Grund schwebt. Bei frei treibender Pose schleift dann der Köder auf dem Boden nach, bei verzögerter Angelführung treibt er über dem Grund voraus. Durch Variieren der Driftgeschwindigkeit finden Sie heraus, auf welche Köderführung die Fische am besten ansprechen.

Beim stark verzögerten Fischen in schneller Strömung müssen Sie die Pose bis zu einem halben Meter übertief einstellen. Die Schnur liegt dann schräg im Wasser, das Bißblei treibt knapp über dem Grund, der Köder treibt in gleicher Höhe voraus. Noch einmal: Mit einer Achsrolle ist diese Art der Köderführung am besten zu verwirklichen.

Fehlbisse können verschiedene Ursachen haben, zu den häufigsten zählt die Bebleiung. Schon eine leichte Veränderung des Bleischemas kann Abhilfe schaffen. Oft genügt es, nur das Bißblei ein Stück zu verschieben.

Erstes Beispiel: Ich sehe Bisse, kann sie aber nicht haken. Dann schiebe ich das Blei weiter vom Haken weg, damit die Fische nicht zu früh seinen Widerstand spüren. Zweites Beispiel: Köder werden angeknabbert oder abgefressen, ohne daß die Pose sichtbar reagiert. Nun schiebe ich das Blei näher zum Haken, damit es auch vorsichtige Bisse zur Pose überträgt.

Sommer-Strategien:
Mit der Wagglerpose am Fluß

Wackelposen ermöglichen weite Würfe ohne Verheddern und außerdem eine unauffällige Präsentation des Köders.

Mit der Matchrute am Fluß. Ein schönes Rotauge aus dem Wehrgumpen.

Modernes Angeln 35

Variationen mit der Matchrute

In Kombination mit einer Made oder einzeln auf einem Haken Größe 16 sind Caster ein Superköder für größere Friedfische.

Vorbeschwerte Waggler mit austauschbaren Gewichten: Pfauenfeder, Kristallpose mit feiner Antenne, durchgehender Kristall-Waggler für schneller strömendes Wasser.

Es ist Sommer, das Wasser im Fluß ist niedrig und klar, die Fische stehen weit vom Ufer entfernt. An kleineren Flüssen scheuen sie den Angler und den Schatten der Rute, suchen Deckung am gegenüberliegenden Ufer. Unter diesen Voraussetzungen sind Matchrute und Waggler-Pose unschlagbar.

Die Pose ist nur an ihrem unteren Ende mit der Schnur verbunden und ermöglicht dadurch verwicklungsfreies Werfen auch mit leichtem Geschirr. Das für den Wurf erforderliche Bleigewicht wird größtenteils direkt unter der Pose angebracht, auf der Schnur befinden sich nur ein paar kleine Schrote. So kann der Köder langsam und natürlich absinken und den Rotaugen, Häslingen und Döbeln entgegentreiben, die jetzt aktiv in allen Wasserschichten auf Nahrungssuche gehen.

Zum Fischen mit dem Waggler ist jede nicht zu steife Matchrute von 3,90 Metern Länge geeignet. Während die Pose stromab treibt, bildet sich unter der Wasseroberfläche ein zunehmend großer Schnurbogen. Bei einem Anbiß müssen Sie diesen Bogen zügig aufnehmen, an irgendeinem Punkt entsteht plötzlich Fischkontakt. Wenn jetzt ein starker Döbel zur Flucht ansetzt, kann das Vorfach reißen. Spezielle Waggler-Ruten haben eine durchgehende, eher weiche Aktion, um diesen kritischen Moment abzufedern.

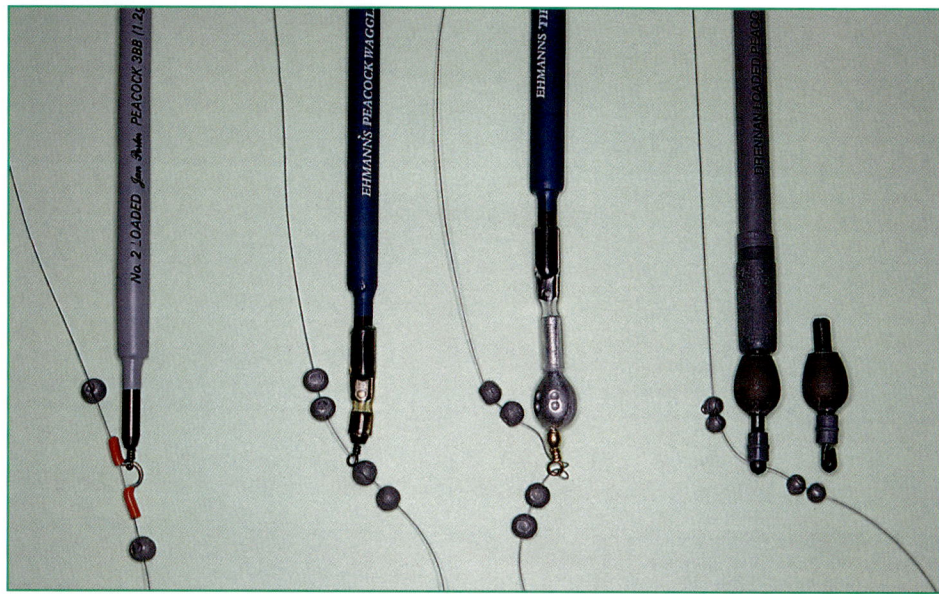

Für schnellen Wechsel von Pose und Blei (von links): Peg Leg, Silikonschlauch mit Wirbel, Silikonschlauch mit Blei und Wirbel, Wechsel-Gewicht.

Rolle und Schnur

Die Wagglerpose treibt frei ab. Daher bleibt der Bügel der Stationärrolle offen, der Schnurablauf wird mit dem Zeigefinger oder Mittelfinger an der Spule kontrolliert.

Ich persönlich bevorzuge für diese Methode eine Kapselrolle. Mit dem Zeigefinger am Rand der Kapsel kann ich die Schnur nach Bedarf freigeben und beim Anschlag blockieren. Dieser Rollentyp hat einen weiteren Vorteil: Der Wind kann nicht in die Schur greifen und „Perücken" verursachen.

Je feiner die Schnur, desto weniger Angriffsfläche bietet sie dem Wind und der Strömung. Beim Angeln mit leichten Posen erweist sich eine Hauptschnur von 0,14 mm Durchmesser manchmal schon als zu dick, Schnurstärke 0,12 mm (ggf. durchgehend ohne Vorfach) ist günstiger.

Bei Wind muß der Schnurbogen zwischen dem Waggler und der Rutenspitze unter der Wasseroberfläche liegen. Dafür nehme ich am liebsten eine sinkende Spezialschnur. Auch eine normale Schnur sinkt, wenn man sie gründlich mit Spülmittel entfettet.

Posen und Blei-Spiele

Die klassische Wagglerpose ist eine Pfauenfeder (engl. Peacock). Dieses „feder"-leichte Naturmaterial zeichnet sich durch seine hohe Tragkraft aus und fliegt besonders gut. An flachen, klaren Gewässern fische ich lieber mit durchsichtigen Kunststoffposen (Crystal Waggler), die keinen Schatten werfen.

Das grundlegende Bleischema für Waggler ist recht einfach. Zum Angeln in 15 bis 20 Metern Entfernung brauchen Sie unter normalen Verhältnissen eine Pose mit 2 Gramm Tragkraft (engl. Bezeichnung 5 BB). 80 Prozent des Bleigewichts, also vier Schrote der Größe BB, werden als „Wurfblei" links und rechts neben der

Pose auf die Schnur geklemmt. Diese Schrote legen gleichzeitig die Tiefeneinstellung der Pose fest. Hinzu kommen drei kleinere Schrote als „Sinkblei", nämlich ein No. 3 ungefähr auf halber Tiefe, darunter ein No. 6 und über dem Vorfach ein „Bißblei" No. 8.

Bei der Bebleiung von Wackelposen sind einige Feinheiten zu beachten. Der Abstand zwischen den Schroten muß sich von unten nach oben vergrößern, ebenso wie sich ihre Gewichte von unten nach oben vergrößern. Bei einer falschen Anordnung verheddern sich die Bleie beim Wurf untereinander.

Wenn die Fische nur einen sehr langsam absinkenden Köder nehmen, schiebe ich das Schrot No. 3 zum Wurfblei hoch und rücke auch das No. 6 und das No. 8 ein Stück höher. Wenn die Fische den Köder nur am Grund nehmen, schiebe ich ein BB zum No. 3 hinunter, so daß der Köder schneller sinkt. Diese Beispiele oder „Blei-Spiele" können Sie auf leichtere bzw. schwerere Posen mit den entsprechenden Bleigewichten übertragen.

Die Angeltiefe wird durch Probedurchläufe der Pose ermittelt. Wenn das Bißblei am Grund auf-

Wenn die Maden sich verpuppen, läßt man sie durch ein Sieb laufen. Die Puppen bleiben oben liegen.

liegt und die Pose unter Wasser zieht, kennen Sie die Wassertiefe. Schieben Sie nun das Wurfblei mit der Pose ein paar Zentimeter herunter, so daß beim Fischen das Bißblei über Grund treibt und der Köder nachschleift. In der Praxis erreicht er den Grund erst nach einigen Metern Drift, weil er ja nur langsam absinkt.

Anfüttern ist der nächste Schritt. Aus der eingangs geschilderten Situation ergibt sich, daß schwere, heftig plumpsende Futterballen die Fische eher verscheuchen würden. Zum Waggler-Angeln paßt eine leichte Anfütterung mit kleinen Futterballen, noch besser mit losen Futterpartikeln: Maden, Madenpuppen, Hanf- oder Weizenkörner, mit der Madenschleuder eingeschossen.

Zu Beginn des Fischens werden einige größere Köderportionen eingeschossen, um die Fische anzulocken. Danach besteht die Meisterschaft des Anglers darin, die Lockfütterung und den Köderdurchlauf aufeinander abzustimmen. Die Fische sollen sich daran gewöhnen, daß regelmäßig Nahrung in kleinen Portionen auf sie zutreibt, und sie sollen den dazwischen treibenden Hakenköder aufnehmen.

Für jeden Durchlauf der Angel ergibt sich daraus ein festgelegter Rhythmus: Ich schieße lose Köder mit dem Katapult ein und werfe gleich hinterher die Angel schräg ein Stück über die Futterstelle hinaus. Bei Wind lege ich sofort die Schnur unter die Oberfläche, indem ich die Rutenspitze ins Wasser stecke und mit 2 bis 3 zügigen Umdrehungen der Rolle die Schnur versenke. Danach treibt die Pose ungehindert ab. Der Hakenköder schwebt, von den kleinen Bleischroten gezogen, allmählich durch die lose Anfütterung hindurch den Fischen entgegen.

Mit schleifendem Blei

Wagglerpose und absinkender Köder sind eine Technik für Flüsse mit langsamer, gleichmäßiger Strömung. Sobald die Strömung zunimmt, beschleunigen die Pose und der unter Wasser treibende Schnurbogen die Drift des Köders. Der treibt dann schneller als das Lockfutter, die Fische werden mißtrauisch. Zurückhalten können

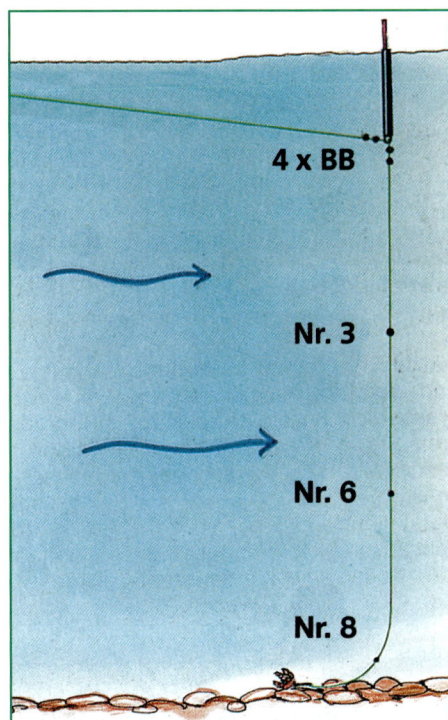

Beim Waggler-Fischen befindet sich nur wenig Sinkblei auf der Schnur. Die Pose wird so eingestellt, daß der Köder über den Boden nachschleift.

Sie die Angel nicht, denn dabei würde die Pose sofort untertauchen.

Ein Verzögern der Drift ist mit dem Waggler nur möglich, wenn das unterste Bleischrot über den Boden schleift. Je schneller die Strömung, desto größer muß dieses Schrot sein, um die gewünschte Wirkung zu erzielen. Dies wiederum erfordert Posen mit dickeren Spitzen von 3 bis 4 mm Durchmesser für ein Bißblei Nr. 3 oder von 5 mm Durchmesser für ein Bißblei Größe BB. Den Fisch stören diese Posenspitzen nicht. Er spürt beim Aufnehmen des Köders keinen Ruck, sondern hält nur den Köder fest. Die Pose stellt sich schräg und taucht weg.

Reicht auch dieser Trick nicht mehr aus, um den Köder in der Strömung mit angemessener Geschwindigkeit zu führen, so sind die Grenzen der Waggler-Methode erreicht. Trotting mit Posen von Typ Avon, vor allem aber die Bologna-Methode sind dann die besseren Alternativen.

Die Wind- und Strömungsverhältnisse sowie das Beißverhalten der Fische können sich rasch ändern. Sie müssen dann die Pose wechseln, möglicherweise auch das Bleischema verändern. Einige Hilfsmittel erleichtern das Auswechseln der Pose, ohne daß dabei die Tiefeneinstellung verändert oder gar das ganze Gerät neu montiert werden müßte (siehe Foto links):

1) Posenwechsler in Form einer Drahtspange (Peg Leg)
2) Silikonschlauch mit Wirbel zum Aufschieben auf den Posenkiel
3) Silikonschlauch mit Blei, das die großen Schrote ersetzt
4) vorgebleite Posen mit auswechselbaren Gewichten.

Caster-Tricks

Caster gelten in England als der Superköder im Sommer und Herbst. Gemeint sind hellbraune, frisch verpuppte Maden, die im Wasser absinken. Alte, dunkelbraune oder schwarze Puppen schwimmen auf der Oberfläche und sind daher unbrauchbar.

Caster fangen im Durchschnitt größere Fische als frische weiße Maden. Sie sortieren aus einem Rotaugenschwarm die größeren Exemplare heraus. Auch Döbel haben die Puppen für ihr Leben gern. Wer mit diesem Köder anfüttert, wird oft Döbel fangen, aus deren Schlund der Brei zerquetschter Caster nur so hervorquillt.

Erfolgen beim Anfüttern mit losen Maden und Puppen die Bisse zu weit stromab, so hilft gequollener Hanf: Füttern Sie mit einer Mischung aus Maden/Caster und Hanfkörnern. Die Körner sinken schneller ab und holen die Fische näher heran.

Modernes Angeln **37**

Variationen mit der Matchrute

Mit Matchrute und Weitwurf-Waggler am See: Erfolg auf Brassen.

Hinaus in die Ferne:
Mit der Matchrute am See

Weitwürfe mit schweren Waggler-Posen bringen an flachen Seen den Köder zu den großen Fischen.

"Der hat schon wieder was Neues", brummelte mein Freund Werner mit einer Mischung aus Verwunderung und Neugier, als ich bei einem Königsangeln erstmals mit Matchrute und Wackelpose antrat. Wir fischten seinerzeit am Kemnader See mit langen Kopfruten und waren daran gewöhnt, frühestens nach einer Stunde den ersten Biß zu bekommen. Die Fische standen in der Mitte des flachen Gewässers und brauchten ihre Zeit, um zu unserem Futter zu finden. Werner fing gut und wurde Zweiter. Mit meiner „neuen" Methode angelte ich in der dreifachen Entfernung vom Ufer und fing dreimal soviel wie er ...

An flachen Seen stehen die großen Fische gern in einiger Entfernung vom Ufer. Besonders im Sommer, wenn Spaziergänger und andere Freizeitmenschen die Ufer bevölkern, wahren sie ihren Sicherheitsabstand. An Stauseen kommt hinzu, daß draußen im See häufig eine Unterströmung herrscht, die in Ufernähe fehlt. Strömung bedeutet auch Zufuhr von Sauerstoff und Nahrung. Kein Wunder also, daß es die Fische „hinaus in die Ferne" zieht. Wind, Wellen und Oberflächenströmung sind beim Posenangeln auf große Distanz Störfaktoren, die man mit der Matchrute, schweren Wagglerposen und versenkter Schnur ausschalten kann.

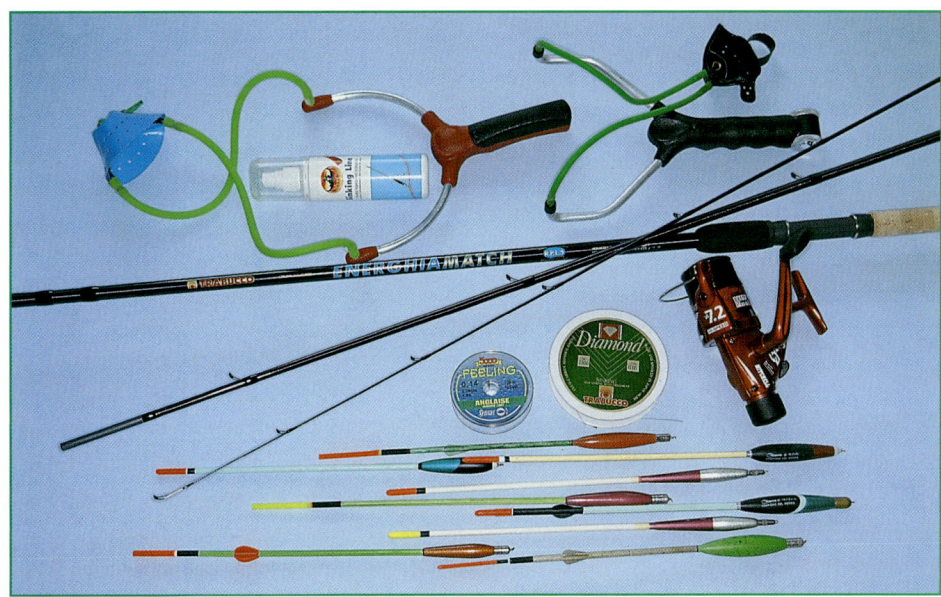

Mit der Matchrute auf Distanz: Italienische Weitwurf-Rute, schnelle Rolle, Weitwurfposen. Sinkende Schnur, Sinkspray und starke Futterschleudern gehören dazu.

Weitwurf-Geräte

Im Normalfall reicht eine nicht zu weiche Matchrute von 3,90 Metern Länge aus. Für schwere Weitwurfposen von 6 Gramm aufwärts ziehe ich eine Spezialrute mit kraftvoller Aktion vor. Eine Rutenlänge von 14 oder 15 Fuß (4,20 bzw. 4,50 Meter) vergrößert den Hebel für Distanzwürfe und für einen wirksamen Anhieb auf große Entfernung. In Italien, wo diese Methode besonders populär ist, werden die besten Weitwurfruten gebaut, teilweise auch als Teleskopruten.

Offene Stationärrollen mittlerer Größe mit hoher Spule und sauberer Schnurverlegung bürgen für weite und zielgenaue Würfe. Eine große Getriebeübersetzung von 1 : 6 oder mehr holt die Angel schnell wieder ein. Von kleinen Rollen mit geringem Spulendurchmesser rate ich hier ab. Sie wickeln die Schnur zu eng, außerdem dauert das Einholen zu lange.

Die Hauptschnur sollte mindestens 0,14 mm, bei schweren Posen besser 0,16 mm stark sein. Die Schnur muß sinken, also entfette ich sie mit Spülmittel. Sinkende Spezialschnüre sind vorteilhaft, aber auch sie müssen vor dem Gebrauch einmal gründlich entfettet werden. Während des Fischens nimmt die Schnur Schmutz und Fett von der Wasseroberfläche auf und sinkt möglicherweise irgendwann nicht mehr. Aufsprühen von Sinkspray auf die Spule schafft Abhilfe.

Für Weitwürfe an stehenden Gewässern verwende ich Waggler mit langer Antenne und tief liegendem Auftriebskörper. Vorgebleite Posen, bei denen ein erheblicher Teil des Wurfgewichts in den Körper eingebaut ist, ersparen das Anbringen (zu) vieler Bleischrote, die zum Überschlagen und Verheddern neigen.

Bei Windstille und glatter Oberfläche kann man mit 2-Gramm-Posen in einer Distanz bis 20 Meter fischen. Bei Wind braucht man dafür 3 bis 4 Gramm Gewicht. Für 30 bis 35 Meter Entfernung sind bei Windstille 4 Gramm, bei Wind bis zu 10 Gramm Wurfgewicht notwendig, um bequem werfen und den Köder ruhig und stabil anzubieten zu können. Im Zweifelsfall greife ich lieber zu einer größeren Pose mit mehr Tragkraft, statt zuviel Schwung in den Wurf zu legen und damit Verwicklungen zu riskieren.

Die Hauptmasse des Wurfgewichts befindet sich an bzw. in der Pose. Zwischen Pose und Haken werden nur noch wenige Schrote verteilt. Deren Abstände und Gewichte sollen sich wie beim Waggler-Fischen im Fluß von unten nach oben vergrößern. Nur so gelingt ein sauberer Wurf.

Loten, peilen und füttern

Natürlich kann man bei den genannten Entfernungen nicht mit einem dicken Blei ausloten. Zum Loten klemme ich ein größeres Schrot AAA auf den Haken. Damit kann ich (fast) normal auswerfen. Ist die Pose zu flach eingestellt, so zieht das Lot-Schrot sie unter Wasser. Wenn die Pose sich normal aufrichtet, liegt das Schrot mit dem Haken auf Grund.

Brassen, die Hauptbeute an flachen Seen, nehmen ihre Nahrung vom Boden. Stellen Sie bei ruhigem Wasser die Pose so ein, daß das Vorfach aufliegt und das unterste Blei knapp über dem Grund schwebt. Bei Winddrift bzw. Unter-

Variationen mit der Matchrute

Bleimontagen und Tiefeneinstellungen auf Brassen. Je stärker der Wind, umso mehr Blei muß aufliegen.

strömung muß auch dieses Blei aufliegen. An manchen Tagen im Sommer und Herbst bevorzugen die Brassen allerdings einen knapp über dem Grund schwebenden Köder, der in der Unterströmung treibt. Wenn überwiegend Rotaugen zu erwarten sind, beginne ich grundsätzlich mit einem schwebenden Köder.

Zum Anfüttern auf große Distanz brauchen Sie eine Futterschleuder. Punktgenaues Anfüttern ist zwar nicht notwendig, das Futter sollte aber auf eine Fläche von wenigen Quadratmetern konzentriert werden. Angel- und Futterstelle müssen übereinstimmen. Das klingt selbstverständlich, ist aber gar nicht so einfach.

Peilen Sie zuerst einen Orientierungspunkt am anderen Ufer an, einen markanten Baum, ein Gebäude am Horizont.... Damit haben Sie die Richtung. Dann legen Sie die Wurfentfernung fest, markieren die Entfernung mit einem Filzstift auf der Schnur oder klemmen die Schnur unter den Clip an der Spule.

Geballte Ladung

Nun besteht die Meisterschaft darin, die Futterportionen möglichst zielgenau um die Pose herum zu plazieren. Die Richtung weist der Orientierungspunkt. Zwei Tips helfen, sich auf die richtige Entfernung „einzuschießen": Formen Sie immer gleich große Futterballen. Strecken Sie beim Spannen der Schleuder den rechten Arm (als Rechtshänder) und halten Sie das Handgelenk starr. Führen Sie mit der linken Hand den Köcher des Katapults immer an den gleichen Punkt an Ihrem Körper. So wird das Gummi stets gleich stark gespannt.

Eine saubere Wurftechnik ist Voraussetzung dafür, daß die Waggler-Montage den langen Weg zum Fisch verwicklungsfrei zurücklegt. Dazu führe ich die Rute seitlich nach hinten und in einem Bewegungsablauf über den Kopf mit zunehmender Beschleunigung, aber ohne hektischen Schwipp nach vorn. In der 11-Uhr-Stellung halte ich die Rute hoch und federe in der Endphase des Wurfs die Schnur mit dem Zeigefinger der Wurfhand an der Spule ab. Dann fliegen Köder und Blei an der Pose vorbei, die gesamte Montage fällt gestreckt auf das Wasser. Zum Schluß senke ich die Rute bis in die Waagerechte, um dieses Manöver noch weicher zu gestalten. Anschließend stecke ich die Rutenspitze ins Wasser und drücke mit 2 bis 3 Kurbelumdrehungen die Schnur unter die Oberfläche, so daß sie dem Wind und der Oberflächenströmung nicht mehr ausgesetzt ist.

Im Spiel der Wellen

Nur bei spiegelglatter Wasseroberfläche sind die Bisse leicht und eindeutig zu erkennen. Sehr viel

Hinaus in die Ferne: Anfüttern mit dem Katapult.

häufiger stören Wind, Wellen und wechselnde Lichtreflexe die Sicht. Bei bewegter Oberfläche werden die Vorzüge einer schweren Wagglerpose besonders deutlich. Sie steht stabil im Wellengang und überträgt keine Unruhe auf den Köder. Im Wellenberg geht sie unter, aus dem Wellental taucht sie auf. Wenn nicht, hat ein Fisch angebissen.

Nicht immer ist die Bißanzeige so eindeutig. Es gibt ja auch Hebebisse: Ein Brassen nimmt den Köder und hebt das Bißblei an, dann schaut die Antenne ein Stück weiter aus dem Wasser. Oder der Fisch wandert langsam mit dem Köder, ohne die Pose unter Wasser zu ziehen. Manche Bisse muß man erahnen. Der Grundsatz lautet: Im Zweifelsfall anschlagen, wenn irgendetwas an der Pose „anders" erscheint.

Ein wichtiger Faktor für die Bißerkennung ist die Farbe der Posenspitze. Fluoreszent orange ist die Standardfarbe für normale Sichtverhältnisse. Von einer durch Schattenbildung dunklen Oberfläche hebt sich gelbgrün fluoreszent noch besser ab.

Auf heller Oberfläche, besonders bei Gegenlicht, ist eine schwarze Posenspitze am besten zu erkennen. In meiner Sitzkiepe habe ich daher immer

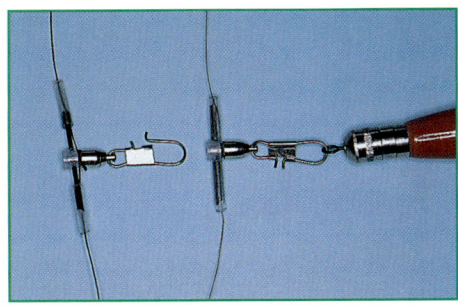

Bei diesem Posenwechsler für schwere Weitwurf-Waggler wird die Schnur einmal um die Basis gewickelt – einfach und bombensicher.

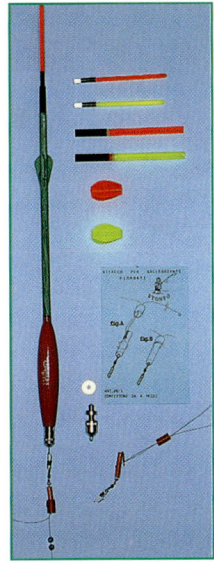

Italienische Systempose mit auswechselbaren Antennen und Gewichtsscheiben. Ein spezieller Wechsler sichert die Pose gegen Verrutschen und schont die Schnur.

einen wasserfesten Filzstift, mit dem ich die Antenne schnell schwarz färben kann. Auch ein Stück schwarzer Schlauch zum Aufschieben auf die Antenne ist ein gutes Hilfsmittel, um auf Lichtwechsel zu reagieren.

Posen mit System

Aus Italien stammen spezielle Weitwurfposen mit Wechselsystem für Gewicht und Antenne. Die sind nicht billig, aber ich finde sie einfach genial. Erstens kann man jederzeit eine größere Pose anschrauben, wenn Wind aufkommt und mehr Wurfgewicht notwendig wird, um den Futterplatz zu erreichen. Zweitens läßt sich durch das Abnehmen von Gewichtsscheiben die Tragkraft der Pose verringern, wenn mehr Blei am Grund liegen muß, um bei zunehmender Winddrift den Köder am Platz zu halten.
Drittens sind die Antennenspitzen austauschbar. Unterschiedliche Farben und Stärken stehen zur Verfügung, darunter auch Spitzen für Knicklichteinsatz oder hohle aufgeschnittene Spitzen, weithin sichtbar, aber ohne eigene Tragkraft und daher ultra-sensibel. Viertens gibt es als Zubehör Posenwechsler (ebenfalls aus Italien), die trotz des schweren Wurfgewichts garantiert nicht verrutschen, sondern bombenfest auf der Schnur sitzen, ohne diese zu beschädigen.

Futtertip

Verwenden Sie zum Angeln auf Rotaugen leichtes Futter, das sich beim Aufprall auf die Oberfläche auflöst und eine Wolke bildet. Futterpartikel treiben in der Oberflächen- bzw. Unterströmung und locken die Fische herbei.
Diese Lockwirkung holt auch Brassen an den Futterplatz. Doch ein gefräßiger Brassenschwarm hält sich nur dort auf, wo er Nahrhaftes findet. Das heißt: Mehr anfüttern, schweres Futter mit „bißfesten" Bestandteilen wie Maden, Caster, Wurmstücke, Maiskörner einsetzen.
Auch Maden pur kann man auf große Entfernungen schießen. Sie werden dafür mit einem speziellen Madenkleber gebunden und zu Ballen geformt.

Laufpose für Tiefgang

Mit Matchrute und Wagglerpose fischt man am besten in Gewässern bis zu einer Tiefe von gut 2 Metern. Bei mehr als 3 Metern Tiefe gibt es Probleme beim Werfen. Die Pose kreist zu eng um die Rutenspitze, die lange Schnur ist nur mit wenig Blei beschwert und flattert im Wind.
Mit einem als Laufpose montierten Waggler können Sie dagegen auch sehr tiefe Gewässer wie Talsperren und Schiffahrtskanäle bequem mit der Matchrute befischen.
Die Montage ist recht einfach: Für die Tiefeneinstellung wird ein verschiebbarer Stopperknoten auf die Hauptschnur gebunden. Er gleitet durch die Rutenringe, nicht aber durch den Ring am Posenfuß. Im Gegensatz zu einer Laufpose mit zwei Schnurösen kommt es beim Waggler weit seltener vor, daß Pose und Vorfach sich verfangen – vorausgesetzt, die Bleimontage stimmt.
Dazu bringe ich 1 bis 1,5 Meter über dem Haken ein Tropfenblei oder eine Gruppe größerer Bleischrote auf der Hauptschnur an, z.B. 4 AAA (3,2 Gramm). Das Blei muß in jedem Fall schwer genug sein, um die Schnur durch die Öse am Posenfuß zu ziehen und den Köder zügig zum Grund zu bringen. Daher gilt: Je tiefer das Wasser, desto schwerer dieses Blei. Wenn Strömung hinzukommt (Kanäle), verwende ich bis zu 6 Gramm Blei.
Ein Blei No. 6 bis No. 3 über dem Vorfach und zwei Schrote der gleichen Größe ein Stück weiter oben vervollständigen das Bleischema. Auch hier müssen die Abstände zwischen den einzelnen Elementen der Bebleiung von unten nach oben größer werden. Vorgebleite Waggler sind als Laufpose vorteilhaft. Eine unbeschwerte Pose trudelt nämlich beim Wurf an der Schnur hoch und verfängt sich letztlich doch mit dem Vorfach. Dagegen fliegt die eigenschwere Pose zusammen mit dem Hauptblei dem übrigen Geschirr voraus.

Gegen die Wind-Drift

Wird bei starkem Wind der Köder mit Blei am Boden festgelegt, so drückt die Oberflächenströmung gegen die Posenantenne. Noch mehr Blei wäre notwendig, um den Köder am Platz zu halten. Dann verwende ich eine Driftbeater-Pose mit sehr dünner Antenne. Sie „besiegt" die Winddrift. Ihr dicker Signalkopf ist dennoch auf Distanz leicht zu erkennen. Beim Anbiß steigt die Antenne aus dem Wasser, weil der Fisch das Blei anhebt und damit die Pose entlastet.
Verändern sich während des Fischens die Windverhältnisse oder verlagern die Fische ihren Standort weiter vom Ufer weg, so ist man gezwungen, mit mehr Blei und einer größeren Pose zu angeln, also die Pose zu wechseln. Bei einer direkt auf der Schnur montierten Pose ist das ein Problem: Die gesamte Montage muß ab- und neu aufgebaut werden. Ein praktisches Hilfsmittel, natürlich ebenfalls aus Italien, ist der abgebildete Posenwechsler für Laufposen. Die (bewegliche) Schnuröse des Karabiners ist so fein, daß ein normaler Stopperknoten zur Tiefeneinstellung ausreicht.

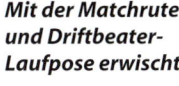

Mit der Matchrute und Driftbeater-Laufpose erwischt.

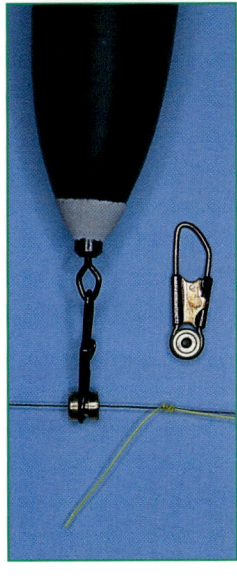

Posenwechsler für Waggler in Laufposen-Montage.

Modernes Angeln 41

Picker, Feeder & Co.

GRUNDANGELN AKTUELL

Blickpunkt Spitze: Beim Grundangeln zeigt die Rutenspitze den Biß an.

Früher galt Grundangeln als langweiliges Ansitzen mit grobem Geschirr auf Zufallsfänge. Moderne Geräte und raffinierte Techniken, die vor allem in England und Holland entwickelt wurden, haben dieses Vorurteil längst ausgeräumt. Heute sind Bodenblei und Futterkorb die Schlüssel zum Erfolg auf große Friedfische.

Blickpunkt Spitze:
Geräte und Montagen

Die Spitze steht im Blickpunkt beim Grundangeln, denn sie zeigt den Biß an. Vorausgesetzt, die Bleimontage stimmt ...

Posenangeln hat fraglos seinen besonderen Reiz, doch häufig bringt die Grundangel mehr und größere Fische an den Haken. Gerade die großen Brassen und Schleien, Döbel, Barben, auch Rotaugen, nehmen einen ruhig auf dem Grund liegenden Köder oft lieber als einen schwebenden oder treibenden. Dies gilt verstärkt in der kälteren Jahreshälfte. Nur mit der Grundangel gelingt es, den Köder trotz Wind und Strömung am Boden festzulegen.

Große Entfernungen, die mit der Pose kaum zu erreichen wären, sind beim Angeln mit dem Bodenblei kein Problem. Schon bei mittlerer Distanz können Wind, Wellen und Strömung dem Posenangler Schwierigkeiten bereiten, die mit der Grundangel relativ leicht zu lösen sind. Perfekt wie bei keiner anderen Methode werden mit dem Futterkorb der Hakenköder und das Lockfutter den Fischen zusammen serviert.

Die meisten Ruten zum Angeln mit Bodenblei oder Futterkorb wurden in England entwickelt. Ihre englischen Bezeichnungen finden sich in Gerätekatalogen und Veröffentlichungen wieder. Zwangsläufig enthält dieser Überblick deshalb eine Menge englischer Begriffe.

Angeln mit dem Bodenblei heißt auf englisch Legering, danach werden die klassischen Grundruten Leger genannt. Es handelt sich um zumeist zweiteilige Steckruten von 3 bis 3,30 Metern Länge mit einer parabolischen Aktion für Wurfgewichte bis ca. 40 Gramm. Bißanzeiger beim Bodenbleiangeln, auch „Spürangeln" genannt, sind die Rutenspitze und die Schnur, die der

Rechts hat's gezupft. Gespannte Aufmerksamkeit vor dem Anschlag.

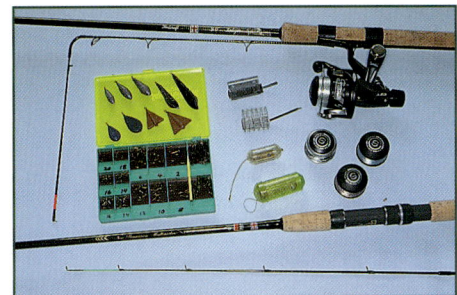

Bibberspitze (unten) und Schwingspitze verfeinern die Bißanzeige. Eine kleine Stationärrolle mit Wechselspulen paßt zu den leichten Ruten. Daneben offene (oben) und geschlossene Futterkörbe, eine Magnetschachtel mit verschiedenen Haken und die wichtigsten Bleiformen: Birne, Teller, Dreieck und Aufsteiger.

Modernes Angeln 43

Picker, Feeder & Co.

Angler vor der Rolle mit dem Zeigefinger kontrolliert, um Bisse zu erspüren.

Für eine verfeinerte Bißanzeige, besonders beim Angeln an stehenden Gewässern, werden diese Ruten mit einer Schwingspitze (Swingtip) kombiniert. Spezielle Endringe mit Innengewinde dienen zum Einschrauben dieses ultra-sensiblen Bißanzeigers.

Beim Angeln in Fließgewässern ist die Bibberspitze (Quivertip), ebenfalls zum Einschrauben in den Endring, besser geeignet. Natürlich stört eine solche Schraubverbindung die Rutenaktion. Leichter und harmonischer wirken Ruten mit fest eingesetzten Bibberspitzen. Dieser Rutentyp wird als Quiver bezeichnet.

Variabler sind Winklepicker-Ruten mit unterschiedlich flexiblen Wechselspitzen, die in den Stumpf der Rutenspitze eingesteckt werden. Diese dünnen, weichen Spitzen zeigen auch zaghafte Bisse beim feinen Fischen auf Rotaugen und Brassen an stehenden Gewässern und Kanälen sehr gut an. Das hat die Picker speziell in Holland sehr beliebt gemacht. Ihre Standardlänge beträgt 2,70 bis 3 Meter, zum Angeln in Ufernähe werden noch kürzere Ruten verwendet.

**Das Bodenblei wird am Seitenarm (rechts) oder in Laufmontage befestigt.
Bei der Laufmontage bestimmt ein verschiebbarer Bleistopper (Mitte) den Abstand zum Haken, oder das Blei wird durch den Karabinerwirbel am Ende der Hauptschnur gestoppt (links). Eine Gummiperle auf dem Wirbel schont den Knoten.**

Brassen sind die häufigste Beute beim Grundangeln.

Feeder-Ruten

Gefüllte Futterkörbe (Swimfeeder) haben ihr Gewicht. Zum Fischen in der Strömung werden sie zudem mit Blei beschwert. Ruten zum Angeln mit dem Futterkorb brauchen daher viel Rückgrat für den Wurf. Zugleich müssen sie aber sensibel sein, um die Bisse anzuzeigen, und elastisch, um das Fischen mit feinen Vorfächern zu gestatten. Das stellt hohe Anforderungen an das Material. Eine leistungsfähige Feeder-Rute hat daher ihren Preis. Die Hersteller unterscheiden zwischen drei Rutentypen:

Light Feeder (leicht, Länge 3,30 bis 3,45 Meter) eignen sich für kleinere, wenig beschwerte Futterkörbe zum Angeln auf mittlere Distanz im Stillwasser, in langsamer Strömung und in kleineren Flüssen.

Medium Feeder (mittel, Länge 3,45 bis 3,60 Meter) werfen auch mittlere Futterkörbe mit zusätzlicher Beschwerung bis ca. 20 Gramm. Sie kommen beim Distanzfischen in stehenden Gewässern (Brassen) und bei der normalen Angelei im Fließwasser zum Einsatz.

Heavy Feeder (schwer, Länge 3,60 bis 4,20 Meter) werden für große und stark beschwerte Futterkörbe zum Angeln in der Strömung sowie für extreme Weitwürfe gebaut.

Gute Feeder-Ruten sind zumeist mit 2 oder 3 verschiedenen Einsteckspitzen ausgestattet. Damit eignet sich z.B. eine Medium Feeder gleichermaßen für stehende und für strömende Gewässer, wenn man von der extrem feinen und der extrem schweren Angelei absieht.

Wir leben zwar im Zeitalter der Kohlefaser. Dennoch ziehe ich bei meinen Feeder-Ruten oft Spitzen aus Glasfiber oder Glas-Kohle-Gemisch vor, besonders an stehenden Gewässern. Sie sind weicher und nachgiebiger, zeigen vorsichtige Bisse deutlicher an und setzen dem Fisch weniger Widerstand entgegen als die steiferen Kohle-Spitzen. Beim Angeln auf große Distanz und in starker Strömung freilich ist eine möglichst lange Bißanzeigerspitze aus Voll-Kohlefaser optimal.

Rollen und Schnüre

Leichte bis mittlere Stationärrollen, ähnlich wie beim Angeln mit der Matchrute, können Sie auch zum Grundangeln verwenden. Saubere Schnurverlegung und eine fein einstellbare Bremse sind die wichtigsten Qualitätsmerkmale. Besonders auf die Bremse kommt an, denn nicht selten nehmen große, wehrhafte Fische wie Karpfen oder starke Barben den Köder.

Gefahr droht besonders in der Endphase des Drills, wenn der Fisch an kurzer Schnur noch einmal alle Kräfte in eine scharfe Flucht vor dem Kescher legt. Deshalb bevorzuge ich Rollen mit einer „Kampfbremse". Mit diesem Hilfsmittel kann ich die Bremskraft blitzschnell reduzieren bzw. verstärken, ohne die Grundeinstellung der Bremse dabei zu verändern.

Günstig ist eine Rolle mit mehreren Wechselspulen für die wichtigsten Schnurstärken. Ein Schnurclip an der Spule hilft, beim Werfen stetig die gleiche Entfernung zu treffen.

Die Schnur zum Grundangeln sollte abriebfest sein und nicht zu viel Dehnung aufweisen, damit auch auf größere Entfernung der Anhieb wirksam zum Fisch durchdringt. Als Standard-Schnurstärke empfehle ich 0,16 mm. Beim Strömungsangeln mit schwerem Blei oder beschwerten Futterkörben ist 0,18 oder 0,20 mm sicherer; wenn starke Barben zu erwarten sind, sogar 0,25 mm. Beim ultraleichten Winklepicker-Fischen ist eine Hauptschnur von 0,14 mm angebracht. Zu diesem filigranen Gerät paßt eine kleine, leichte Stationärrolle.

Geflochtene Schnüre aus Dyneema besitzen im Verhältnis zum Durchmesser erheblich mehr Tragkraft als Monofil, außerdem haben sie überhaupt keine Dehnung. Speziell beim Angeln mit schweren Futterkörben kann eine dünne geflochtene Schnur Vorteile bringen. Wir kommen darauf zurück.

Blei-Montagen

Das Birnenblei mit Wirbel (englische Bezeichnung Arlesey Bomb) ist die meistverwendete Bleiform. Dieses Blei läßt sich wegen seiner aerodynamisch günstigen Form besonders gut werfen und sinkt im Wasser schnell ab. Flache Telleroder Dreiecksbleie mit Wirbel liegen am Grund besser auf und rollen nicht von der Stelle. In weichem, schlammigem Grund sinken sie nicht so leicht ein. Beim Einholen steigen sie rasch vom Grund hoch, das vermeidet Hänger. In der Strömung können sie allerdings schon beim Absinken wegtreiben.

Für die Strömungsangelei empfehle ich das „Aufsteiger-Blei" (Riser), das für die moderne Karpfenangelei entwickelt wurde. Es fliegt und sinkt ähnlich gut wie ein Birnenblei. Dank seiner abgeflachten Form haftet es sehr gut am Grund und steigt beim Einholen auf – daher der Name.

Bleiformen mit eingegossenem Wirbel haben sich beim modernen Grundangeln durchgesetzt. Herkömmliches „Laufblei" (die Schnur läuft durch eine Bohrung im Bleikörper) in Kugel-, Oliven- oder Sechskantform ist weniger geeignet, weil es den Kontakt zwischen Fisch und Rutenspitze behindert, wenn nicht blockiert.

Ungezählt sind die Montagen zum Anbringen des Bodenbleis. Alle lassen sich aber auf zwei grundlegende Muster zurückführen, Laufmontage und Seitenarm (Paternostermontage).

Bei der Laufmontage wird das Blei über seine Öse direkt auf die Hauptschnur gefädelt und durch einen Wirbel am Ende der Schnur gestoppt. Die zweite Öse des Wirbels oder ein Karabiner nimmt das Vorfach auf. Mit einem verschiebbaren Bleistopper (Leger Stop) läßt sich der Abstand zwischen Blei und Haken verändern. Bei Verwendung eines Bleistoppers können Sie auf den Wirbel verzichten, die Schnur und das Vorfach mit einem Schlaufen- oder Blutknoten verbinden oder den Haken direkt an die Hauptschnur knüpfen.

Bei der Paternostermontage hängt das Blei an einem kurzen Seitenarm, der in die Hauptschnur gebunden wird. Versieht man das freie Ende des Seitenarms mit einem Wirbel oder einem Schnurgleiter (Leger Bead) und zieht diesen auf die Schnur, so entsteht ein gleitender Paternoster, die Kombination der beiden Grundmuster. Hierfür und allgemein zum Thema Montagen gilt allerdings: je mehr Teile, desto mehr Nachteile. Komplizierte Montagen neigen nämlich zum Verheddern.

Futterkörbe gibt es in zwei grundlegenden Bauweisen. Geschlossene Futterkörbe werden hauptsächlich eingesetzt, um mit Maden und anderen Partikeln „pur", also ohne Grundfutter anzufüttern. Offene Körbe aus Kunststoff mit Löchern oder aus Drahtgeflecht dienen zum Anfüttern mit Grundfutter, in dem ggf. Maden, Puppen o.ä. gebunden sind. Auch diese beiden Grundtypen gibt es in einer Vielzahl von Varianten. Wie das Grundblei, so können Sie auch den Futterkorb wahlweise durch eine Lauf- oder Paternostermontage mit der Schnur verbinden.

Knoten für Seitenzweig

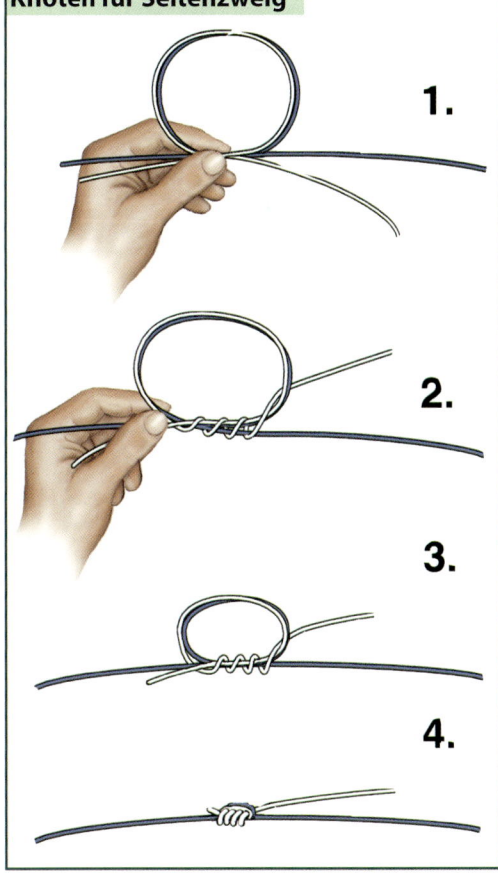

Knoten für Öhr (Haken, Wirbel)

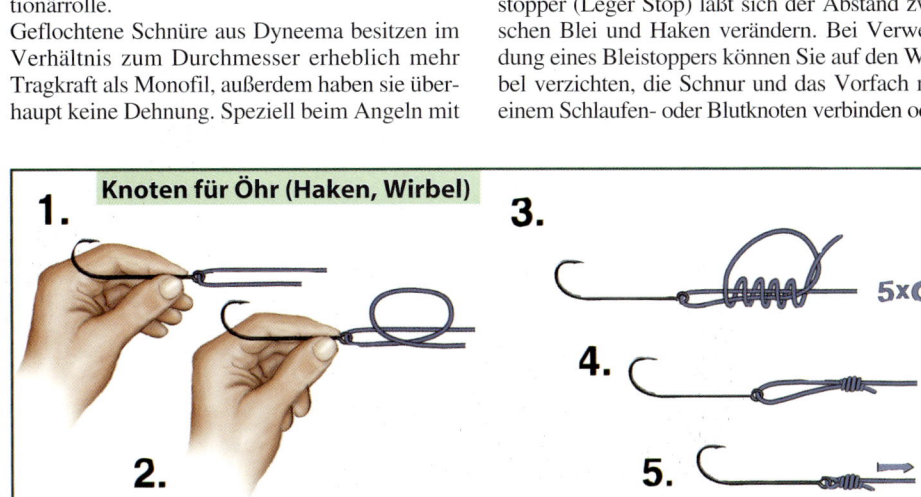

Picker, Feeder & Co.

Stippen ohne Pose: Mit Winkle

Grundangeln mit dem Winklepicker, das ist wie Stippen ohne Pose, genauso fein und sensibel. Beim Rolling Trolling gibt eine Unterwasserpose dem Köder Bewegung.

Brassen mit Hobo, beim Rolling Trolling gefangen.

picker im Stillwasser

Mit dem Winklepicker am Kanal.

Rotaugen in Kanälen, in schiffbaren Niederungsflüssen und deren Häfen weisen oft ein hohes Durchschnittsgewicht auf, „pfundige" Exemplare sind nicht selten. Die Fische wachsen gut ab, denn Nahrung gibt es reichlich und die Konkurrenz ist begrenzt: Die Laichmöglichkeiten sind eingeschränkt, zudem halten Zander, Barsche und Aale den Nachwuchs kurz. Die Schwärme großer Rotaugen ziehen bei der Nahrungssuche gern am Rande der Uferböschung entlang. Mit Winklepicker, leichtem Bodenblei und ähnlich feinem Geschirr wie beim Stippen ist gute Beute möglich.

Ein leichter Winklepicker von 2,70 Metern Länge mit drei verschiedenen Einsteckspitzen deckt die meisten Situationen ab. Wenn überwiegend in Ufernähe gefischt wird, so z.B. an Spundwänden, sind noch kürzere Ruten von 2,40 Metern oder 2,10 Metern praktisch. Beim Angeln in größerer Entfernung in der Fahrrinne ziehe ich eine 3 Meter lange Rute vor. Dank ihrer größeren Hebelwirkung kann ich damit gezielter werfen, außerdem setzt sie den Anhieb besser. Erfordert die Strömung ein schweres Blei, so ist eine etwas stabilere Rute vom Typ Quiver oder Light Feeder vorzuziehen, die auch leichte Futterkörbe wirft.

Rätsel Winklepicker

Viel ist gerätselt worden, woher der Name Winklepicker kommt. Auch unsere holländischen Nachbarn, die diese Ruten in Irland entdeckten (auf diesem Umweg kamen sie nach Deutschland), wunderten sich. Denn im Niederländischen heißt winkle Laden, picker Dieb, winklepicker also Ladendieb. Doch die Erklärung kommt aus dem Englischen. Dort bezeichnet das Wort winkle eine Uferschnecke, die früher als Delikatesse galt. Ihr eßbares Fleisch wurde mit einer feinen und spitzen Nadel aus dem Gehäuse „gepickt", dem winklepicker. Nadelfein sind auch die Rutenspitzen, daher der kuriose Name.

Winklepicker wiegen nur wenig über 100 Gramm. Mit solchen Ruten harmoniert nur eine kleine, leichte Stationärrolle. Schon eine mittlere Rolle von 300 Gramm erscheint mir am Winklepicker als Fremdkörper. Eine Hauptschnur von 0,14 mm ist in den meisten Fällen richtig. Die Ersatzspulen werden mit Schnurstärke 0,12 mm für die ultrafeine Angelei im Winter und 0,16 mm zum Angeln mit schwerem Blei oder Futterkorb bestückt.

Leichte Montage

Wassertiefe, (Unter-) Strömung und Angeldistanz entscheiden über das Bleigewicht. Im ufernahen Bereich jenseits der Böschung bei 3 bis 4 Metern Wassertiefe ist ein leichtes Tellerblei von 10 bis 15 Gramm ideal, das ohne Klatschen ins Wasser fällt und sich sanft auf den Grund legt. Das Blei läuft über seine Öse auf der Hauptschnur und wird an deren Ende durch einen kleinen Karabinerwirbel gestoppt. Fädeln Sie vor dem Anknoten des Wirbels eine kleine Gummiperle auf die Schnur. Die Perle verhindert, daß sich das Blei auf dem Knoten festsetzt oder diesen beschädigt.

Den Rest kennen Sie vom Rotaugenangeln mit der Stipp- oder Matchrute: 60 Zentimeter langes Vorfach von 0,12 mm mit Haken Größe 14 bis 16, je nach Köder und auch nach Jahreszeit. Im Winter kann eine einzelne Made am Haken Größe 18 bis 20 (dann aber mit Vorfach 0,10 mm) manchmal der beste Köder sein, auch für große Kanalrotaugen.

Gute Stellung

Wie beim Stippen die Pose, so steht beim Grundangeln die Spitze im Blickpunkt. Sie soll die oftmals nur zaghaften Rotaugenbisse anzeigen. Eine wichtige Voraussetzung dafür ist die korrekte Stellung der Rute. Auf zwei Rutenständern wird sie so abgelegt, daß die Spitze zum Wasser zeigt. Besonders bei Wind darf sich nur wenig freie Schnur zwischen Spitze und Wasseroberfläche befinden.

Die vordere Rutenablage montiere ich auf einem

Picker, Feeder & Co.

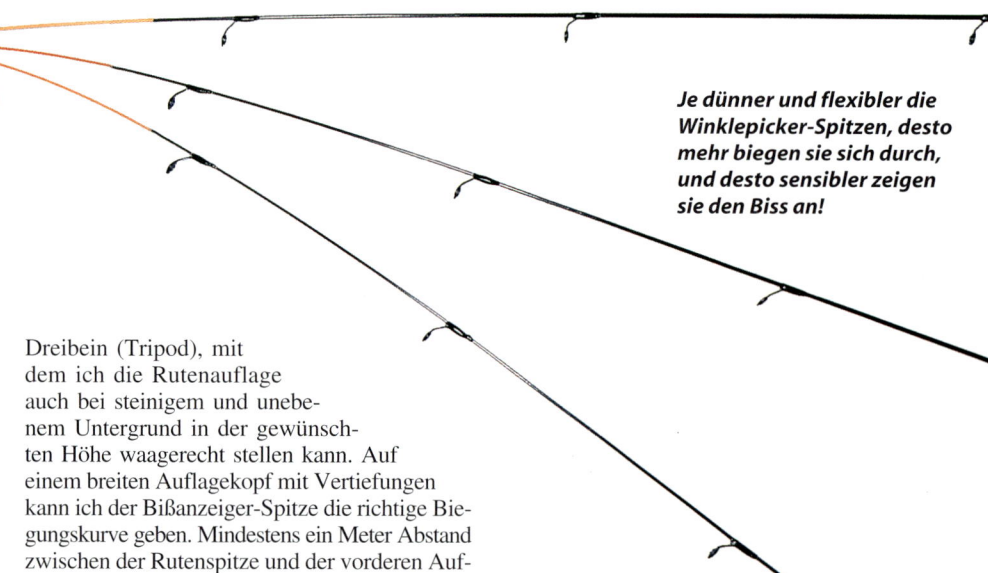

Je dünner und flexibler die Winklepicker-Spitzen, desto mehr biegen sie sich durch, und desto sensibler zeigen sie den Biss an!

Dreibein (Tripod), mit dem ich die Rutenauflage auch bei steinigem und unebenem Untergrund in der gewünschten Höhe waagerecht stellen kann. Auf einem breiten Auflagekopf mit Vertiefungen kann ich der Bißanzeiger-Spitze die richtige Biegungskurve geben. Mindestens ein Meter Abstand zwischen der Rutenspitze und der vorderen Auflage ist notwendig, um die Flexibilität der Rute auszunutzen.

Der zweite Rutenständer – ebenfalls ein Dreibein oder ein Teleskop-Erdspieß – steht hinter der Rolle. Ich baue ihn so auf, daß bei einem Anbiß meine Hand den Rollenfuß und mit ihm die Rute „blind" findet. Denn jetzt muß ich den Biß weiter beobachten, anstatt nach der Rute zu suchen.

Viele Angler verzichten auf den hinteren Rutenständer und legen den Griff der Rute auf die Sitzkiepe oder auf den Oberschenkel. So haben sie die Rute stets griffbereit. Wenn die Fische gut beißen, ist das ein Vorteil. Freilich übertragen sich alle Bewegungen, z.B. beim Anfüttern, auf die Spitze und werden möglicherweise mit wirklichen Bissen verwechselt.

Der Futter-Rhythmus

Nun folgt ein wenig Geometrie. Bauen Sie die Rute so auf, daß sie mit der Schnur einen stumpfen Winkel von ca. 120 Grad bildet. Oft ist zu lesen, die Rute solle parallel zum Ufer stehen, also im rechten Winkel von 90 Grad zur Schnur. Ein wirksamer und zugleich gefühlvoller Anhieb läßt sich aber aus einem stumpfen Winkel heraus wesentlich besser setzen, zumal mit kurzen Ruten. Bei Strömung oder Unterströmung im Gewässer bildet sich immer ein Schnurbogen. Es ist besser, mit diesem Schnurbogen anzuschlagen als gegen ihn. Daher sollte die Rute in Strömungsrichtung abgelegt werden, die Spitze stromab.

Ein halbes Dutzend Futterballen in Tennisballgröße reicht aus, um einen Futterplatz anzulegen. Regelmäßiges Nachfüttern mit kleinen Portionen in der Größe eines Tischtennisballs lockt die Fische heran und steigert die Freßgier im Rotaugenschwarm.

Natürlich muß das Futter dort liegen, wo der Köder angeboten wird. Das ist beim Angeln mit dem von außen unsichtbaren Bodenblei schwieriger als mit einer Pose, die ja den Standort des Köders anzeigt. Zuerst wähle ich die Angelstelle, markiere an der Schnur die Entfernung und peile beim Werfen eine feste Richtung an, genau wie beim Distanzfischen mit der Matchrute. Die Ringe, die nach dem Einfallen des Bleis an der Wasseroberfläche verlaufen, zeigen mir die Einwurfstelle für das Futter.

Spitze leicht gebogen

Wenn der Wurf mit der Angel und das Anfüttern sich in Länge und Richtung eingependelt haben, wenn Blei und Futterballen stetig die gleiche Stelle treffen, konzentrieren die Fische sich alsbald auf diesen Futterplatz. Sie warten geradezu auf den Köder. Dann wechsle ich den Rhythmus: Erst anfüttern, dann das Blei und den Köder einwerfen. Das absinkende Futter macht die Fische (neu-)gierig auf den Hakenköder, den sie vor den Schwarmgenossen erreichen wollen.

Die Vorbereitungen sind abgeschlossen, jetzt geht´s ans Angeln. Nach dem Auswerfen wird die Rute abgelegt und die Schnur so gestrafft, daß die Bißanzeiger-Spitze leicht gebogen ist. Der Anbiß kündigt sich meist durch leichtes Zittern der Spitze an. Posenangler kennen das: Der Fisch prüft den Köder, zupft an der Pose. Noch ist es zu früh anzuschlagen. Führen wir den Vergleich weiter: Das Rotauge hat den Köder genommen und zieht die Pose unter Wasser. Beim Winklepicker heißt das, die Spitze wird deutlich um mehrere Zentimeter zum Wasser hingezogen. Jetzt sollten Sie den Anschlag setzen.

In der Praxis verhalten die Fische sich nicht immer nach diesem Schema. Oft nibbeln sie längere Zeit am Köder herum und lassen ihn schließlich wieder los, weil sie Verdacht schöpfen, den Haken fühlen oder den Widerstand der Spitze spüren. Versuchen Sie es mit einem längeren Vorfach, einem dünneren Vorfach, einem kleineren Haken. Oft führt das zu klaren Bissen, die einfacher anzuschlagen sind.

Bei Wind, Wellengang und Lichtreflexen auf der Wasseroberfläche ist es nicht leicht, die Rutenspitze zu beobachten und ihre Bewegungen richtig zu deuten. Mit Hilfe einer Zielscheibe (Target Board) mit Markierungen, die unmittelbar vor der Spitze aufgebaut wird, kann man auch feinste Bisse genau beobachten.

Bisweilen muß man die Fische auch zum Zufassen überreden: Zögerliche Rotaugen können sich durchaus „plötz"-lich entscheiden, wenn ihnen die Beute zu entgehen droht. Zupfen Sie ein wenig an der Schnur, so kann aus dem unentschlossenen Fummeln am Köder ein richtig guter Biß werden.

Nicht immer schlägt bei einem Biß die Spitze aus, manchmal springt sie auch zurück. Das geschieht besonders unter Strömungseinfluß: Die

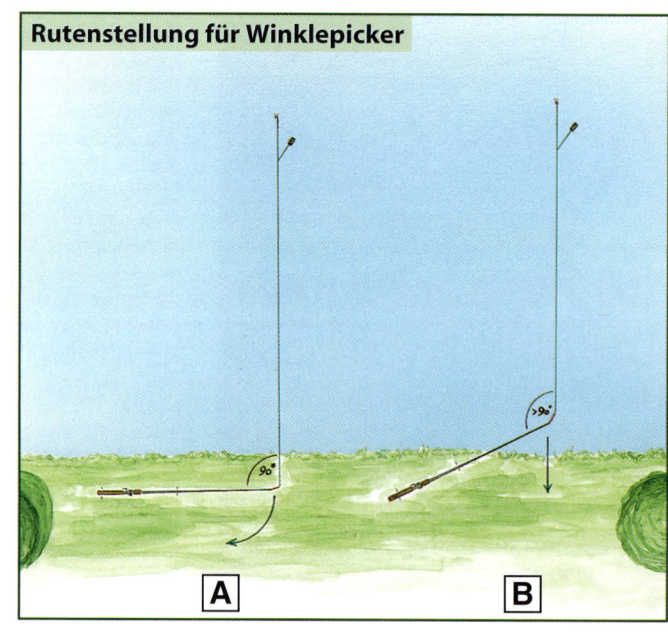

Rutenstellung für Winklepicker

*A - falsch: Die Rute liegt parallel zum Ufer und bildet einen rechten Winkel zur Schnur.
B - richtig: Rute und Schnur bilden einen stumpfen Winkel von ca. 120 Grad. So kann man wohldosiert und gefühlvoll anschlagen.*

Anschauungsunterricht im Rolling Trolling durch Pierre Bronsgeest, einen der Erfinder dieser Methode. Die sensible Rute erlaubt feines „Stippen ohne Pose".

Richtig aufgebaut. Die Rutenspitze zeigt zum Wasser. Eine Zielscheibe macht auch feinste Bisse sichtbar.

Schnur ist gespannt, der Fisch nimmt den Köder auf, hebt dabei das Blei an und entlastet die Spitze. Solch ein Biß ist sehr eindeutig, Sie können sofort anschlagen. Oft hat der Fisch sich schon selbst gehakt.

Rolling Trolling

Besonders in der warmen Jahreszeit nehmen Rotaugen, aber auch Brassen, einen treibenden Köder oft lieber als einen, der fest am Grund liegt. Grundangeln mit treibendem Köder, das ist auf den ersten Blick eine paradoxe Vorstellung. Es wird möglich mit einer Art Unterwasserpose, dem Hobo (englisch für „Wandergeselle" oder „Tippelbruder"). Dieser Balsaholz-Stab mit eingebautem Blei ist so ausbalanciert, daß er genügend Wurfgewicht bietet, im Wasser absinkt, bei Zug auf die Schnur jedoch weiterwandert. Rolling Trolling, Rollen und Schleppen nennen die holländischen Erfinder ihre Methode. Sie verwenden dafür leichte Winklepicker oder Spezialruten, die aus Fliegenruten-Blanks der AFTMA-Klasse 3/4 gebaut und mit besonders sensiblen Spitzen versehen werden. Zu den 2,40 bis 3 Meter langen Ruten paßt eine kleine, leichte Stationärrolle, die nicht wesentlich über 200 Gramm wiegen sollte, mit einer Hauptschnur von 0,12 oder 0,13 mm. Die Experten fischen noch feiner. Die Original-Hobos aus holländischer Produktion sind so ausbalanciert, daß ein Modell mit 5 Gramm Gewicht sich im Wasser verhält wie ein Blei von 2 Gramm. Ein 7-Gramm-Hobo bewegt sich im Wasser wie ein Blei von 3 Gramm, ein Weitwurfmodell mit 10 Gramm Gewicht wie 4,5 Gramm Blei usw. Das heißt, mit dem Hobo an der feinen Schnur können Sie respektable Wurfentfernungen erzielen. Dennoch reagiert er auf den geringsten Zug, weil der Auftrieb des Balsaholz-Stabes mehr als die Hälfte des Bleigewichts neutralisiert.

Am oberen Ende hat der Hobo eine Öse zur gleitenden Montage auf der Schnur. Bei dieser Montage regelt ein Stopperknoten mit Perle den Abstand zum Haken. Lieber montiere ich den Hobo an einem ca. 20 cm langen Seitenarm. So kann ich den Köder noch weicher und gefühlvoller führen.

Rollen und schleppen

Wie beim Angeln mit dem Winklepicker wird zunächst ein Futterplatz angelegt. Dann wirft man die beköderte Angel ein Stück über das Futter hinaus. Der Hobo sinkt zum Grund, die Schnur erschlafft. Nun wird soviel Schnur aufgerollt, daß die Rutenspitze sich leicht krümmt und die Wartestellung für den Anbiß einnimmt.

Allzu lange sollte man darauf nicht warten, denn aktives Reizen mit dem Köder ist das Wesen dieser Methode. Die Schnur wird langsam weiter aufgerollt, bis die Spitze sich stark krümmt. Dann kurbelt man zurück (die Rücklaufsperre der Rolle ist ausgeschaltet), bis die Spitze nur noch leicht gespannt ist. Diese Bewegungen, durch die weiche Seitenarm-Montage abgefedert, lassen den Köder tanzen und verführen die Fische zum Biß. Bringt das erste Rollmanöver keinen Erfolg, so beginnt das Schleppen. Stück für Stück wird der Köder über den Futterplatz gezogen, bei jeder Etappe das Hin und Her mit der Rutenspitze und damit das Auf und Ab des Köders wiederholt. Wenn die Fische das Futter angenommen haben und im Schwarm die Freßgier ausgebrochen ist, steigen sie dem Köder oft schon entgegen. Die Bisse erfolgen dann bereits in der Phase, wenn der Hobo absinkt.

Meine erste Lehrstunde im Rolling Trolling erhielt ich von Pierre Bronsgeest. Der Chefredakteur der holländischen Angelzeitschrift BEET zählt zu den Erfindern der Methode. „Don´t strike! – schlag nicht an!" – so lautete sein häufigster Rat. Da das Gerät ständig unter Spannung gehalten wird, haken 90 Prozent der Fische sich selbst. Vorausgesetzt, man verwendet dünndrähtige Haken ohne Widerhaken oder mit Micro Barb, einem feinen, nur angedeuteten Widerhaken.

Wenn die Rutenspitze sich durchbiegt und anzeigt, daß ein Fisch den Köder genommen hat, führt man die Rute zügig, aber nicht ruckartig nach hinten oben, bis der Fisch spürbar Widerstand leistet. Dabei wird der Rotor der Rolle mit dem Zeigefinger abgebremst, denn die Rücklaufsperre ist ja ausgeschaltet.

Picker, Feeder & Co.

Mit dem Futterkorb überlistet: Wolf-Rüdiger Kremkus keschert einen kapitalen Brassen.

Im Gleichschritt:
Mit dem Futterkorb auf Brassen

Große Brassen auf Distanz zu fangen, das ist die Stärke der Futterkorb-Methode an stehenden und langsam fließenden Gewässern.

Die im Text beschriebenen Futterkorb-Typen: 1 Cage, 2 Groundbait, 3 Gripmesh, 4 Frame, dazu ein bewährter Brassen-Lockstoff.

Weit draußen oder tief unten ziehen die Brassenschwärme auf ihren Freß-Patrouillen durch Seen und angestaute Flußstrecken. Speziell die größeren Brassen meiden die Ufernähe und flaches Wasser. Keine andere Methode kann ihnen deshalb so gefährlich werden wie das Grundangeln mit dem Futterkorb. Zielgenau, sozusagen im Gleichschritt mit dem Hakenköder, bekommen die Fische auch auf große Entfernung das Futter serviert. Sie selbst bestimmen die Futtermenge, denn je besser sie beißen, umso häufiger fliegt der gefüllte Futterkorb zu ihnen hinaus.

Eine Rute vom Typ Medium Feeder mit einer relativ weichen Vollglasspitze ist das ideale Gerät zum Brassenangeln im Stillwasser. Sie bewältigt mühelos Würfe bis 30 Meter Entfernung mit leicht beschwerten Futterkörben und zeigt auch zaghafte Brassenbisse gut an. Noch weitere Würfe und beschwerte Körbe für Fließgewässer sind besser mit einer Heavy Feeder-Rute zu bewältigen. Bei diesem Rutentyp sind die serienmäßigen Kohlefaserspitzen oft zu steif für eine feine Bißanzeige. Spitzen aus Vollglasfiber sind weicher und sensibler. Einige Hersteller haben das erkannt und statten ihre Ruten mit beiden Spitzen-Typen aus: Glasfiber für stehende Gewässer und Kohlefaser für die Strömung.

Futter im Korb

An der Feeder-Rute verwende ich eine mittlere Stationärrolle mit einer Hauptschnur von 0,16 mm. Bei extremen Weitwürfen kommt die Reservespule mit 0,18 mm Schnur zum Einsatz. Ein etwa 80 Zentimeter langes Vorfach von 0,14 mm mit Haken Größe 10 bis 12 ist im Normalfall richtig. Mitunter beißen die Brassen sehr vorsichtig, prüfen den Köder lange und stören sich am Widerstand des Futterkorbs. Dann kommt ein längeres Vorfach von 100 bis 150 Zentimetern zum Einsatz.

Brassen stehen auf Grundfutter, und ein Schwarm dicker Brassen verzehrt davon eine ganze Menge. Daher sind offene Futterkörbe mittlerer Größe die richtige Wahl. Die Bleibeschwerung der Körbe richtet sich nach Wurfdistanz, Wassertiefe und Strömung. Insbesondere auf größere Entfernung wird oft mit zu leichten Körben gefischt: Zwar würde in der geringen Unterströmung eines Stausees auch ein unbeschwerter Korb „eigentlich" liegen bleiben, doch der Strömungsdruck auf einen 30 oder mehr Meter langen Schnurbogen treibt ihn vom Futterplatz weg.

Der beste Futterkorb zum Brassenangeln ist für mich ein Cage Feeder. Bei diesem Drahtkorb (cage = Käfig) wirkt das Wasser von allen Seiten auf das Futter und spült es schneller aus als bei einem Kunststoffkorb. Daher kann man auch schweres Futter verwenden, das gut am Boden liegen bleibt. Neben der runden Standardform gibt es dreieckige Drahtkörbe, die auch bei geringer Bleibeschwerung nicht wegrollen, Weitwurfkörbe mit kompaktem Bleigewicht und extra große Ausführungen, die den gefräßigen Brassen besonders reichhaltige Portionen Futter servieren.

Ein ähnlicher Korb aus Kunststoff ist der Gripmesh Feeder. An der Innenseite seiner Maschen befinden sich Stifte, die dem Futter mehr Halt geben (grip = Griff, Halt; mesh = Masche). Dadurch eignet dieser Korb sich besonders für lockeres, weniger stark zusammengedrücktes Futter, das sich schnell auflöst und mit aufsteigenden Partikeln die Fische anlockt.

Open End Feeder (open end = offenes Ende) sind Futterkörbe für flache stehende Gewässer. Der leichte Korb aus Kunststoff mit dünnem Bleistreifen fällt ohne lautes Platschen ins Wasser und gibt am Grund das Futter allmählich frei. Groundbait Feeder sind nach dem gleichen Prinzip, aber stabiler gebaut und mit mehr Blei beschwert. Damit eignen sie sich für weite Würfe, das Grundfutter (groundbait) kann stärker gepreßt werden, der Korb bleibt auch bei Winddrift liegen. Ich bevorzuge diesen Korb in tiefen Gewässern, weil er beim Absinken nicht soviel Futter freigibt wie ein Drahtkorb. So werden keine unerwünschten Kleinfische angelockt.

Beim Frame Feeder knetet man einfach Ballen aus normalem Brassenfutter um den Rahmen (frame) herum. Er gibt dem Futter beim Auswerfen den nötigen Halt. Im Wasser lösen die Ballen sich auf wie beim Anfüttern ohne Hilfsmittel. Für schnell lösliches Futter mit einem hohen Anteil Lebendköder eignet dieses Modell sich nicht.

Konzentriert füttern

Gezieltes Anfüttern und Fischen auf immer der gleichen Stelle ist die entscheidende Voraussetzung für den Erfolg. Peilen Sie dafür beim Werfen einen Orientierungspunkt am gegenüberliegenden Ufer an und markieren Sie an der Schnur die Wurf-Entfernung. Selbst die erfolgreichsten englischen Angelprofis verzichten nicht auf eine Distanzmarkierung, weil es anders nahezu unmöglich ist, das Futter auf einer begrenzten Fläche zu konzentrieren.

Am einfachsten kann man die Wurfentfernung mit dem Schnurclip an der Rolle festsetzen. Oder man bringt auf der Schnur eine farbige Markierung mit Filzstift an. Im Gegensatz zum Schnurclip wird dabei die Schnur nicht blockiert. Spätestens wenn ein starker Karpfen gehakt wird und flüchtet, werden Sie diesen Vorteil schätzen. Sie können die beiden Verfahren auch kombinieren: Schnur markieren und unter den Clip klemmen. Wenn Sie dann die Schnur für den Drill freigeben müssen, finden Sie anschließend durch die Markierung Ihre Entfernung wieder.

Auch ein Stopperknoten auf der Schnur eignet sich zur Distanzmarkierung. Schneiden Sie

Picker, Feeder & Co.

seine freien Enden nicht zu kurz ab, sondern lassen Sie 2 bis 3 Zentimeter stehen. Dann läuft er leichter von der Rolle und durch die Rutenringe. In der Schlußphase des Wurfs sehen, hören und fühlen Sie, wie der Stopperknoten durch die Ringe gleitet. Rollen Sie danach soviel Schnur auf, daß der Stopper ein paar Zentimeter vor dem Spitzenring (oder vor dem Leitring, aber einheitlich!) der Rute steht. So liegt der Futterkorb immer in der gleichen Entfernung.

Das Futter sollte so gemischt und angefeuchtet sein, daß es sich nach dem Auftreffen auf den Gewässerboden alsbald aus dem Futterkorb löst, auf dem Grund ausbreitet und einen kleinen Anteil von Partikeln aufsteigen läßt. Es gibt eigens für diesen Zweck zusammengestellte Fertigfutter-Mischungen. Der gewünschte Effekt läßt sich aber auch mit einfachem Brötchenpaniermehl erzielen, das nicht allzu stark angefeuchtet wird und ein paar gröbere Krumen enthält.

Kaum eine Fischart reagiert so gut auf Lockstoffe wie der Brassen. Wenn die Fische noch nicht (oder nicht mehr) richtig beißen wollen, können ein paar Tropfen Lockstoff mit süßlichem oder fruchtigem Aroma, in den gefüllten Futterkorb geträufelt, wahre Wunder wirken. Ein Geheimtip für Brassen ist der Lockstoff Leber, der ähnlich riecht wie Maggi-Würze.

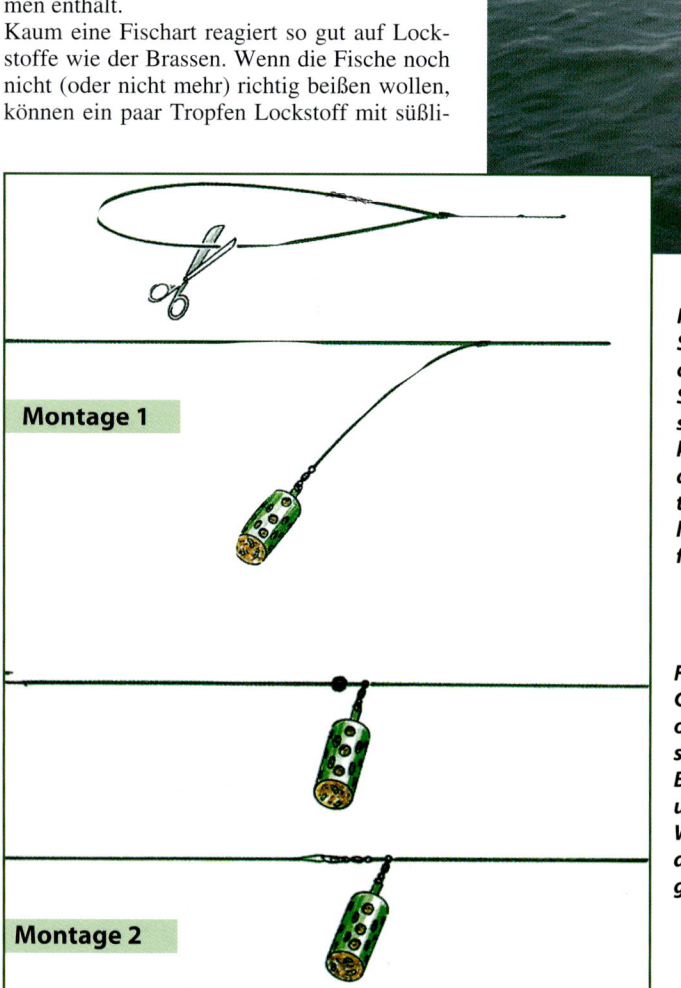

Montage 1

Montage 2

Futterkorb am Seitenarm. Eine ca. 30 cm lange Schlaufe wird zerschnitten. An das kürzere Ende binden Sie den Futterkorb, an das längere das Vorfach.

Futterkorb in Gleitmontage, oben mit verschiebbarem Bleistopper, unten durch den Wirbel am Ende der Hauptschnur gestoppt.

Phasen des Wurfs

Geschick ist wichtiger als Kraft beim Werfen mit dem schweren Futterkorb am leichten Geschirr. Distanzwürfe gelingen am besten im Stehen, weil dabei der ganze Körper die Wurfbewegung unterstützen kann und weil Hindernisse im Rücken besser ausgeschaltet werden. Dies sind die Phasen des Wurfs:

1.) Erst wird der Haken beködert, dann der Futterkorb gefüllt. Schieben Sie das Futter von beiden Seiten in den Korb und drücken Sie es mit Daumen und Zeigefinger zusammen.

2.) Der Futterkorb hängt etwa einen Meter unter der Rutenspitze. Prüfen Sie mit dem Zeigefinger vor der Rolle, ob die Schnur tatsächlich frei ablaufen kann (keine Verwicklungen um die Spitze?).

3.) Die Rute wird nach hinten geführt, der Korb hängt herab, jetzt beginnt der Überkopfwurf mit zunehmender Beschleunigung. Versuchen Sie, dem Futterkorb eine leicht aufsteigende Flugbahn zu geben.

Dicker Brassen, mit dem Futterkorb angelockt.

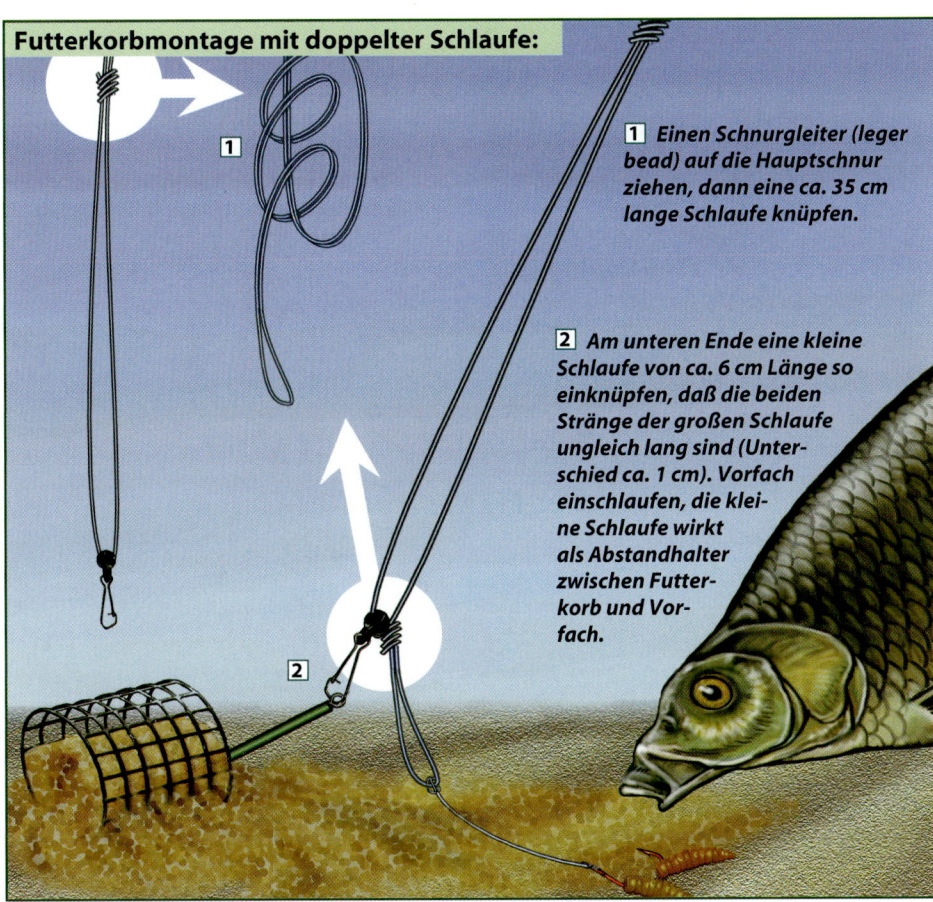

Futterkorbmontage mit doppelter Schlaufe:

① *Einen Schnurgleiter (leger bead) auf die Hauptschnur ziehen, dann eine ca. 35 cm lange Schlaufe knüpfen.*

② *Am unteren Ende eine kleine Schlaufe von ca. 6 cm Länge so einknüpfen, daß die beiden Stränge der großen Schlaufe ungleich lang sind (Unterschied ca. 1 cm). Vorfach einschlaufen, die kleine Schlaufe wirkt als Abstandhalter zwischen Futterkorb und Vorfach.*

Bei der Schlaufenmontage wirkt die kleine Schlaufe als Abstandhalter zwischen Futterkorb und Vorfach.

4.) Gegen Ende des Wurfs, wenn der Futterkorb sein Ziel erreicht, bremst der Zeigefinger die Schnur am Rand der Spule ab, gefühlvoll, ohne scharfen Stop!

5.) Falls Sie die Schnur unter dem Clip der Rolle festgesetzt haben, halten Sie in der Endphase des Wurfs die Rute aufrecht, folgen Sie dem Futterkorb mit dem Arm nach vorn und führen Sie erst dann die Rute nach unten. So wird der Wurf ruckfrei abgefedert.

6.) In tiefen Gewässern muß der Futterkorb an freier Schnur (Rolle offen, nicht mehr abbremsen) senkrecht absinken. Anderenfalls würde er zum Ufer zurückgezogen. Das heißt, die Futterwolke, die beim Absinken entsteht und die Fische anlockt, befände sich weiter draußen als das Grundfutter und der Köder.

Montagen und Bisse

In einer gestreckten Linie verläuft die Schnur vom Hakenköder bis zur Rutenspitze. Ein Brassen nimmt den Köder auf, die Spitze zittert. Dann biegt sie sich herum, weil der Fisch mit dem Köder zur Seemitte hin schwimmt. Das ist der Idealbiß, einfach zu erkennen, genauso leicht anzuschlagen, falls der Brassen nicht ohnehin schon „hängt".

Die Praxis ist meist komplizierter. Der Wind, die Strömung, der Gewässerboden und nicht zuletzt das Verhalten der Fische beeinflussen die Übertragung der Bisse auf die Rutenspitze. Die richtige Montage des Futterkorbs entscheidet mit über den Erfolg.

1) Eine einfache und gute Montage ist der Futterkorb am Seitenarm. Eine etwa 30 Zentimeter lange Schlaufe am Ende der Hauptschnur wird im Verhältnis 2/5 zu 3/5 zerschnitten. An das kürzere Ende wird der Futterkorb geknüpft, an das längere das Vorfach.

2) Bei der Gleitmontage wird der Futterkorb mit einem Karabinerwirbel direkt auf die Schnur gefädelt, ein Bleistopper (leger stop) oder der Wirbel am Ende der Hauptschnur bestimmt den Abstand zwischen Korb und Haken.

Die Gleitmontage hat Vorteile an stehenden Gewässern. Auch wenn der Fisch auf den Angler zu schwimmt, zieht er die Schnur durch die Öse des Futterkorbs und meldet so den Biß an der Rutenspitze. Bei der Seitenarm-Montage würde dieser Biß nicht sofort angezeigt. Allerdings kann eine Gleitmontage auch die Bißanzeige blockieren, z. B. wenn der Futterkorb in Kraut oder Schlamm am Gewässerboden einsinkt.

3) Bei der Schlaufenmontage wird der Schnurgleiter in eine 35 bis 40 Zentimeter lange Schlaufe eingebunden. Am unteren Ende knüpft man anschließend eine kleine Schlaufe von 6 cm Länge, in die das Vorfach eingehängt wird. Wenn ein Strang der großen Schlaufe ungefähr einen Zentimeter kürzer ist als der andere, hängt der Futterkorb exzentrisch in der großen Schlaufe, und die kleine wirkt als Abstandhalter für das Vorfach.

4) Von englischen Experten habe ich meine Lieblingsmontage abgeschaut. Ich habe sie Zwirbelschlaufe getauft. Im Prinzip handelt es sich um eine Schlaufenmontage wie oben, doch

Modernes Angeln 53

Picker, Feeder & Co.

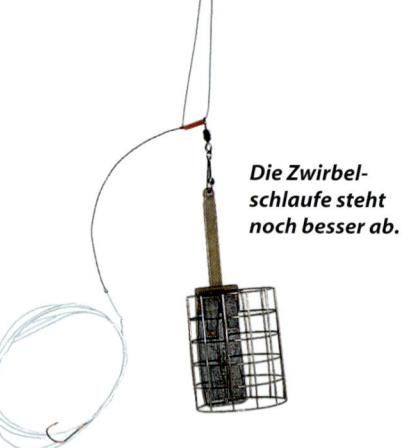

Die Zwirbelschlaufe steht noch besser ab.

Futterbombe zum Anfüttern auf extreme Distanz. Sie wird mit einer starken Karpfenrute ausgeworfen.

„Bomben"-Brassen aus dem Ijsselmeer.

der Abstandhalter für das Vorfach steht besser ab. Die Knoten werden in umgekehrter Reihenfolge gebunden. Ich verzwirbele zunächst das Ende der Hauptschnur und binde in den Zwirbel einen Schlaufenknoten, so daß ein ca. 6 Zentimeter langes Ende absteht, das später das Vorfach aufnimmt. Dahinter knüpfe ich den Karabinerwirbel für den Futterkorb in eine größere, etwa 30 cm lange Schlaufe, bei der ein Strang 1 cm länger ist als der andere. Auch hier hängt der Futterkorb exzentrisch, der Zwirbel hält beim Wurf den Korb und das Vorfach auseinander. Ein kurzes Stück Silikonschlauch in der Schlaufe unterstützt diese Funktion.

Bei den Schlaufenmontagen zieht der Fisch die Schnur durch die Öse des Wirbels, aber nur bis zum oberen Ende der Schlaufe. Dann plötzlich trifft er auf den Widerstand des Futterkorbs und hakt sich möglicherweise selbst.

Schlagschnur und Futterbombe

Die beste Methode zum Angeln auf Brassen in extremer Entfernung beschreibt Deutschlands bester Brassenexperte, Ex-Weltmeister Wolf-Rüdiger Kremkus:

„An großen, flachen Gewässern stehen die dicksten Brassen am weitesten draußen. Da muß ich oft 50 Meter oder weiter werfen. Für die schweren Draht-Futterkörbe verwende ich eine etwa 6 Meter lange geflochtene Schlagschnur mit 16 Kilo Tragkraft vor der Hauptschnur. Diese besteht aus dehnungsarmem Monofil von 0,18 mm. Manchmal fische ich mit Haken Größe 6 und bis zu drei Mistwürmern. Je größer der Köder, desto schwerer die Brassen.

Um gleich zu Anfang genügend Grundfutter zu den Fischen hinauszubringen, füttere ich mit einer Futterbombe vor, einem extra großen Drahtkorb, den ich mit einer starken Hecht- oder Karpfenrute auswerfe. Auf der Rolle befindet sich dafür eine Hauptschnur von 0,35 mm, davor wiederum eine geflochtene Schlagschnur, diesmal mit 28 Kilo Tragkraft.

Natürlich muß ich mit beiden Ruten auf die gleiche Entfernung werfen. Deshalb bringe ich am Ufer Markierungen an und stelle mit dem Schnurclip die Schnurlängen exakt gleich ein. Die Markierungen helfen mir auch, die richtige Länge wiederzufinden, wenn einmal die Schnur reißt oder wenn ich sie für einen Karpfendrill vom Clip lösen muß."

Bisse mit Schwung:
Die Schwingspitze – der feinste Bißanzeiger

Träge Fische im Winter, vorsichtige Nibbel-Bisse im Stillwasser, in solchen Situationen schlägt die Schwingspitze jeden anderen Bißanzeiger.

Der dicke Überraschungs-Brassen.

Anschlag! Die Schwingspitze hat den zaghaften Biß verraten.

Ein Angeltag im Dezember, ich sitze mit meinem Freund Helmut fröstelnd am See, wir beobachten die ersten Schneeflocken dieses Winters. Und die Spitzen unserer Feeder-Ruten, an denen sich nichts rührt. Oder doch: Gelegentlich deutet sich ein leichtes Zupfen an, einmal, zweimal, dreimal und Schluß. Kein Widerstand beim Anschlag, aber angelutschte Maden. Fische sind also da.

Ich baue die komplette Montage unverändert auf meine Schwingspitzenrute um. Das Ergebnis ist umwerfend: Gleich beim ersten Wurf an die alte Stelle fange ich einen pfündigen Döbel. Er hat einmal ganz kurz an der Schwingspitze gezupft, dann die Spitze ruhig etwa 2 Zentimeter nach vorn gezogen. Genau das war der Moment zum Anschlagen, den ich vorher nie getroffen hatte.

Danach erlebe ich einen erfolgreichen Angeltag mit Döbeln, guten Rotaugen und einem knapp vierpfündigen Brassen, den ich bei Neuschnee nun wirklich nicht erwartet hätte. Helmut, der weiter mit der Feeder-Rute angelt, bekommt keinen Fisch an Land. Ich danke ihm für die schönen Fotos.

An solchen Angeltagen im Winter kann eine Schwingspitze wahre Wunder bewirken. Aber

Modernes Angeln 55

Picker, Feeder & Co.

Auch für die feinen Rotaugen-Bisse an diesem Sommerabend war die Schwingspitze der beste Bißanzeiger.

auch im Hochsommer, wenn das Gewässer natürliche Nahrung im Überfluß produziert, nibbeln die großen Rotaugen und Brassen oft nur an Kleinstködern herum und verlieren beim geringsten Widerstand die Lust daran. Eine zu steife Spitze als Bißanzeiger verhindert den Biß. Die Schwingspitze schafft Abhilfe. Sie ist der feinste Bißanzeiger beim Grundangeln, weitaus sensibler als jede Bibberspitze. Sie „vergrößert" den Anbiß: Wo eine Bibberspitze sich nur um ein paar Millimeter biegen würde, schlägt die Schwingspitze gleich um mehrere Zentimeter aus. Gleichwohl kann man sie auf eine kräftige Rute montieren, um den Futterkorb oder das Bodenblei weit hinaus zu den großen Fischen zu werfen.

Ruten und Spitzen

Zum Angeln mit der Schwingspitze verwende ich 3 bis 3,30 Meter lange Ruten vom Typ Leger. Die Schwingspitze wird in das Innengewinde des Endrings geschraubt. Das Werfen mit dem herabhängenden Bißanzeiger erfordert etwas Übung. Eine durchgehende parabolische Rutenaktion (keine schnelle Spitzenaktion) unterstützt die Wurftechnik.
Standard-Schwingspitzen sind aus Tonkinstäben von ca. 3 mm Durchmesser gefertigt. Ein Stück Silikonschlauch bildet die flexible Verbindung zwischen Bißanzeiger und Schraubgewinde. Beim Angeln in Ufernähe verwendet man kurze Schwingspitzen von knapp 20 Zentimetern Länge, mit zunehmender Entfernung und Wassertiefe entsprechend längere und schwerere Spitzen.
Bei Wind oder Unterströmung sind Schwingspitzen aus Fiberglas oder Modelle mit eingesetztem Gewicht (Loaded Swingtip) vorteilhaft. Sie sind schwerer und hängen daher ruhiger. Eine Schwingspitze aus Fiberglas von 25 Zentimetern (10 Zoll – die Standardlänge in England) meistert mindestens zwei Drittel aller möglichen Situationen.
Statt eine Rute eigens zum Fischen mit der Schwingspitze zu kaufen, können Sie auch Ihre Feeder-Rute umfunktionieren, indem Sie eine (zusätzliche) Bißanzeiger-Spitze zersägen. Das dicke Ende, etwa ein Drittel der Spitze, steckt in der Rute. Der Rest hängt an einer Verbindung aus Silikonschlauch als Schwingspitze herab. In diesen Schlauch können Sie statt der abgesägten Spitze auch eine der oben beschriebenen, schwereren Schwingspitzen einstecken.
Im übrigen benutze ich die gleichen Geräte wie beim Fischen mit Winklepicker und Futterkorb. Da ich die Schwingspitze vor allem auf heikle, vorsichtig beißende Fische einsetze, fische ich aber so fein wie möglich. Lange Vorfächer und kleine Haken steigern dabei die Erfolgsaussichten.

Ruhig werfen

Obwohl niemand ernsthaft die Vorzüge der Schwingspitze bestreitet, ist sie nicht sehr beliebt. Viele Angler legen sie nach den ersten Versuchen in die Ecke, weil ihnen das Werfen Schwierigkeiten bereitet. Bei schnellen, hastig ausgeführten Würfen überschlägt sich nämlich die Schwingspitze und produziert dabei Verhedderungen oder gar Schnurbruch.
Probieren Sie's mal mit Gemütlichkeit! Ruhig ausgeführte Überkopfwürfe mit allmählich

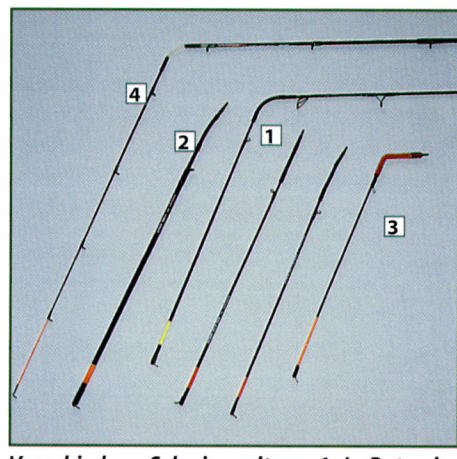

Verschiedene Schwingspitzen: 1. In Rute eingeschraubt aus Fiberglas, 2. aus Tonkin, 3. Schwingspitze mit halbsteifer Verbindung für Strömung und Wind, 4. Eigenbau aus einer zerteilten Feeder-Spitze.

zunehmender Beschleunigung, für den Futterkorb ohnehin die einzig richtige Wurftechnik, erbringen auch mit der Schwingspitze erstaunliche Wurfweiten. Strecken Sie in der Endphase des Wurfs die Rute nach vorn und bis zum Wasser hinunter. So streckt sich auch die Schwingspitze und schlägt nicht zurück.

In Lauerstellung

Eine Ablage etwa einen Meter hinter der Rutenspitze und eine zweite hinter der Rolle gewährleisten, daß die Schwingspitze absolut ruhig hängt. Das ist die Voraussetzung für eine klare

Bißanzeige. Anders als mit Winklepicker und Quivertip kann die Rute geradeaus zur Angelstelle hin zeigen. Ich finde das sehr angenehm, denn so habe ich das ganze Gewässer im Blickfeld und nicht nur das Ufer. Bei starkem Wind allerdings stelle ich die Rute parallel zum Ufer auf. Eine Zielscheibe oder der Angelschirm dient dann als Windschutz für die Schwingspitze.

Direkt nach dem Wurf lege ich die Rute ab. Manchmal beißt schon ein Fisch, wenn der Futterkorb und hinter ihm der Köder zum Grund absinkt. Daher muß die Schwingspitze sich sofort in Lauerstellung befinden. Wenn die Montage den Grund erreicht hat, erschlafft die Schnur und hängt durch. Ich rolle dann soviel Schnur auf, daß die Schwingspitze zur Gewässermitte zeigt und dabei einen Winkel von ungefähr 120 Grad zur Rute bildet.

Aus dieser Stellung heraus zeigt sie zwei Arten von Bissen an:

1.) Die Spitze wird zum Wasser hin angehoben. Dann hat ein Fisch den Köder aufgenommen und schwimmt mit ihm seitlich oder zur Seemitte weg.

2.) Die Spitze fällt in die Senkrechte zurück. Bei diesem „Fallbiß" schwimmt der Fisch auf das Ufer zu und verringert dadurch die Schnurspannung.

Die meisten Bisse kündigen sich zunächst durch leichtes Ausschlagen der Schwingspitze an, wenn der Fisch beginnt, den Köder aufzunehmen und zu prüfen. Setzt er den Anbiß danach nicht fort, so hat schon der geringe Widerstand der Schwingspitze sein Mißtrauen geweckt. Dann verzichte ich nach dem nächsten Wurf auf das Straffen der Schnur, lasse die Schwingspitze herab- und die Schnur im Bogen durchhängen. Manchmal greift der Fisch dann fester zu.

Gegen den Wind

Starker Wind ist der schwierigste Gegner beim Angeln mit der Schwingspitze. Neben den bereits erwähnten Möglichkeiten zum Windschutz kann es helfen, die Schwingspitze ein Stück ins Wasser zu hängen. Dann freilich ist sie dem Wellenschlag ausgesetzt. Halbsteife Verbindungen zwischen Rute und Schwingspitze (anstelle des weichen Silikonschlauchs) sind ein weiteres Hilfsmittel, beim Werfen sind sie aber eher hinderlich. Das gilt auch für Schwingspitzen mit schweren Messinggewichten.

In der Praxis spielen diese Überlegungen nur eine untergeordnete Rolle. Die Schwingspitze bleibt der Bißanzeiger für stilles Wasser, ruhiges Wetter, vorsichtig beißende Fische. In den meisten anderen Situationen kommt man mit Winklepicker, Quivertip oder Feeder-Rute besser zurecht. Im Winter bei kaltem Wasser reagieren die Fische langsam. In stehenden Gewässern kann es lange dauern, bis sie das Futter finden und annehmen. Mit dem folgenden Trick versuche ich, die Wartezeit bis zum ersten Biß zu verkürzen:

Ich fülle einen geschlossenen Futterkorb mit trockenem oder nur leicht angefeuchtetem Futter. Bereits beim Absinken des Korbs im Wasser bildet sich eine Futterwolke, weitere Bestandteile des Futters schweben vom Grund hoch und locken – schon bei geringer Unterströmung – die Fische herbei.

Auch der Hakenköder sollte schweben, wenn der Fisch ihn ansaugen will. Maden bekommen Auftrieb und schwimmen, wenn man sie einige Zeit ins Wasser legt. Mit diesem Auftrieb gleichen sie das Gewicht des Hakens aus. So verhalten sie sich beim Ansaugen wie ihre Artgenossen aus dem Futter, die keinen Haken in sich verbergen. Aber Achtung: Verwenden Sie für diese Übung eine Madendose mit übergreifendem Deckel, sonst klettern die Maden heraus.

Einen ähnlichen Effekt erzielen dunkelbraune Madenpuppen. Auch sie schwimmen auf und egalisieren das Gewicht des Hakens. Zum Anfüttern freilich eignen sich nur hellbraune, frisch verpuppte Caster, die absinken.

So funktioniert die Schwingspitze

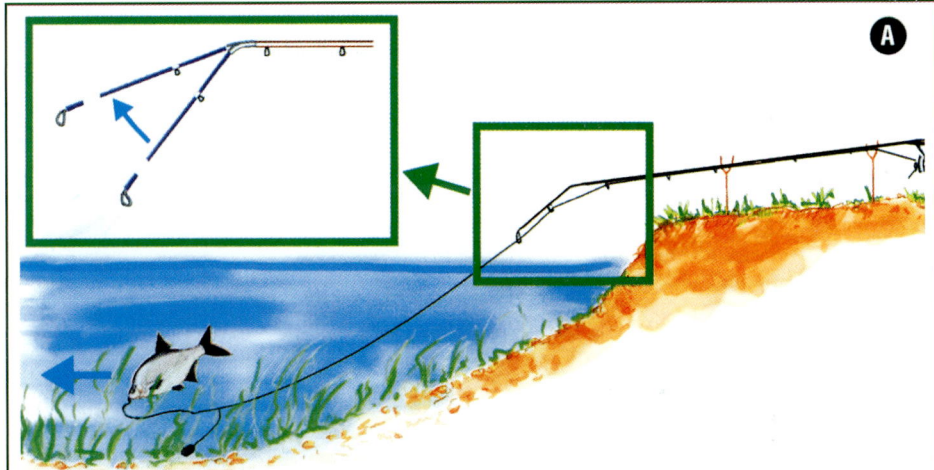

1. Der Fisch nimmt den Köder und schwimmt weg, die Spitze schlägt nach oben aus.

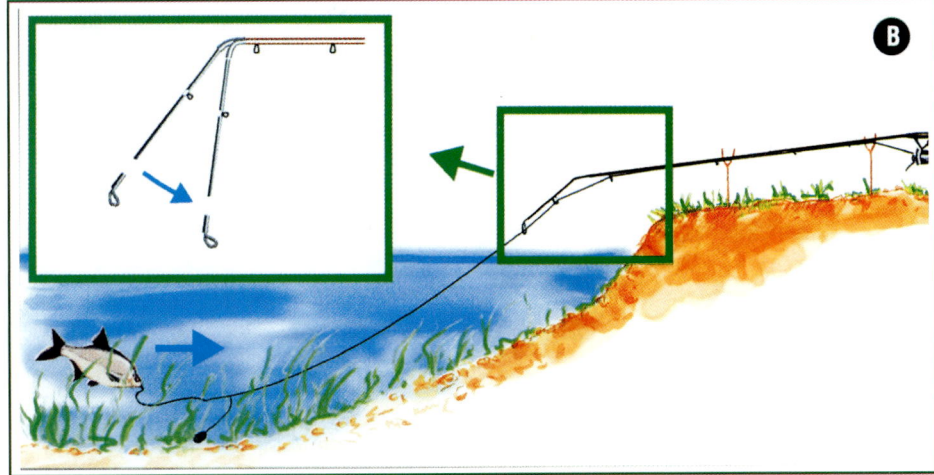

2. Der Fisch schwimmt auf das Ufer zu, hebt das Blei an und entlastet die Schnurspannung. Die Spitze fällt zurück.

Picker, Feeder & Co.

Draußen im Strom: Am Fluß

Mit dem Futterkorb in der Strömung: Rute hoch, Schnur aus dem Wasser.

mit dem Futterkorb

Lange Ruten und schwere Futterkörbe sind das richtige Gerät, um große Friedfische in der Strömung zu überlisten.

Eine Barbe hat den Köder genommen.

Im Sommer, wenn die Flüsse wenig Wasser führen, stehen die Friedfische gern in den stark durchströmten, sauerstoffreichen Abschnitten. Während in Ufernähe nur Kleinfische an den Haken gehen, beißen draußen im Strom dicke Rotaugen und Döbel, schwere Brassen und Nasen, kampfstarke Barben und Zährten. Unter diesen Voraussetzungen ist das Angeln mit dem Futterkorb erfolgreicher als jede andere Methode.

Je weiter die Würfe, je schneller die Strömung, umso schwerer müssen die Futterkörbe sein, umso stärker auch die Ruten. An kleineren und mittleren Flüssen reicht eine Rute vom Typ Medium Feeder aus. Zum Angeln mit stark beschwerten Futterkörben an großen Flüssen ist eine Heavy Feeder erforderlich. Lange Ruten von 3,60 oder 3,90 Metern bringen Vorteile beim Werfen und bei der Schnurkontrolle. Zum Angeln in großen Strömen, z. B. auf Barben in Rhein und Donau, werden Extra Heavy Feeder in einer Länge von 4,20 oder 4,50 Metern gebaut, die im unteren und mittleren Drittel die Aktion einer kräftigen Karpfenrute besitzen.

Eine mittlere Stationärrolle ist auch hier angebracht. Der Gewässertyp und die Fischarten entscheiden über die Stärke der Schnur und des Vorfachs. Auf Rotaugen ist ein Vorfach von 0,14 mm oft zu stark, während eine Barbe dieses Vorfach vielleicht schon beim ersten Zufassen abreißt. Die folgende Faustregel dient zur Orientierung: Medium Feeder - Hauptschnur 0,16 mm, Vorfach 0,14 mm oder feiner. Heavy Feeder - Hauptschnur 0,18 mm oder stärker, Vorfach 0,16 mm oder durchgehende Schnur ohne Vorfach. Beim Strömungsangeln sollte das Vorfach ungefähr 80 Zentimeter lang sein.

Körbe für die Strömung

Von den bisher beschriebenen Futterkörben eignen sich Cage Feeder oder Groundbait Feeder in den größeren Ausführungen mit 20 bis 50 Gramm Blei auch zum Angeln in Fließgewässern. Für schnelle Strömung gibt es besonders stabil verarbeitete Cage Feeder mit Bleigewichten bis 100 Gramm. Sie liegen fest am Grund, eine Gummischlaufe zum Einhängen in die Hauptschnur bzw. den Seitenarm wirkt als Stoßdämpfer beim Wurf und beim Anhieb.

Der klassische geschlossene Futterkorb für die Strömung ist der Blockend Feeder. Dicke Bleiplatten von 21 bis 70 Gramm je nach Größe geben dem flachen Korb eine perfekte Bodenhaftung, beim Einholen löst er sich aber rasch vom Grund. Dieses Modell dient vor allem zum Anfüttern mit losen Maden, Hanfkörnern und anderen Partikeln.

Ein besonders vielseitiger Futterkorb ist der Feederlink. Durch diesen Korb läuft ein Seitenarm mit einer Öse zur gleitenden Montage auf der Hauptschnur. Ein Clip am unteren Ende des Seitenarms nimmt kegelförmige Gewichte von 7 bis 28 Gramm auf. So kann man die

Starke Feeder-Rute mit großem Führungsring und Wechselspitzen. Unten Futterkörbe für die Strömung: Schwere Cage und Groundbait Feeder, flache Blockend Feeder und Feederlink mit auswechselbaren Gewichten. Powergum wirkt als Stoßdämpfer beim Anschlag.

Modernes Angeln 59

Picker, Feeder & Co.

Größe und die Beschwerung des Futterkorbs optimal der Strömung anpassen.
Das wahrscheinlich älteste Hilfsmittel zum Anfüttern ist die Futterspirale. Sie wird auf die Schnur gefädelt. Das Bleigewicht auf der Achse gibt ihr Wurfgewicht und Bodenhaftung. Auch schweres, stark bindendes Futter löst sich gut von der Spirale. Daher ist sie immer noch wertvoll zum Fischen in schnell fließenden Gewässern, besonders auf Barben.

Die Rute hoch!

Auch beim Angeln in der Strömung kommt es zunächst darauf an, das Futter auf engem Raum zu konzentrieren. Ich peile einen Fixpunkt am anderen Ufer an, markiere die Wurfdistanz, lege durch wiederholtes Einwerfen des gefüllten Korbs einen Futterplatz an und schieße anfangs zusätzliches Futter mit dem Katapult ein. Nach dem Wurf halte ich die Rute hoch und lasse den Futterkorb bei offener Rolle absinken, bremse dabei die Schnur mit dem Zeigefinger leicht ab. Wenn die Schnurspannung plötzlich nachläßt, hat der Futterkorb aufgesetzt. In jedem Fall wähle ich den Futterkorb so schwer, daß er schnell den Grund erreicht, ohne zuvor mehrere Meter abzutreiben.

Anders als beim Angeln in stehenden Gewässern stelle ich die Rute schräg aufrecht, damit sie möglichst viel Schnur aus dem Wasser hält und dem Druck der Strömung entzieht. Zu diesem Zweck sind lange Ruten beim Angeln im Fließwasser vorteilhaft. Für die Rutenablage baue ich einen stabilen teleskopierbaren Erdspieß auf und schraube darauf einen tiefen Auflagekopf, aus dem die Rute nicht seitlich herausrutschen kann. Beim Angeln auf große Distanz verwende ich ein hohes Dreibein-Stativ (Highpod), um die Rute noch höher zu stellen und noch mehr Schnur aus dem Wasser zu halten. Das Highpod kann ich auch an steinigen Ufern aufstellen, wo ein Erdspieß sich nicht richtig plazieren läßt.

Variationen beim Biß

Nach dem Aufsetzen des Futterkorbs wird die Schnur nicht gestrafft, im Gegenteil: Ich lasse stromab einen kleinen Schnurbogen entstehen. So bleibt der Korb besser am Boden liegen. Außerdem dämpft der Schnurbogen den Widerstand beim Anbiß, der Fisch spürt nicht sofort den Kontakt mit der Rutenspitze. Blitzbisse, bei denen der Fisch nur kurz am Köder rupft und sofort wieder losläßt, kann ich auf diese Weise reduzieren.
Die Bisse werden an der Spitze auf unterschiedliche Weise sichtbar, jede Fischart hat da ihre Eigenheiten. Auch spielt die Jahreszeit

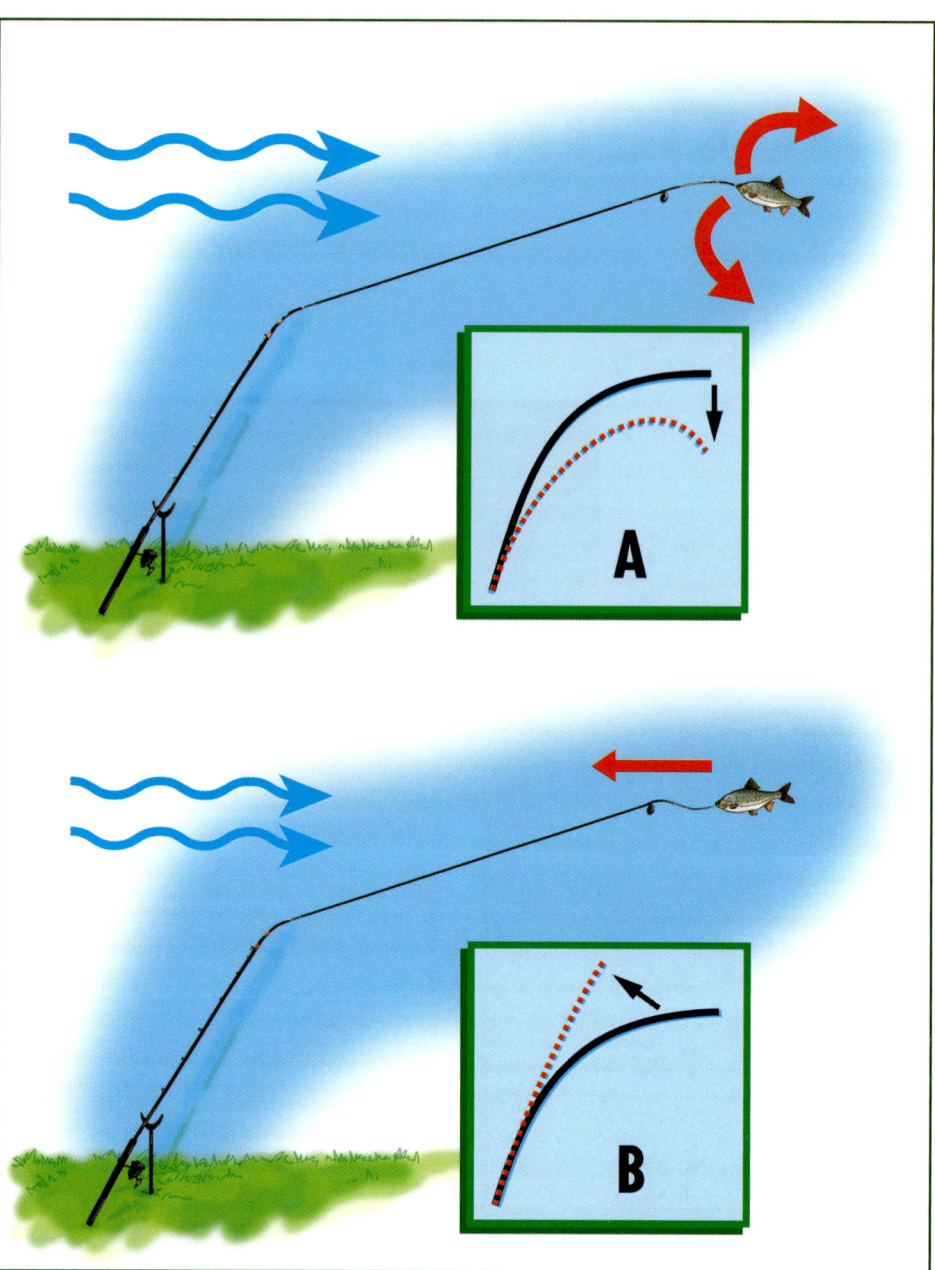

Bißanzeige an der Feeder-Spitze: A - Der Fisch schwimmt mit dem Köder seitlich oder stromab, die Spitze wird heruntergezogen. B - Der Fisch schwimmt stromauf, hebt den Futterkorb an und entlastet die Schnurspannung. Die Spitze schlägt zurück.

und mit ihr die Wassertemperatur eine Rolle. Im Winter bei kaltem Wasser kommen die Bisse langsamer und zaghafter als in den großen Freßperioden im Frühjahr und Spätsommer. Letztlich sind alle Bisse aber Variationen von zwei Grundmustern:

A.) Die Rutenspitze zuckt zunächst, biegt sich dann durch: Der Fisch betastet den Köder, nimmt ihn ins Maul und schwimmt stromab oder seitlich weg. Während intensiver Beißphasen verzichten die Fische auf das „Vorspiel" und reißen die Spitze sofort scharf herum. Oft haken sie sich dabei selbst.
B.) Die Spitze fällt zurück, richtet sich auf.

Dann hat der Fisch den Köder aufgenommen und schwimmt mit ihm stromauf. Er hebt dabei den Futterkorb an und entlastet so die Schnurspannung, die die Spitze gebogen hielt. Diese Bisse sind klar und deutlich, ein sofortiger Anhieb geht selten fehl.
Weniger eindeutig sind die Bisse vom Typ A, weil sie nur schwierig von allen möglichen „Scheinbissen" zu unterscheiden sind. Schwarmfische beispielsweise, die am Grund herumschwimmen, um Futter und Maden aufzunehmen, geraten mit dem Körper oder den Flossen in die Schnur. Auch dann zuckt die Rutenspitze. Oder die Strömung treibt Blätter,

In einem Highpod steht die Rute noch höher.

Am großen Strom: Wolf-Rüdiger Kremkus keschert eine Barbe aus dem Rhein.

Zweige und loses Kraut in die Schnur. Auch deshalb soll die aufrecht gestellte Rute möglichst viel Schnur aus dem Wasser halten. Wenn die Spitze zittert, sich dann allmählich durchbiegt und nicht wieder in ihre Ausgangsstellung zurückkehrt, ist es Zeit, die Angel einzuholen. Ganz gewiß hat die Schnur dann Treibgut gefangen.

Vorfachlänge wechseln

Häufige Fehlbisse sind ein Zeichen dafür, daß die Hakengröße oder die Vorfachlänge nicht stimmt. Wenn die Fische ein paarmal am Köder zupfen und dann nichts mehr passiert, hat der Widerstand der Rutenspitze sie verschreckt. Ein längeres Vorfach von 100 bis 120 Zentimetern und/oder ein größerer Schnurbogen lösen möglicherweise das Problem. Ausgelutschte Maden oder plattgedrückte Caster deuten darauf hin, daß die Fische sich an einem zu großen Haken stören oder einfach nur kleine Köder wollen. Ein winziger Haken Größe 18 oder 20, beködert mit einer einzelnen Made, kann auch großen Fischen zum Verhängnis werden.

Ich erinnere mich an einen Sommerabend an der Ruhr. Meine Feeder-Rute meldet eifrig Bisse, doch zumeist geht der Anschlag ins Leere, gelegentlich hängt ein kleines Rotauge. Ich verlängere Stück für Stück den Abstand zwischen Haken und Futterkorb – keine Besserung. Eher aus Verzweiflung versuche ich es schließlich mit einem 1,5 Meter langen Vorfach von 0,10 mm und Haken Größe 20, beködert mit einer einzelnen angehängten Made. Und siehe da, plötzlich kann ich 80 Prozent der Bisse haken, fange schöne Rotaugen bis zu einem

Der 100 Gramm schwere Futterkorb hängt in einer Schlaufenmontage. Für solche Gewichte braucht man eine extra starke Rute.

Pfund und zur Krönung nach einer Viertelstunde Drill einen sechspfündigen Karpfen.

Bei sehr niedrigen Wassertemperaturen im Winter sind extrem kurze Vorfächer manchmal der Schlüssel zum Erfolg. Die Fische sind zu träge, um nach einem Köder zu schnappen, der am langen Vorfach in der Strömung wedelt. Sie beachten nur Köder, die sie bequem vom Grund aufsammeln können. Bisweilen schieben sie sich dabei bis zum Futterkorb heran und zupfen die Nahrung direkt aus dem Korb. Auch dabei zittert die Rutenspitze, doch jeder Anschlag geht zwangsläufig ins Leere. Ein Hakenköder, der am 15 bis 30 Zentimeter kurzen Vorfach in der Nähe des Futterkorbs ruhig am Boden liegt, hat unter diesen Bedingungen bessere Chancen. Oder Sie fischen mit der normalen Vorfachlänge, klemmen aber 10 cm über dem Haken ein mittleres Bleischrot auf das Vorfach, um den Köder am Boden zu halten. Wenn die Fische sehr vorsichtig beißen, bringt dieses Verfahren mehr Erfolg.

Schlagschnur und Stoßdämpfer

Zum Angeln mit schweren Futterkörben in starker Strömung oder sehr weit draußen reichen die eingangs genannten Schnurstärken nicht aus. Dickere Schnüre hingegen bieten der Strömung eine größere Angriffsfläche und erfordern noch mehr Bleibeschwerung, damit der Futterkorb liegenbleibt. Eine geflochtene Schlagschnur, wie wir sie beim Brassenangeln auf Distanz kennengelernt haben, löst das Problem.

Viele Barbenexperten am Rhein und holländische Brassenexperten an der Maas verwenden eine Geflochtene als durchgehende Hauptschnur. Durch ihre gegenüber Monofil weit größere Tragkraft eignet sie sich auch zum Werfen schwerster Futterkörbe. Dabei ist sie dünner und verursacht weniger Strömungswiderstand. Geflochtene Schnüre haben keine Dehnung, sie vermitteln einen direkten, ungedämpften Kontakt zum Fisch. Beim Angeln auf Distanz ist das ein Vorteil, der freilich zwei Risiken mitbringt: Beim Anhieb kann leicht das Vorfach abreißen, und das Schlagen eines schweren Fisches im Drill läßt den Haken ausschlitzen. Ein „Stoßdämpfer" aus zäh-elastischem Power Gum (nicht zu verwechseln mit dem nachgiebigen Gummi für die Stippe) zwischen der geflochtenen Hauptschnur bzw. Schlagschnur und dem monofilen Vorfach verringert diese Gefahr.

Futterkorb auf Wanderschaft

In der warmen Jahreshälfte sammeln die Fische gern Nahrung ein, die ihnen die Strömung entgegentreibt. Fest am Boden liegende Köder finden dann weniger Beachtung. Das ist die Situation für einen geschlossenen Futterkorb, der mit Maden und Puppen gefüllt Stück für Stück über den Boden wandert. Die Methode ist besonders erfolgreich an kleineren Flüssen zum Abfischen des gegenüberliegenden Ufers.

Für diese Art der Angelei ist ein Feederlink mit auswechselbaren Gewichten der ideale Futterkorb. Wählen Sie das Gewicht nur so schwer, daß der Korb bei hochgestellter Rute gerade noch liegenbleibt. Wenn Sie Schnur nachgeben oder die Rute absenken, verstärkt sich der Strömungsdruck auf die Schnur, der Korb rutscht ein Stück weiter und bleibt wieder liegen. Durch ständiges Wiederholen dieses Manövers wird der Boden schrittweise abgesucht.

Werfen Sie den Futterkorb schräg stromabwärts ein und geben Sie nach seinem Aufsetzen auf dem Grund reichlich lose Schnur (2 Rutenlängen) nach, die stromab einen Schnurbogen bildet. Auf diese Weise treibt der Korb länger parallel zum Ufer, der Hakenköder bleibt in der Futterspur. Außerdem dämpft der Schnurbogen, wie schon erwähnt, den Widerstand der Rutenspitze beim Anbiß.

Zielfische im Visier

Methoden, Köder und Tricks

Leckermaul Döbel frißt im Sommer gern Kirschen.

Mit den bisher beschriebenen Methoden des Posen- und Grundangelns bekommen Sie alle Arten von Friedfischen an den Haken. Wer sich auf eine einzelne Fischart oder auf besonders große Exemplare spezialisieren möchte, muß deren Lebensgewohnheiten und Vorlieben für bestimmte Köder berücksichtigen. In England heißen solche Angler Specimen Hunter (specimen = Großfisch, hunter = Jäger). Ihr Vorbild hat auch bei uns Schule gemacht. Lernen Sie einige Methoden, Köder und Tricks auf Zielfische kennen.

Angeln mit Gespür:
Auf Döbel und Barbe mit dem Bodenblei

Dieser dicke Döbel ließ sich mit dem Futterkorb unter „seiner" Brücke hervor locken.

Große Döbel sind besonders scheue, Barben extrem kampfstarke Fische.

Den Weg zum Spürangeln auf große Friedfische fand ich durch das Buch des englischen Altmeisters Peter Stone „So fängt man mit dem Bodenblei", das vor mehr als vierzig Jahren ins Deutsche übersetzt wurde. Fast so alt ist meine klassische alte Hohlglasrute Richard Walker Avon von der Firma Hardy, mit der ich noch heute gern und erfolgreich auf dicke Winterdöbel fische. Soviel zur Nostalgie.

Döbel bieten rund um das Jahr guten Angelsport. Besonders interessant werden sie im Winter, wenn die meisten anderen Friedfische sich eher zur Ruhe setzen. Nach den ersten Nachtfrösten, wenn die streunenden Döbelrudel sich zum Grund hin orientieren, beginnt ihre Hochsaison. Die Döbel sind dann nicht mehr so faul und träge wie im Sommer, wenn sie sich geradezu provozierend an der Oberfläche sonnen und unsere Nahrungsangebote allenfalls verächtlich anschielen. Sie sind gut in Form, nehmen den Köder gern und wehren sich kräftig im Drill.

In größeren Flüssen fische ich auf Döbel mit der rollenden Spürangel. Dazu gehört eine leichte Rute von Typ Leger oder Specialist für Wurfgewichte bis 40 Gramm mit Stationärrolle und Hauptschnur von 0,20 mm. Der Köder soll den Boden Stück für Stück absuchen, jeweils etwa eine Minute am Platz liegenbleiben, dann einen halben Meter weitertreiben, wieder liegenbleiben usw. Um diesen Rhythmus zu erreichen, bemesse ich das Bleigewicht so, daß es den Köder gerade eben am Boden hält. Sobald ich die Schnur durch Anheben der Rute straffe und damit mehr Strömungsdruck auf sie einwirkt, muß es ein Stück weiterrollen.

Weiche Käsepaste

Ein hervorragender Köder für Döbel sind große Stücke Käsepaste an Haken Größe 2 bis 6. Die Paste muß so weich sein, daß sie gerade am Haken hält und beim Herausziehen der Angel

Zielfische im Visier

abfällt. Harte Paste probieren die Fische meist nur kurz und spucken sie wieder aus. Um die Döbel für den Köder zu interessieren, werfe ich vor dem Fischen und von Zeit zu Zeit zwischendurch Pastenstücke gleicher Größe lose ein. Beim Angeln auf größere Entfernung benutze ich dafür ein Katapult.

Für die Zubereitung von Käsepaste empfehle ich ein altes Rezept, das ich irgendwann in einem englischen Buch fand: Schneiden Sie altes Brot in 2 bis 3 Zentimeter dicke Scheiben, lassen Sie diese in einer Schüssel mit kaltem Wasser durchweichen und pressen Sie danach das Brot in einem Geschirrtuch aus. Kneten Sie nun das Brot gründlich durch und geben Sie beim Kneten reichlich geriebenen Parmesankäse hinzu. Die Paste hat die richtige Konsistenz, wenn sie nicht mehr an den Fingern klebt.

Weitere gute Köder für große Döbel sind Käse (Bonbel o. ä.), Frühstücksfleisch, Fleischwurst, Weißbrotkruste mit Flocke. Dicke Tauwürmer sind exzellent bei hohem, trübem Wasser. Im Sommer stehen die allesfressenden Dickköpfe auf Obst. Mit Kirschen, Erdbeeren, Weintrauben oder halbierten Zwetschgen lassen sie sich dann gut überlisten. Solche Obstköder, allen voran Kirschen, bringen oft an der treibenden Posenangel mit einer dicken Loafer-Pose noch mehr Erfolg.

Döbel aufgespürt

Bißanzeiger beim Grundangeln ist die Rutenspitze. Aber kontrollieren Sie zusätzlich die Schnur mit dem Zeigefinger der rechten oder mit Daumen und Zeigefinger der linken Hand. Dabei erspürt man oft Vorboten eines Anbisses, die an der Spitze kaum sichtbar werden. Peter Stone faßt in seinem erwähnten Buch das Geheimnis des erfolgreichen Spürenglers mit zwei Sätzen zusammen: „Wer das Spürangeln betreibt, ist mit dem Köder in ständiger Verbindung. Er fühlt jede Bewegung des Bleis und wie es über den Grund holpert, und nach ein paar Würfen formen sich daraus in der Vorstellung des Fischers die Konturen des Flußbettes."

Ein guter Döbelbiß ist unschwer zu erkennen und zu haken. Der Fisch schwimmt auf den am Boden liegenden Köder zu, saugt ihn ein, bewegt sich anschließend langsam zur Seite oder läßt sich mit der Strömung zurücktreiben. Die Rutenspitze wird dadurch 2 bis maximal 5 Zentimeter herumgezogen. Schwimmt der Fisch mit dem Köder weiter stromauf, so mindert er den Druck auf die Schnur. Die stets leicht gespannte Rutenspitze schlägt dann zurück. In beiden Fällen ist der Anhieb sofort zu setzen, meist hängt der Fisch.

Heftige, hastige Bisse, bei denen die Rutenspitze hart und ruckartig herumgerissen wird, sind dagegen schwierig anzuschlagen. Der Döbel spürt den Widerstand des Bleis oder der Rutenspitze und spuckt den Köder schleunigst wieder aus. Die Ursache liegt zumeist beim Blei, das entweder zu schwer ist oder nicht weit genug vom Haken entfernt. Auch die Bleimontage spielt eine Rolle. Normalerweise ziehe ich ein Birnenblei mit Wirbel auf die Hauptschnur. Wenn die Fische sehr heikel beißen, montiere ich das Blei auf einem kurzen Seitenarm. In

Ein leckerer Döbelverführer.

langsamer Strömung oder im Sommer, wenn der Köder schneller treiben soll, bestücke ich den Seitenarm mit mehreren großen Bleischroten und verändere die Driftgeschwindigkeit durch Hinzufügen und Abnehmen von Schroten.

Im Winter hängt das Beißverhalten der Döbel mit der Wassertemperatur zusammen. Deshalb nehmen Döbel-Experten ein Thermometer mit zum Fischen. Wassertemperaturen über 7 Grad Celsius bieten günstige Voraussetzungen, man angelt mit großen, bewegten Ködern. Befriedi-

Köderpalette für Döbel und Barben: Frühstücksfleisch, Wurst und Leber, Käse und Käsepaste mit Parmesan, Weißbrot, dazu die passenden Haken, Futterspiralen, eine Specialist-Rute und ein Thermometer zum Ermitteln der Wassertemperatur.

64 Modernes Angeln

gend sind die Aussichten auch noch bei 5,5 bis 7 Grad, wenn diese Wassertemperatur über mehrere Tage konstant bleibt. Nach einem Temperatursturz und generell bei weniger als 5,5 Grad Wassertemperatur wird es schwieriger. Dann sollten Sie eine Stelle mit ruhiger Strömung aufsuchen und mit einem kleinen, am Grund festliegenden Köder angeln: kleine Stücke Käsepaste oder Brotkruste an Haken Größe 12, Maden, Mistwurm.

Starke Barben

Zu den attraktivsten Sportfischen zählt die Barbe. Erfreulicherweise haben sich die Bestände dieser ebenso schönen wie kraftvollen Fischart in vielen unserer großen Flüsse und Ströme dank verbesserter Wasserqualität sehr gut erholt. Barben bevorzugen Flußstrecken mit sauberem Kiesgrund und zügiger Strömung. Besonders im Sommer stehen sie gern in den am stärksten durchströmten und sauerstoffreichen Zonen mitten im Fluß. In kleineren Flüssen bevorzugen sie Wehrausläufe, tiefe Gumpen mit sauberem Grund und tiefe Rinnen in Außenkurven, wo die Strömung auf das Ufer trifft. Auch stehen sie gern zwischen Bündeln von Wasserpflanzen, die in der Strömung wedeln.

Unter all diesen Voraussetzungen ist das Angeln mit dem Bodenblei die beste Methode. Für einen erfolgreichen Drill der wehrhaften Fische in der Strömung brauchen Sie eine kräftige Rute mit einer Testkurve von 1,25 bis 1,75 lbs (Wurfgewicht bis 50 Gramm) und parabolischer Aktion, die bis ins Handteil hineinarbeitet. An großen Strömen wie Rhein und Donau fischen die Experten mit Karpfenruten und schwerem Grundblei auf Barben.

Die Schnurstärke hängt von der Beschaffenheit des Gewässers ab. An großen Flüssen mit wenig Hindernissen und viel Platz zum Drillen reicht 0,22 mm aus. An kleinen Flüssen mit Krautbewuchs, unterspülten Ufern mit Baumwurzeln und ähnlichen Hindernissen muß die Schnur erheblich stärker sein. Kräftige Haken aus Carbon-Stahl, sorgfältig angebunden, sind beim Barbenan-

Die Köcherfliegenlarve gilt in Süddeutschland als bester Naturköder für Barben.

Kräftige Barbe aus der Weser.

geln Pflicht. Die Hakengröße hängt vom Köder ab: Größe 4 bis 6 für Käsepaste, 6 bis 8 für Käsestücke und Würmer, 8 bis 10 für Madenbündel und Köcherfliegenlarven (Sprock). Die Köcherfliegenlarve gilt besonders in Süddeutschland als unschlagbarer Naturköder für Barben.

Schwer auf Grund

Beim Barbenangeln ist eine gute Kenntnis und Beobachtung des Gewässers die wichtigste Grundlage für den Erfolg. Man kann die Barben nicht wie einen gierigen Rotaugenschwarm mit Futter überallhin dirigieren, sondern muß sie schon in ihren Revieren aufsuchen. Anfüttern bringt die Fische auf den Geschmack. Werfen Sie einige Ballen aus schwerem Grundfutter ein, das trotz der Strömung direkt am Angelplatz zum Grund sinkt und dort auch längere Zeit liegenbleibt. Besonders in klaren Flüssen kommen die Barben nämlich erst in der Abenddämmerung oder bei Dunkelheit richtig in Freßlaune. Gequollene Hanfkörner in den Futterballen ziehen sie geradezu magisch an.

Ein bewährtes Hilfsmittel zum Anfüttern auf Barben in starker Strömung ist eine beschwerte Futterspirale. Sie wird an Stelle des Grundbleis auf der Schnur montiert. Mit der Spirale können Sie auf große Distanz mit schwerem, stark klebendem Futter anfüttern, das sich nur langsam auflöst und einen kontinuierlichen Futterstrom austreten läßt.

Bei warmen Wassertemperaturen und auf glattem Kiesgrund wird der Futterplatz wie auf Döbel mit der rollenden Spürangel abgefischt. Wenn im Herbst das Wasser kälter wird, muß der Köder mit einem schweren Blei festgelegt werden. Das gleiche gilt in Gewässern mit Krautbewuchs. Hier würde ein rollender Köder ja stets Hänger suchen. Auch in den großen Strömen muß der Köder fest am Grund liegen. Sonst treibt das Blei in die Steine der Uferbefestigung und verhängt sich dort.

Der Anbiß einer Barbe kündigt sich zuerst durch ein Reiben und Zittern in der Schnur an: Die Barbe saugt den Köder ein und dreht ihn im Maul. Verlassen Sie sich also nicht allein auf die Rutenspitze als Bißanzeiger, zumal diese sich durch den Einfluß der Strömung ständig leicht bewegt. Kontrollieren Sie gleichzeitig die Schnur mit Daumen und Zeigefinger der linken Hand und setzen Sie den Anschlag bereits bei den ersten Anzeichen für einen Biß. Falls dabei der Haken nicht faßt, warten Sie beim nächsten Mal auf deutlichere Signale.

Mit ihrem muskulösen, stromlinienförmigen Körper und ihren ausgeprägten Flossen, besonders den schaufelförmigen Brustflossen und der starken Schwanzflosse, ist die Barbe ihrem Lebensraum optimal angepaßt, ein echtes Kraftpaket. Nach dem Anhieb steht sie manchmal zunächst still, man glaubt an einen Hänger. Nach einigen Sekunden „Bedenkzeit" reagiert der Fisch dann auf den Zug der Schnur, marschiert stur stromauf, anschließend mit einer gewaltigen Flucht stromab oder umgekehrt. Gern bohrt die Barbe auch mit wiederholten kurzen, harten Stößen ihren Kopf in den Grund und scheuert dabei das Vorfach so weit ab, daß sie es bei der nächsten Flucht zerreißen kann.

Da sie die verschiedenen Varianten – Flucht, Bohren und Stillstand – mit unglaublicher Ausdauer vorführt, bekommen Sie eine große Barbe nur unter Kontrolle, wenn Sie den größtmöglichen Druck ausüben. Wenn der Fisch letztlich im Kescher liegt, hat er sich völlig verausgabt. Setzen Sie deshalb eine Barbe nicht achtlos in die Strömung zurück. Sie würde vielleicht kieloben abtreiben und verenden. Gönnen Sie ihr eine Erholungspause im Kescher und lassen Sie den Fisch erst wieder schwimmen, wenn er seine Kräfte zurückgewonnen hat.

Zielfische im Visier

Kein Zufall:
Aland, Nase, Zährte

Zumeist gehen sie beim Stippen an den Haken als freudige Überraschung. Doch der Fang von Aland, Nase und Zährte muß kein Zufall bleiben.

Als er die Nasen schuf, so sagt man in Bayern, war der liebe Gott erkältet...

Der Aland ist ein naher Verwandter des Döbels, nicht nur vom Aussehen her, sondern auch in seinem Verhalten. Er ist ein Allesfresser, ein Wanderer. In der warmen Jahreszeit sucht er seine Nahrung vorwiegend im Freiwasser und an der Oberfläche. Die meisten Alande werden vermutlich beim Stippen auf Rotaugen gefangen. Häufig werden sie mit Rotaugen verwechselt. Manch „kapitales Rotauge" entpuppt sich bei genauer Betrachtung als Aland. Das sicherste Unterscheidungsmerkmal zwischen den beiden Arten sind die Schuppen, die beim Aland erheblich kleiner sind. Er hat entlang der Seitenlinie 55 bis 61 Schuppen, das Rotauge nur 41 bis 46.

Aland im Frühjahr

Das Frühjahr bietet eine gute Gelegenheit, gezielt große Alande zu fangen. Die Fische ziehen dann nämlich zum Ablaichen in kleinere Bäche, Zuflüsse und Gräben mit sandig-kiesigem Grund. Mit der leichten Posenangel und Naturködern wie Tauwurm oder Rotwurm können Sie gute Beute machen. Lassen Sie Pose und Köder immer möglichst weit voraustreiben und bleiben Sie selbst in Deckung, damit die scheuen Alande Sie nicht als Gefahr erkennen. Mit der Matchrute und einer Pose vom Typ Avon oder Loafer gelingt das am besten. Verwenden Sie durchsichtige Kristallposen, die für den Fisch weniger, für den Angler aber sehr gut sichtbar sind.

An der Oberfläche

Je wärmer das Wasser, umso mehr orientiert sich der Aland zur Oberfläche. Dabei hält er sich gern in der Nähe des Ufers im Schutz von überhängenden Bäumen und Büschen, am Rande von dichten Krautfeldern u. ä. auf. Jetzt können Sie die Fische mit Schwimmbrot überlisten. Lassen Sie zunächst Brotstücke als Lockfutter abtreiben und warten Sie, bis die Alande sie einschlürfen. In der nächsten Portion Brotstücke sollte der Köder mitschwimmen, ein Stück Weißbrotkruste am Haken Größe 6. Damit er obenauf bleibt, muß auch die Schnur schwimmen. Das erreicht man mit Schnurfett oder Schwimmspray. Diese Methode ist übrigens auch auf Döbel im Sommer außerordentlich erfolgreich. Wenn die Fische zu weit vom Ufer entfernt stehen, hilft eine Wasserkugel beim Werfen.

Auch Wettfischer haben ihre Tricks auf Aland. Der folgende stammt vom Weser-Experten Jörg Iversen aus Herford. Wenn die Brassen und Rotaugen am Grund nicht mehr beißen wollen, wirft er Maden pur und locker gepreßtes Futter ein, stellt die Pose einen halben Meter flacher und läßt die Angel wenig verzögert durchtreiben. Dabei erwischt er oft noch den einen oder anderen dicken Aland, während die Konkurrenten lange Gesichter ziehen.

Diesen schönen Aland fing Jörg Iversen an der Stippe.

Zielfische im Visier

Mit treibender Pose à la Bolognese: Bruno Mariani mit einer Nase aus dem Lech.

Jochen Hilbrink fing diese kräftige Zährte in der Weser.

Schwarzer Knubbel am Oberkiefer: In Süddeutschland heißt die Zährte „Rußnase".

Als er die Nasen schuf, so sagt man in Bayern, war der liebe Gott erkältet. Jedenfalls ist ihm mit dem quer gestellten und stark unterständigen Maul der Nase eine merkwürdige Schöpfung gelungen, aber eine sehr praktische. Denn diese Maulform mit dem scharfen Hornrand an den Lippen unterstützt die Fische bei der Nahrungsaufnahme. Am liebsten „weiden" die Nasen Grün- und Fadenalgen vom Grund, von Steinen und Balken ab. Im flachen Wasser, wo sie sich im Sommer gern aufhalten, blitzen dabei ihre Flanken deutlich sichtbar in der Sonne. Angler haben dann schlechte Karten. Ob mit der Pose oder mit dem Bodenblei, die Fische nehmen nur kleinste Köder an feinem Geschirr und sind äußerst heikel. Oft liegt die Fehlbiß-Quote über 80 Prozent.

Die beste Fangzeit für Nasen ist das frühe Frühjahr vor der Laichzeit. Die Fische haben einen großen Nahrungsbedarf, um sich für das kräftezehrende Laichgeschäft zu rüsten. Hauptsächlich fressen sie jetzt Kleinkrebse und Larven, denn vegetarische Kost ist noch rar. Daher sprechen sie auch auf Maden gut an. Die Nasen stehen in zügiger, aber nicht zu starker Strömung auf kiesigem Grund. Ideal ist eine lange und 1 bis 1,5 Meter tiefe Rinne, an deren Ende der Grund ein wenig ansteigt. Lose Maden, regelmäßig eingeworfen oder mit einem Katapult eingeschossen, erregen die Aufmerksamkeit der Nasen und lösen im Schwarm einen Freßreiz aus.

Mit treibender Pose an einer 5 bis 6 Meter langen Bolognese-Rute können Sie den Hakenköder, zwei oder drei Maden am Haken Größe 15, mit den abtreibenden Lock-Maden perfekt durch den Nasenschwarm dirigieren. Beobachten Sie die Pose gut und schlagen Sie bei jedem Verdacht auf einen Biß sofort an, denn die Nase greift blitzschnell zu und läßt ebenso schnell wieder los, wenn sie Verdacht schöpft. Im Drill leistet sie, unterstützt durch die Strömung, heftigen Widerstand. Guter Sport am leichten Bolognese-Gerät!

Heißer Tanz

Nasen kommen hauptsächlich in Süddeutschland vor, nördlich der Main-Linie auch noch in einigen westdeutschen Flüssen. In Nord- und Ostdeutschland werden sie durch eine nahe Verwandte vertreten, die Zährte. Die gibt's freilich auch im Süden, wo man sie Rußnase nennt. Ihr ausgeprägter nasenförmiger Oberkiefer ist dunkel, fast schwarz gefärbt – daher der Name.

Auch Zährten sind temperamentvolle und kämpferische Fische, die an der Stippe einen heißen Tanz liefern und die Schnur singen lassen. Ich erinnere mich noch gut an meine erste Zährte aus der Weser. In einem Zug nahm sie dreißig Meter Schnur von der Rolle. Nach langem und zähem Widerstand in der Strömung landete ich schließlich ein „unbekanntes Wesen" von gut drei Pfund, das sich durch seine schwarze Knubbelnase als Zährte verriet.

Auch Zährten bevorzugen sauerstoffreiches, strömendes Wasser und Kiesgrund. Sie werden oft gefangen, wenn eigentlich Barben oder große Rotaugen die Zielfische sind, mit dem Futterkorb oder beim Posenangeln mit stark verzögerter Drift. Ein Wettfischer-Tip, um gezielt Zährten auf den Futterplatz zu locken, stammt von Wolf-Rüdiger Kremkus. Er mischt Kochsalz unter sein Futter, 100 Gramm auf fünf Liter Trockenmasse, und gibt beim Anfeuchten einen Schuß Maggi-Würze hinzu: „Zährten mögen es deftig."

Zielfische im Visier

An der Krautkante: Rotfeder,

Stillwasser, Kraut und Schlammboden sind ihr gemeinsamer Lebensraum. Die schöne Rotfeder zieht es zur Oberfläche, Karausche und Giebel leben am Grund.

Rotfedern zählen zu den schönsten Süßwasserfischen. Mit ihren leuchtend roten Flossen und ihrem gold-bronzefarbigen Körper sehen besonders die großen Exemplare aus wie gemalt. Wahrscheinlich ist das der Grund, weshalb englische Specimen Hunter sich gern auf den Fang kapitaler Rotfedern spezialisieren. Gemeint sind Fische über einem Kilo Gewicht.

Rotfedern leben in Seen und Talsperren, aber auch in kleineren Teichen und Kiesgruben. In ruhigen Zonen am Unterlauf oder in Staustrecken von Flüssen trifft man sie ebenfalls an. Sie bevorzugen klares Wasser mit starkem Krautbewuchs: breite Schilfgürtel, Seerosenfelder, Unterwasserpflanzen. Ihr oberständiges Maul deutet auf ihre Nahrungsaufnahme hin. Sie sammeln Insekten von der Oberfläche, schnappen aufsteigende Nymphen und weiden die Wasserpflanzen nach Kleintieren ab. Manchmal fressen sie auch weiche Unterwasserpflanzen. Hauptfangzeit ist der Sommer.

Wenn Sie gezielt auf Rotfedern angeln möchten, müssen Sie Köder und Angelmethode diesen Nahrungsgewohnheiten anpassen. Madenpuppen und Brot sind die besten Köder, weil sie an der Oberfläche schwimmen oder langsam absinken. Sie werden an der Posenangel mit der Matchrute angeboten. Auf der Rolle befindet sich eine Schnur von 0,16 bis 0,20 mm. Fischen Sie in krautreicher Umgebung nicht zu fein, denn große Rotfedern sind temperamentvolle Kämpfer, die im Drill ihre Verwandtschaft zum Karpfen verraten. Da die Rotfeder ein relativ kleines Maul hat, verwendet man kleine, aber stabile Haken von Größe 12 für Brot bis Größe 16 für Puppen.

Die Rotfeder zählt zu den schönsten Süßwasserfischen. Hauptfangzeit ist der Sommer.

Karausche und Giebel

Zielfische im Visier

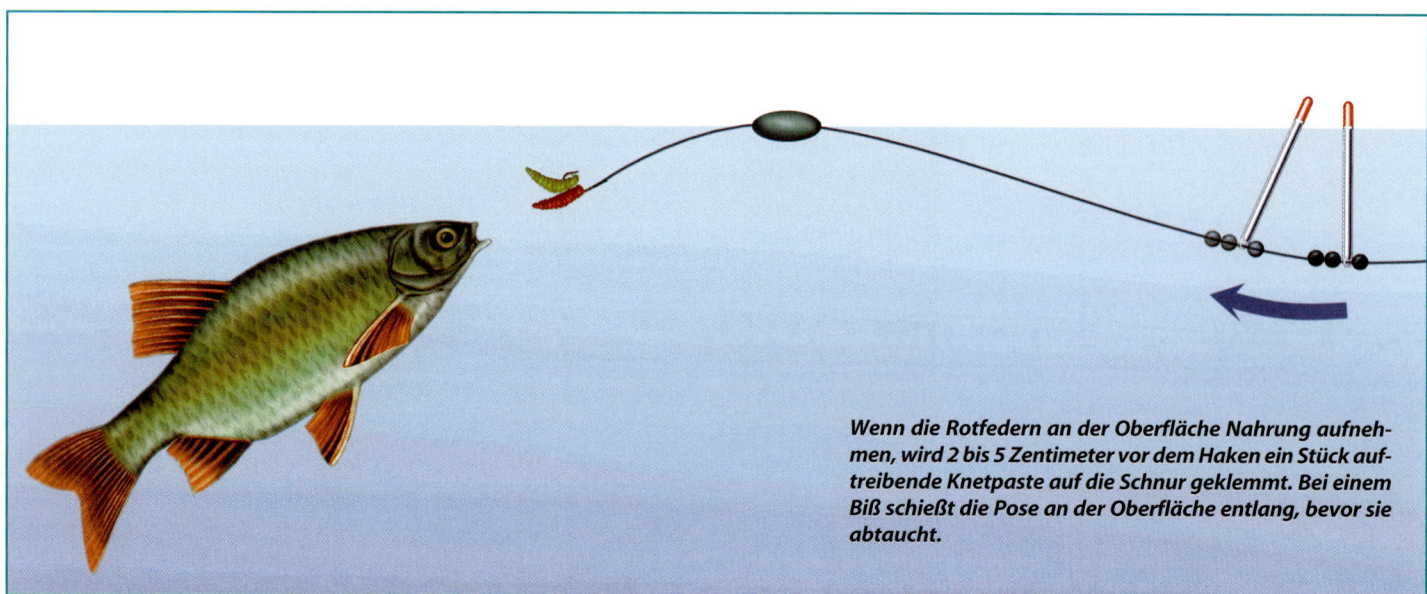

Wenn die Rotfedern an der Oberfläche Nahrung aufnehmen, wird 2 bis 5 Zentimeter vor dem Haken ein Stück auftreibende Knetpaste auf die Schnur geklemmt. Bei einem Biß schießt die Pose an der Oberfläche entlang, bevor sie abtaucht.

An der Oberfläche

Die Pose muß sich weit und vor allem präzise werfen lassen, exakt an den Rand eines Seerosenfeldes oder in eine Schneise im Schilf. Vorgebleite Waggler-Posen bringen das notwendige Wurfgewicht, stellen sich nach dem Wurf sofort auf und sind „bißbereit". Das ist wichtig, weil die Rotfedern häufig dem Köder entgegenkommen und ihn schon im Absinken nehmen. Durchsichtige Kristallposen sind beim Angeln an der Oberfläche ideal, das muß man nicht erklären.

Loosefeeding, Anfüttern mit losen Maden und Puppen, bringt die Rotfedern in Beißlaune. Wenn die Fische in Wurfdistanz stehen, schießen Sie das Lockfutter mit der Madenschleuder, werfen die Pose ein Stück weiter hinaus und ziehen sie in den Fütterbereich zurück. Stellen Sie die Pose auf einen halben bis einen Meter Angeltiefe ein. Auf der Schnur befinden sich nur zwei kleine Bleischrote, am Haken zwei schwimmende Caster. Damit sinkt der Hakenköder genauso langsam ab wie die losen Partikel. Die Bisse kommen in der Regel heftig. Drücken Sie nach dem Anschlag die Rute herunter, damit der Fisch nicht lautstark an der Oberfläche herumplatscht, und ziehen Sie ihn so schnell wie möglich aus dem Schwarm.

An großen Seen stehen die Rotfedern oft weit

Maden bekommen Auftrieb, wenn man sie in Wasser einlegt. Der übergreifende Rand der Dose verhindert, daß die Maden herausklettern.

Waggler-Montage für Rotfedern: Die Hauptbebleiung sitzt an der Pose. Die Schnur zwischen Pose und Haken ist nur mit zwei kleinen Schroten bebleit.

72 Modernes Angeln

draußen. Durch geduldiges Anfüttern kann man sie aber in die Reichweite der Angel heranlocken. Rückenwind ist die Voraussetzung. Dunkle, schwimmende Caster oder kleine Stücke Brotkruste werden eingeworfen und treiben auf die Fische zu. Wenn der Futterstrom wohl dosiert ist, kommen die Rotfedern ihm allmählich bis in die Wurfdistanz entgegen und sind dann mit der zuvor beschriebenen Technik zu fangen. Machen Sie aber nicht den Fehler, zuviel auf einmal anzufüttern. Dann schwimmen die Fische nämlich mit dem abdriftenden Futter weg.

Bei Strömung oder ungünstigem Wind fischt man besser mit dem Bodenblei, aber ebenfalls mit einem aufsteigenden Köder. Dazu wird ein

Ein sehr starker Giebel.

langes Vorfach als Seitenarm montiert, der Haken mit einem kleinen Stück Brotkruste oder zwei bis drei schwimmenden Puppen beködert. Gerade den großen Rotfedern wird diese Technik gefährlich, weil sie oft nicht direkt an der Oberfläche, sondern im Mittelwasser unter dem Schwarm stehen.

Karauschen am Grund

Auch Karauschen leben vorwiegend in stehenden Gewässern. Selbst in kleinen, schlammigen Tümpeln mit extrem geringem Sauerstoffgehalt können sie überleben. Für den Angler sind sie in erster Linie als Köderfische interessant. Wo der lebende Köderfisch nicht verboten ist, sind die extrem robusten und langlebigen Karauschen erste Wahl auf Hecht. Sie orientieren sich zum Grund hin, sind also keine „Oberflächen-Turner", die das Gerät verwickeln.

Zu interessanten Größen wachsen Karauschen nur dort heran, wo sie ihren Lebensraum mit Hechten teilen müssen, die ihren Bestand dezimieren und die Verbuttung verhindern. Karauschen ernähren sich von Bodentieren wie Schnecken, Muscheln, Kleinkrebsen, Köcherfliegen- und anderen Larven. Man fängt sie im Sommer in relativ flachem Wasser, am besten

Eine tolle Karausche aus einem Moorteich. Fische dieser Größe fängt man nicht jeden Tag.

an Schilf- und Krautkanten oder am Rand von Seerosenfeldern.

Zum Posenangeln auf Karauschen eignet sich das gleiche Gerät wie auf Rotfedern. Der Köder muß auf Grund liegen, bei Wind auch ein Teil der Bebleiung. Posen mit langer, dünner Antenne und tief liegendem Schwimmkörper (Driftbeater) sind dabei vorteilhaft. Oft ist das leichte Grundangeln mit dem Winklepicker noch erfolgreicher. Karauschen nehmen alle Friedfischköder. Große Exemplare werden vor allem auf Mais und Mistwürmer gefangen. Ein naher Verwandter der Karausche ist der Giebel. Er lebt ähnlich wie die Karausche und wird auf die gleiche Weise gefangen. Die beiden Arten unterscheiden sich durch ihre Färbung. Giebel sind eher silbrig gefärbt, Karauschen bronzefarbig. Sicherstes Unterscheidungsmerkmal sind die Rücken- und Afterflosse, die bei der Karausche ausgebuchtet (konvex), beim Giebel eingebuchtet (konkav) geformt sind.

Zielfische im Visier

Stille Schönheit: Gezielt auf

Vom klassischen Mistwurm bis zum modernen Boilie reicht die Köderpalette auf Schleien. Doch die stillen Schönheiten sind nicht leicht zu überlisten.

Ein Bündel quirliger Mistwürmer am Haken Größe 8 ist der beste Schleienköder im Frühjahr.

Mit ihrem olivgrünen, an den Flanken gold- oder bronzefarbig schimmernden Körper und den kleinen, rotgolden glänzenden Augen sind Schleien besonders schöne Fische. Sie leben in flachen, sommerwarmen Seen und Teichen mit klarem Wasser, auch in alten Sand- und Kiesgruben. In Flüssen trifft man sie in ruhigen Buhnen, Buchten und Staustrecken an. Die dicke Schleimschicht über den winzigen, tief sitzenden Schuppen kennzeichnet sie als Bewohner dichter Pflanzenbestände. Kraut und Wärme sind die Schlüsselbegriffe für erfolgreiches Angeln auf Schleien.

Die Fangsaison beginnt mit den ersten warmen Tagen im März. Wenn die Sonne das Wasser erwärmt und ein leichter Wind das Oberflächenwasser in eine flache Bucht drückt, werden dort die Schleien aktiv. Aufkommender Krautbewuchs und Schilfkanten weisen auf gute Fangplätze hin.

Das Frühjahr bis zur Laichzeit im Juni ist die beste Angelzeit auf Schleien. Zwar fressen und beißen sie auch nach dem Ablaichen den ganzen Sommer hindurch gut. Doch in vielen Gewässern sind sie kaum zu fangen, weil sie sich nur im dichten Kraut aufhalten. Lücken und Schneisen im Kraut oder der Rand von Seerosenfeldern sind aussichtsreiche Angelstellen. Schleien-Experten legen selbst solche Krautschneisen mit einem Rechen an und gewöhnen die Schleien durch Anfüttern an diese Plätze. Relativ kräftiges Angelgerät ist erforderlich, weil die wehrhaften Schleien sofort nach dem Anschlag ins Kraut flüchten wollen.

Früh aufstehen

Die natürliche Nahrung der Schleie besteht aus Insektenlarven und Kleinkrebsen sowie Schnecken und Muscheln, deren Gehäuse sie mit ihren Schlundzähnen knacken. Eine Schnecken-Art ist sogar nach unserem Fisch benannt, die Schlei-Schnecke (Bithynia). Bei der Nahrungssuche wühlen die Schleien den Grund auf und verraten sich durch aufsteigende Blasenspuren. Im Sommer stehen sie wie erwähnt im Kraut und weiden die Pflanzen nach Larven, Egeln und anderen Nährtieren ab – mitunter so gierig, daß die Seerosen wackeln und die Fische durch lautes Schmatzen auffallen. Schleien-Spezialisten sind Frühaufsteher, denn am frühen Morgen sind die Fangaussichten am besten. Auch in der Abenddämmerung werden die Schleien wieder aktiv. Nachtangeln bietet ebenfalls gute Chancen. Und was machen die Schleien tagsüber? Sie fressen! Nur stecken sie dann eben im dicksten Kraut und sind unfangbar. In großen Seen und Kiesgruben hingegen

Schleien mögen süßen Dosenmais. Spezielle Haken, die Gravel Pit-Pose, Futterkörbe und Schleien-Lockstoff gehören dazu.

ziehen sie in tiefere Zonen, fressen und beißen dort weiter. Also kann der Schleienangler im Sommer an flachen Gewässern tatsächlich um 8 Uhr einpacken und gegen 18 Uhr wiederkommen. An Gewässern mit unterschiedlichen Wassertiefen dagegen hat er sogar in der Mittagssonne eine Chance, wenn er im Tiefen fischt. Würmer sind unbestritten die besten Köder. Im Frühjahr ist ein Tauwurm oder ein Bündel aus quirligen Mistwürmern am Haken Größe 8 genau richtig, zumal sich daran keine unerwünschten Kleinfische vergreifen. Im Sommer spielen die Schleien mit solch großen Ködern oft Nerven aufreibend lange herum. Einen einzelnen Mistwurm am Haken Größe 15 nehmen sie hingegen zügig. Auch Maden sind gut, Madenpuppen noch besser. Aber darauf stürzen sich oft die kleinen Rotfedern oder Karauschen, vor allem nach entsprechender Anfütterung. Damit sind wir bei einem strittigen Thema. Weit verbreitet ist die Meinung, Anfüttern auf Schleien sei überflüssig, wenn nicht schädlich. Überflüssig, weil die Schleien sowieso fressen, wann und wo sie wollen; schädlich wegen der Kleinfische, die sie stören. Beides ist falsch. Schleien verdrängen Kleinfische genauso von einem Freßplatz, wie Karpfen oder große Brassen dies tun. Gestört fühlen sie sich freilich, wenn laufend kleine Fische aus dem Wasser gezogen und wieder hineingeworfen werden.

Und überflüssig ist Anfüttern keineswegs, im Gegenteil. Das Geheimnis des Erfolgs liegt darin, die Reviere und Freßwege der Schleien aufzufinden, sie durch Anfüttern an einer günstigen Stelle zum Verweilen einzuladen und an den Hakenköder zu gewöhnen.

Schleien liften

Posenangeln ist die meist verwendete Methode auf Schleien. Mit der Pose kann man den Köder auf begrenztem Raum zwischen Wasserpflanzen exakt plazieren und beim Biß erkennen, wohin die Schleie ziehen will. In flachen Gewässern eignet sich am besten eine Waggler-Pose, bei der das Wurfgewicht unmittelbar am Posenfuß sitzt, z. B. eine Loaded Crystal. Unten auf der Schnur befindet sich nur noch ein Schrotblei, das den Köder am Platz hält.

Bei Wind und Wellengang ist eine Pose mit dünner Antenne und tief liegendem Schwimmkörper vorteilhaft. Speziell für verkrautete Schleiengewässer wurde die Pose Gravel Pit Antenna entwickelt (gravel pit = Kiesgrube). Ihre Antenne ist so flexibel, daß sie ruhig mal in den Seerosen hängen bleiben darf, ohne zu zerbrechen.

Im Frühjahr, wenn der Krautbewuchs noch keine Gefahr für den Drill darstellt, fische ich mit der Matchrute, Stationärrolle und Hauptschnur von 0,16 bis 0,18 mm. Im sommerlichen Pflanzen-Dschungel ist Schnurstärke 0,20 bis 0,25 sicherer. Zwar neigt die Schleie im Drill nicht zu langen Fluchten. Sie kämpft aber

Schleien

Eine prächtige Schleie. Solche Fische wehren sich tapfer im Drill.

Zielfische im Visier

ausdauernd und versucht hartnäckig, Wasserpflanzen oder Hindernisse am Grund und in der Uferböschung zu erreichen. Eine kräftige Matchrute vom Typ Specialist Match oder eine spezielle Schleienrute mit parabolischer Aktion hilft, die Widerspenstige zu zähmen.

Ein Bündel Mistwürmer, das knapp über dem Grund herumringelt, nehmen die Schleien ohne Zögern und Fummeln. Aber so kann man den Köder nur bei absoluter Windstille anbieten. Ansonsten muß das unterste Blei ihn am Platz halten. Auf schlammigem Boden besteht die Gefahr, daß er mit dem Blei einsinkt. Gleiches gilt für das Lockfutter. Würmer und Maden verkriechen sich im Schlamm. Madenpuppen hingegen bleiben oben liegen. Alte schwimmende Puppen am Haken schweben über dem Grund, die Fische können sie bequem einsaugen.

Schleien mögen auch vegetarische Köder, am liebsten Brot. Anfüttern mit eingeweichtem Brot hält sie am Platz, Brotflocke am Haken nehmen sie gern. Brotflocke sinkt nicht in den Bodenschlamm. Flocke und Kruste kombiniert ergeben einen Köder, der über dem Grund schwebt. Auch an Mais gewöhnen die Schleien sich gern. Anfüttern mit Mais garantiert Ruhe vor Kleinfischen. Wenn Sie Maiskörner mit einem Stück (gelbem) Styropor kombinieren, erhalten Sie einen auftreibenden Köder zum Fischen über Schlamm oder Kraut.

Beim Biß nimmt die Schleie erst den Köder auf und hebt dann das am Boden liegende Bleischrot an. Damit entlastet sie die Pose, die nun aus dem Wasser steigt. Daher wird diese Art, mit festgelegtem Köder und Pose zu fischen, als Liftmethode bezeichnet.

Futterkorb und langes Vorfach

Grundangeln mit dem Bodenblei galt in älteren Theorien als völlig ungeeignet auf Schleien. Das Blei steckt im Schlamm oder Kraut, zieht den Köder mit oder stört zumindest die Schleie beim Biß. Moderne Schleien-Experten haben allerdings erkannt, daß man mit dem Bodenblei sehr gut fangen kann, vor allem weit vom Ufer und in der Tiefe. Wenn Sie an Stelle eines kompakten Bleis eine Kette aus großen Schroten an einem Seitenarm montieren, können Sie auch

Liftmontage

Bei der Liftmontage nimmt die Schleie zuerst den Köder auf und hebt dabei das am Boden liegende Bleischrot an. Die Pose wird entlastet und steigt aus dem Wasser.

Die komplette Montage zum Schleienangeln mit dem Futterkorb. Der offene Futterkorb wird mit Maden gefüllt und mit einem Pfropfen aus feuchtem Paniermehl verschlossen, damit die Maden nicht beim Wurf herausfallen.

auf schlammigem Boden sensibel fischen. Erstens sinkt die Kette weniger tief ein, zweitens liegen Hauptschnur, Vorfach und Köder obenauf.

Ein Problem bleibt das Anfüttern. Große Futtermengen, breit gestreut, locken alle möglichen Fische an. Mit dem Futterkorb kann man kleine Portionen Lockfutter gezielt zusammen mit dem Hakenköder auf dem Schleienplatz servieren. Am besten eignet sich ein geschlossener oder halb offener Futterkorb, der mit Maden (auf festem Grund) oder Puppen (auf Schlammboden) gefüllt wird. Beim halb offenen Korb verstopft man das untere Ende mit Paniermehlfutter. Wählen Sie einen möglichst leichten Futterkorb, dessen Gewicht gerade für die Wurfweite ausreicht. Der Korb soll ohne lautes Klatschen ins Wasser fallen und sanft auf den Grund aufsetzen.

Den Korb befestigen Sie am Ende der Hauptschnur, das ca. einen Meter lange Vorfach als Seitenzweig in einer Schlaufe 20 Zentimeter über dem Korb. Bei dieser Montage darf der Futterkorb sogar ein wenig in den Bodenschlamm einsinken, ohne die Bißanzeige zu behindern oder die Schleie beim Aufnehmen des Köders zu stören. Denn das lange Vorfach fällt nicht gestreckt auf den Boden, sondern in losen Kringeln. Der Fisch kann also ungehindert ein Stück mit dem Hakenköder wandern. Ein Mistwurm an Haken Größe 12 ist bei dieser Angelei der

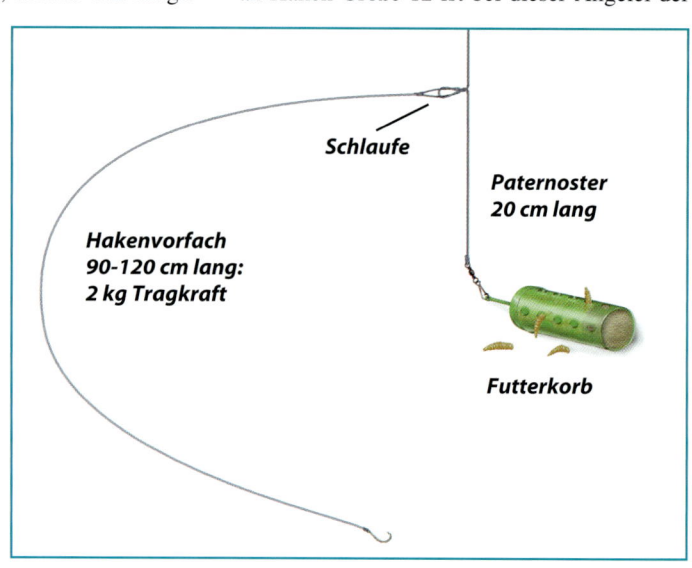

Schlaufe

Paternoster 20 cm lang

Hakenvorfach 90-120 cm lang: 2 kg Tragkraft

Futterkorb

76 Modernes Angeln

Rotgoldener Glanz in den Augen – Porträt einer Schönheitskönigin.

richtige Köder. Als Bißanzeiger eignet sich eine sensible Schwingspitze. Ideal ist ein fein eingestellter elektronischer Bißanzeiger.

Auch auf Schleien hat modernste Angeltechnik also Einzug gehalten. Das gilt ebenso bei den Ködern. Wenn die Schleie in der Lage ist, mit ihren Schlundzähnen Schnecken und Muscheln zu knacken, dann wird sie auch mit den harten Köderkugeln fertig, die heute die Angelei auf Karpfen beherrschen – Boilies. Wurden die ersten Boilie-Schleien eher zufällig beim Ansitz auf Karpfen gefangen, so spezialisieren sich heute viele Experten auf den Schleienfang mit Boilies.

Mehr über diese Köder und die dafür typische Festblei-Montage erfahren Sie im nächsten Kapitel, das dem Karpfen gewidmet ist. Merken Sie sich vorab nur, daß Schleien kleine Boilies von 10 bis 14 mm Durchmesser mit einer süßen Geschmacksrichtung am liebsten nehmen und daß sie beim Anbiß mehr Spielraum brauchen als der Karpfen, also längere Vorfächer von 60 bis 120 Zentimetern Länge. Aber das kennen Sie ja schon vom Angeln mit dem Futterkorb.

Modernes Angeln

Kämpfer mit Leidenschaft

Karpfen auf moderne Art

Abgekämpft. Karpfen liefern dem Angler einen harten Drill.

Karpfen im Drill sind unglaublich starke Kämpfer. Das macht sie so attraktiv, deshalb spezialisieren sich so viele Angler auf den Fang der Kapitalen. Karpfenangeln ist eine Leidenschaft – aber keine Wissenschaft.

Ich danke meinem Freund Manfred Ehmanns, der seine Kenntnisse und Erfahrungen im modernen Karpfenangeln für dieses Kapitel zur Verfügung gestellt hat.

Wer sucht, der fängt:
Lebensweise und Standplätze

Das Gewässer beobachten, die Karpfen finden und den Angelplatz erkunden – das sind die Voraussetzungen für erfolgreiches Karpfenangeln.

Unsere Väter und Großväter stellten dem Karpfen mit Wurm, Kartoffel und Teig nach. Die Karpfen lernten schnell, diese Köder am Aussehen und am Geruch zu erkennen und zu entdecken, daß sie buchstäblich einen Haken hatten. Große Karpfen galten als die klügsten und vorsichtigsten Fische. Zehnpfünder erregten Aufmerksamkeit, Zwanzigpfünder waren eine Sensation, schwerere schienen kaum zu fangen. Beim modernen Karpfenangeln sind Fische von zehn Pfund die Regel und 20-Pfünder keineswegs eine Ausnahme. Die Karpfen sind nicht „dümmer" geworden, aber die Angler klüger; sie haben ihre Methoden und Köder besser den Fischen angepaßt.

Karpfen kommen heute in fast allen stehenden und fließenden Gewässern vor, obwohl sie sich in vielen heimischen Flüssen nur eingeschränkt fortpflanzen können. Fischzucht und Besatz sind die wesentliche Grundlage für die guten Karpfenbestände. Das heißt, die jungen Karpfen sind daran gewöhnt, von Menschenhand gefüttert zu werden. Wenn sie nach einem, zwei oder drei Jahren aus den Zuchtteichen in die „freie Wildbahn" umgesetzt werden, fallen sie zunächst auf alles herein, was ihnen an Ködern und Anfütterung angeboten wird. Aus der eigenen schmerzhaften Erfahrung und der ihrer Artgenossen lernen sie jedoch schnell, daß Vorsicht bei der Auswahl ihrer Nahrung und ihrer Aufenthaltsorte ratsam ist.

Karpfen lieben ein bequemes Leben. Starke Strömung und Kälte mögen sie nicht. Am wohlsten fühlen sie sich dort, wo das Wasser ruhig, warm und dennoch sauerstoffreich ist. Daher verlagern sie im Laufe des Jahres ihre Standplätze und Freßreviere innerhalb eines Gewässers. Die Kenntnis dieser Reviere ist Grundvoraussetzung für erfolgreiches Karpfenangeln.

Manfred Ehmanns mit einem schönen Schuppenkarpfen.

Das Jahr des Karpfens

Jede Jahreszeit hat ihre Besonderheiten, auch unter Wasser und auch für die Karpfen. Ihre Winterruhe verbringen sie in den tiefsten Gewässerzonen, wo die Wassertemperatur 4 Grad Celsius beträgt, denn bei dieser Temperatur ist Wasser am schwersten und bildet die unterste Schicht. Karpfen bevorzugen für ihr Winterlager Gebiete mit festem, sandig-kiesigem Untergrund.

Im Frühjahr werden die Karpfen munter. Wenn die ersten warmen Winde die Wasserschichten durchmischen und das Wasser sich auf 8 bis 10 Grad erwärmt, kommt ihr Stoffwechsel auf Touren. Die Fische verspüren Hunger und gehen auf Nahrungssuche. Kugelmuscheln, Erbs- und Wandermuscheln sind ihre erste Hauptnahrung, die sie auf Muschelbänken in Wassertiefen zwischen einem und sechs Metern aufnehmen und mit ihren starken Schlundzähnen knacken.

Nachdem sie auf den Muschelbänken kräftig abgeräumt haben, ziehen die Karpfen weiter. Wenn die Wassertemperatur 10 bis 14 Grad erreicht, werden die Krebse aktiv. Das sind ihre nächsten Opfer. Krebse leben in großen Kolonien zusammen, die die Karpfen zielstrebig aufsuchen, um sich an diesen Leckerbissen zu mästen.

Danach wandern unsere Fische herum wie Büffel über die Prärie, um neue Nahrungsquellen zu erschließen. Sie suchen jetzt den Grund nach Bachflohkrebsen, Schnecken, Mückenlarven und ähnlichen Köstlichkeiten ab. Auch an den aufkommenden Wasserpflanzen finden sie reichlich Nahrung.

Wenn die Wassertemperatur über eine längere Zeit 20 Grad oder mehr erreicht, rührt sich in den Karpfen der Trieb zur Fortpflanzung. In unseren Gewässern ist dies zumeist erst Ende Juni/Anfang Juli der Fall. Die Karpfen bevorzugen flache und stark verkrautete Bereiche als Laichplätze.

Nach dem Ablaichen sind die Fische zunächst geschwächt. Im warmen Wasser bei einem überreichen Nahrungsangebot erholen sie sich jedoch rasch und erreichen bis zum Spätsommer ihre Höchstform. Bei sinkenden Wassertemperaturen im Herbst verlangsamt sich wieder ihr Stoffwechsel. Die Nahrungsaufnahme geht in dem gleichen Maße zurück wie das Aufkommen natürlicher Nahrung. Nach den ersten Nachtfrösten wandern die Karpfen wieder in tiefere Regionen, um dort ihr Winterlager zu beziehen.

Erst beobachten

Unter Karpfenanglern wird viel über Geräte, Montagen und Köder diskutiert. Doch beste Geräte, raffinierte Montagen und erlesene Köder nützen gar nichts, wenn keine Karpfen am Angelplatz sind. Die Fische zu finden, das ist des Anglers erste Pflicht. Erst beobachten, dann fischen! Oft verraten die Karpfen sich selbst. In flachen Gewässerzonen machen sie durch aufgewirbelte Schlammwolken auf sich aufmerksam. Bei der Nahrungsaufnahme an der Oberfläche zeigen sie sich „persönlich" und fallen zudem durch lautes Schmatzen auf.

Kämpfer mit Leidenschaft

Eine Markerpose mit schwerem Blei und dickem Signalkopf hilft beim Ermitteln der Wassertiefe.

Durch sorgfältiges Ausloten findet man aussichtsreiche Fangstellen.

Manchmal erkennt man durch große Bugwellen, einen Schwall oder auffällige Bewegungen im Schilf oder in den Seerosen ihren Aufenthalt. Sind die Karpfen erst einmal richtig in Fahrt, so wälzen sie sich an der Oberfläche. Oft springen sie sogar aus dem Wasser und klatschen geräuschvoll auf. Es gibt noch keine schlüssige Erklärung, warum sie sich so verhalten. Jedenfalls fühlen sie sich dabei wohl, sicher und unbeobachtet. Und deshalb sollten Sie sich solche Stellen gut merken.

Auch in der Tiefe hinterlassen Karpfen sichtbare Spuren in Form von kleinen Gasblasen, die zur Oberfläche aufsteigen, wenn sie im Boden nach Nahrung stöbern oder ein Feld von Mückenlarven umpflügen. Wenn die Blasen an der Oberfläche weiterziehen, handelt es sich nicht einfach um Faulgase, sondern um Zeichen für aktive Karpfen.

Umfassende Informationen und Tips zum Beobachten und Auffinden von Karpfen finden Sie in dem BLINKER-Buch „Fische finden" von John Bailey.

Berge und Kanten

Haben wir die Karpfen erst einmal ausfindig gemacht, so ist das Erkunden des Angelplatzes der nächste Schritt auf dem Weg zum Fangerfolg. Kein erfahrener Karpfenangler wird „blind" einen Platz befischen, den er nicht zuvor auf Tiefe, Bodenstruktur und eventuelle Hindernisse untersucht hat.

Beginnen wir mit der Tiefe. Da die Karpfen warmes Wasser lieben, ziehen sie vor allem im Frühjahr und Herbst gern in flache Zonen. Dort erwärmt sich das Wasser rasch und begünstigt die Produktion von Nährtieren. Flache Kies- und Sandbänke in stehenden Gewässern ziehen deshalb die Karpfen wie magisch an. Ideale Fangplätze sind die Kanten von Inseln, Plateaus und Unterwasserbergen, Rinnen und Abbrüchen in deutlicher Entfernung vom Ufer, wo die Fische sich ungestört fühlen.

Am besten findet man solche Stellen beim Absuchen des Gewässers mit dem Boot und einem Echolot. Wenn Ihnen diese Technik nicht zur Verfügung steht (oder verboten ist), sollten Sie das Gewässer mit herkömmlichen Mitteln ausloten. Dazu gehören eine kräftige Hecht- oder Karpfenrute, ein Bleigewicht von 40 bis 60 Gramm und eine große Pose mit deutlich sichtbarem Kopf (Markerpose). Werfen Sie Blei und Pose so weit wie möglich hinaus und ermitteln Sie die Tiefe Stück für Stück durch langsames Einholen. Aber bitte loten Sie nicht unmittelbar vor dem Angeln, sondern erkunden Sie Ihr Gewässer wenn möglich viele Stunden, besser Tage im voraus. Sonst haben Sie vielleicht durch Beobachtung Karpfen gefunden, sie aber beim Loten gleich wieder verscheucht.

In Flüssen sind die Karpfen leichter zu orten. Sie bevorzugen Ruhezonen wie Staustufen, Buhnenfelder, Häfen und Teiche oder Kiesgruben, die in Verbindung mit dem Fluß stehen. Wo die Fließgeschwindigkeit abnimmt, wo sich Seerosenfelder und Krautbewuchs am Boden entwickeln können, dort findet man mit Sicherheit Karpfen. Nur im Hochsommer ziehen sie in die Strömung, weil das Wasser dort einen höheren Sauerstoffgehalt aufweist.

Den Grund abtasten

Ein weiterer wichtiger Gesichtspunkt für die Beurteilung des Angelplatzes ist die Bodenbeschaffenheit. Nehmen Sie wiederum die Rute zum Loten und ziehen Sie an starker Schnur ein schweres Blei mit Wirbel wiederholt langsam über den Grund. Beim Abtasten des Bodens werden Sie spüren, wie das Blei über Kies hoppelt, in Kraut stecken bleibt und vielleicht auch Krautreste mit ans Ufer bringt, von schlammigem Grund eingesaugt wird. Kraut oder Schlamm am Boden sind ein wichtiger Hinweis für die Ködermontage, denn auf keinen Fall darf der Köder einsinken.

Wenn Sie an Blei, Wirbel und Knoten einen fauligem Geruch bemerken, sollten Sie schleunigst die Stelle wechseln; die Karpfen sind eh schon weg. Und wenn Sie immer wieder in Ästen und anderen Hindernissen anhaken, sollten Sie auch über einen Positionswechsel nachdenken. Zwar lieben Karpfen solche Verstecke. Aber das Risiko für den Angler, darin hängenzubleiben und im Drill Fische zu verlieren, ist doch sehr hoch.

Kraft-Akt am Fluß – doch gleich liegt der große Schuppenkarpfen sicher in den Maschen.

Kämpfer mit Leidenschaft

Zauberkugeln und Partikel:

Karpfenköder und Grundfutter

Boilies haben die Welt der Karpfenangler verändert. Mais und andere Körner bleiben aber weiterhin besonders wertvolle Köder.

Der Pralinen-Effekt: Boilies auf einem Teppich aus Mais.

Der Begriff stammt aus England, ebenso wie die Idee: Boilies sind Köderkugeln, die durch Kochen (englisch: to boil) hart werden. So hart, daß nur der Karpfen mit seinen starken Schlundzähnen sie knacken kann. Zwar vergreifen sich gelegentlich Döbel und Alande – ebenfalls Fische mit kräftigen Schlundzähnen – an den Boilies, werden große Schleien gezielt mit kleinen Boilies beangelt und manchmal dicke Brassen damit gefangen. Doch im Grundsatz ermöglichen die Zauberkugeln gezieltes Angeln auf Karpfen ohne Störungen durch andere Friedfische, die den Köder abknabbern oder deren Fang Unruhe an der Karpfenstelle stiftet.

Boilies sind Gewöhnungsköder, und die Karpfen gewöhnen sich gern und schnell daran. Vorausgesetzt, die Köder sind gut. Das heißt, sie müssen eine ausgewogene Zusammensetzung aus Eiweißstoffen (Proteinen), Kohlenhydraten, Fetten, Mineralien und Vitaminen enthalten, die dem Nahrungsbedarf und der Verdauung der Karpfen entspricht. Diese Faktoren schwanken mit der Wassertemperatur. Im Winter verläuft der Stoffwechsel langsamer, der Nahrungsdurchsatz ist geringer.

Dippen in einen Geschmacksverstärker hebt den Hakenköder von den Anfütter-Boilies ab.

Geschmackssache(n)

Außerdem müssen die Boilies den Geruchs- und Geschmackssinn der Karpfen ansprechen. Süß, fruchtig, sahnig sind Geschmacksrichtungen, die ihnen gefallen. Nur bittere Köder mögen sie nicht. Deshalb fressen sie ungern Billig-Boilies, die durch primitive Konservierungs- und Süßstoffe einen bitteren Beigeschmack bekommen.

Das Ideal-Boilie für alle Fälle gibt es also nicht. Im Sommer sind schnell verdauliche Köder angebracht, die gut riechen und schmecken, aber die Fische nicht zu schnell sättigen. Denn je mehr sie fressen, umso größer ist die Chance, sie zu fangen. Im Winter dagegen bewegen die Fische sich weniger, um Nahrung zu sich zu nehmen. Wichtig sind dann Aromen, die sich auch bei geringer Temperatur noch im Wasser lösen und den Geruchssinn der Karpfen ansprechen.

Viele Karpfenangler stellen ihre Boilies selbst her. Aus hochwertigen Zutaten frisch zubereitete Boilies mit der entscheidenden „persönlichen" Duftnote sind sicher die besten Köder. Außerdem sind sie auf die Dauer billiger als fertig gekaufte. Die Herstellung von Boilies ist eigentlich recht einfach. Aus Platzgründen können wir darauf hier nicht eingehen und verweisen auf die Broschüre „Die Kunst der Köderherstellung" (Eigenverlag Ehmanns). Wenn Sie mit dem Karpfenangeln anfangen möchten, sollten Sie zunächst Fertigboilies kaufen. Dann haben Sie einen zuverlässigen Köder und können sich erst mal aufs Angeln konzentrieren.

Die magischen Köderkugeln gibt es in verschiedenen Größen von 10 bis 30 mm Durchmesser. Müßte ich mich für eine einzige Größe entscheiden, so würde ich 18 mm wählen. Um gezielt auf große Karpfen zu fischen, kommen dann eben eineinhalb oder zwei Boilies an die Angel. Halbierte Bolies sind auch deswegen ein guter Trick, weil sie ihre Witterung schneller freigeben. Zusätzlich dippe ich die Hakenköder manchmal in einen Geschmacksverstärker (Enhancer), damit sie sich von der Anfütterung abheben.

Von den vielen verschiedenen Geschmacksrichtungen für Boilies sind die folgenden eigentlich immer und überall erfolgreich, wenn die

Kämpfer mit Leidenschaft

Gewässer nicht total damit überfischt wurden: Sahne (Cream), Erdbeere (Strawberry), Tutti Frutti, Scopex, Fisch, Krebs, Muschel. Die Färbung der Boilies spielt die geringste Rolle. Naturfarbe reicht aus, denn am Grund, und erst recht nachts, sind alle Boilies grau.

Partikel

Der etwas holprige Begriff Partikelköder (englisch: particles) faßt eine Reihe von herkömmlichen Ködern zusammen, die vor allem zum Anfüttern, aber auch am Haken nach wie vor eine wichtige Rolle beim Karpfenangeln spielen: Mais, Kichererbsen, Bohnen, Hanf, Maples (Ahornfrüchte), Tigernüsse, Erdnüsse. Wie bei den Boilies gibt es auch hier erhebliche Qualitätsunterschiede. Achten Sie immer auf möglichst frische Ware, bei der die Körner nicht schrumpelig aussehen, sondern möglichst groß ausfallen. Wenn die Köder dann beim notwendigen Aufkochen süßlich riechen, haben Sie eine gute Wahl getroffen.

Mais ist immer noch einer der erfolgreichsten Karpfenköder überhaupt. Wenn Gewässer (und ihre Karpfen) über einen längeren Zeitraum heftig mit Boilies traktiert wurden, ist Mais die erste Alternative, um die Fische wieder an den Haken zu locken. Weiße Kidneybohnen und

Mit dem Wurfrohr füttert man Boilies auf Distanz. Das fordert etwas Übung.

Eine Futterschaufel eignet sich zum Anfüttern mit Partikeln.

Black-Eyed Beans (weiße Bohnen mit schwarzen Flecken) werden von den Karpfen ebenfalls gierig eingesammelt. Da die Bohnen im Gegensatz zum Mais wenig Eigengeschmack besitzen, sollten Sie beim Kochen Aromastoffe zusetzen.

Kichererbsen sind sehr schwer und damit zum Anfüttern in fließenden Gewässern besonders geeignet. Auf weichem Boden sind sie nicht zu empfehlen, weil sie möglicherweise einsinken. Kleinere Kichererbsen haben einen süßen Geschmack, der den Karpfen gut mundet.

Einen Nachteil haben Mais, Erbsen und Bohnen: Sie werden nicht nur von Karpfen, sondern auch von Weißfischen, insbesondere Brassen, gierig gefressen. Das gilt noch mehr für Hanf, den besten aller Partikelköder, den Sie bereits in den vorausgehenden Friedfisch-Kapiteln angetroffen haben. Ein Futterteppich aus Hanfkörnern imitiert natürliche Nahrung wie kleine Muscheln oder Schnecken und verströmt außerdem eine verlockende Witterung.

Erdnüsse und Tigernüsse sind exzellente, aber auch problematische Karpfenköder. Sie können nämlich bei schlechter Qualität Giftstoffe enthalten, die den Karpfen schaden. Verwenden Sie diese Nüsse daher nur in bester, geprüfter Qualität und in kleinen Mengen.

Alle Partikel müssen vor dem Gebrauch eingeweicht und aufgekocht werden, damit sie nicht erst im Darm des Karpfens aufquellen – mit schrecklichen Folgen für den Fisch. Lassen Sie die Partikel 24 Stunden in einem großen Eimer mit Wasser vorquellen, um sie danach 10 bis 15 Minuten lang zu kochen. Die harten Tigernüsse müssen etwa drei Stunden kochen; selbst dann können nur Karpfen sie fressen. Nach dem Kochen sollten die Partikel im Wasser einige Stunden nachquellen, bevor man sie abgießt und an einem kühlen Ort trocknen läßt.

Pralinen für Karpfen

Boilies sind, wie erwähnt, Gewöhnungsköder. Partikel aber auch, denn am Gewässergrund wächst nun mal kein Mais. Anfüttern ist daher die Voraussetzung für erfolgreiches Angeln mit diesen Ködern.

Die notwendige Futtermenge wechselt mit der Wassertemperatur. In der kalten Jahreszeit reicht es aus, nur ein paar Boilies in der Nähe des Hakenköders zu plazieren, damit die wenigen aktiven Fische nicht schon satt sind, bevor sie diesen finden. In der Hochsaison im späten Frühjahr und im Spätsommer dagegen sind die Karpfen ungeheuer gefräßig. Mit einer Tagesration von 50 Boilies ist es dann kaum möglich, eine zwanzigköpfige Karpfenherde bei Laune zu halten. Daran haben drei jugendliche Zehnpfünder nur wenige Minuten Spaß.

Drei Männer mit Boot. Ein Köderboot ist das High-Tech-Hilfsmittel zum Anfüttern auf große Entfernung.

Effekt: Die Karpfen erinnern sich, wo sie reichlich zu fressen bekommen. Und bei ihrem nächsten Freßgang suchen sie zuerst nach diesen Pralinen.

Füttern auf Distanz

Karpfen fressen nur da, wo sie fressen wollen. Das heißt, das Futter muß zu den Fischen, nicht umgekehrt. Auch mit den besten Boilies kann man Karpfen z. B. nicht über Faulschlamm locken. Vor allem in stehenden Gewässern liegen gute Plätze für große Karpfen oft weit vom Ufer entfernt. Zum Anfüttern auf Distanz gibt eine Reihe von Hilfsmitteln. Katapulte sind die bekanntesten. Sie eignen sich gut zum Füttern mit kleineren Partikeln. Zum Boilie-Schleudern mit dem Katapult braucht man dagegen unverhältnismäßig viel Zeit. Mit Wurfrohren bringen Sie die Boilies viel schneller und vor allem genauer ins Ziel. Das Wurfrohr erfordert aber Übung. Zum Anfüttern mit Partikeln auf kurze bis mittlere Entfernung empfehle ich eine Futterschaufel an einem langen, flexiblen Fiberglasstiel. Am besten bringen Sie natürlich das Futter mit dem Boot an einen markierten Platz. Oder mit einem Köderboot, das bis zu 2,5 Kilo Anfütterung faßt und ferngesteuert auf eine Reichweite von maximal 400 Metern fährt (die natürlich kein Angler mit dem Hakenköder erreicht).

Bunte Boilie-Welt. Die Zauberkugeln beherrschen das moderne Karpfenangeln.

Andererseits stößt auch eine sehr großzügige Fütterung irgendwann an ihre Grenzen, und wenn es finanzielle sind. Gute Boilies kosten ja gutes Geld. Aber bitte schmeißen Sie deswegen keine Billigware ins Wasser, die den Karpfen im günstigsten Falle nicht schmeckt, im ungünstigsten schwer im Bauch liegt. In vielen Fällen werden die Karpfen nach Futterkampagnen mit minderwertigen Boilies vom Platz vertrieben. Dabei ist auffällig, daß sie umso eher verschwinden, je mehr und häufiger gefüttert wird. Wenn beim Anfüttern Masse gefragt ist, empfehle ich einen Futterteppich aus Partikeln mit einer Portion leckeren Boilies als „Pralinen"–

Modernes Angeln **85**

Kämpfer mit Leidenschaft

Technisches Englisch: Karpfengeräte

Erst haben wir die Karpfen gefunden, dann angefüttert. Jetzt müssen wir sie fangen – mit dem richtigen Gerät.

Die modernen Karpfenmethoden wurden in England entwickelt, mit ihnen die Geräte und das Zubehör. Die englischen Bezeichnungen haben sich daher auch bei uns eingebürgert und zwingen uns zu einem kleinen Englischkurs.

Beginnen wir mit den Ruten. Gewiß kann man Karpfen mit herkömmlichen Teleskopruten entsprechender Stärke fangen. Es ist jedoch ein völlig anderes Gefühl, mit einer richtigen Karpfenrute zu fischen, die in Wurfleistung und Drillverhalten für unseren Fisch ausgelegt ist. Diese Ruten sind in der Regel 12 Fuß (ca. 3,60 Meter) lang, spezielle Weitwurfruten 13 Fuß (3,90 Meter).

Auskunft über die Stärke der Ruten gibt ihre Testkurve. Sie bezeichnet das Gewicht, das erforderlich ist, um die Rute so weit zu biegen, daß die Spitze im rechten Winkel zum Handteil steht. Dieses Gewicht wird in lbs angegeben. Das sind englische Pfund (und nicht „libs"), ein Pfund entspricht 454 Gramm.

Mit der Testkurve hängt das Wurfgewicht einer Rute zusammen. Da diese Klassifizierungen auch für andere Angelmethoden von Bedeutung sind, mute ich Ihnen hier neben Englisch auch noch etwas Mathematik zu. Eine Faustregel lautet, daß 1 Pfund Testkurve einem Wurfgewicht von einer Unze (1 oz) entspricht, das sind 28 Gramm. Eine Rute von 2,5 lbs Testkurve wirft also 2,5 x 28 = 70 Gramm. Anders herum: Wenn Sie Gewichte von 100 Gramm werfen müssen, brauchen Sie eine Rute mit 3,5 lbs Testkurve (100 : 28 = 3,57).

Freier Lauf

Einen solchen „Dampfhammer" benötigt man allerdings nur in Extremsituationen. Im Normalfall reichen Ruten mit 2,25 bis 2,75 lbs Testkurve aus. Erstklassige Karpfenruten bestechen gerade durch ihre Leichtigkeit. Beim Werfen hat man das Gefühl, eine Matchrute in der Hand zu halten. Und im Drill federt die Rute die Schläge und Fluchten eines starken Karpfens perfekt ab. Bei zu steifen Ruten besteht die Gefahr, daß der Haken ausschlitzt, wenn vor dem Kescher starker Druck auf den Fisch ausgeübt wird.

Zum Karpfenangeln eignen sich größere Stationärrollen, deren Spule etwa 200 Meter Schnur von 0,30 mm faßt. Damit steht auch beim Angeln auf Distanz noch genügend Reser-

Das Wurfgewicht entscheidet über den Einsatz der Karpfenrute.

86 Modernes Angeln

und Zubehör

Mit einem Rod Pod kann man die Karpfenruten an jeder Art von Ufer sauber aufstellen.

ve für die Fluchten eines starken Karpfens zur Verfügung. Großer Spulendurchmesser, eine Abwurfkante aus poliertem Metall und vor allem eine saubere (Kreuz-) Wicklung der Schnur helfen, die erforderlichen Wurfweiten zu erreichen.

Wichtiger noch ist ein präzise arbeitendes Bremssystem, das genau auf die Schnurstärke eingestellt wird und diese Einstellung auch beibehält. Um den kampfstarken Karpfen zu ermüden, muß man bei seinen Fluchten immer den größtmöglichen Druck ausüben. Aber natürlich nur soviel, wie die Schnur verträgt. Sparen Sie also bitte nicht beim Kauf der Rollen!

Die meisten Karpfenangler verwenden heute Rollen mit Spulenfreilauf (Free Spool, Baitrunner). Dabei wird durch eine Art Kupplung die Spulenachse vom Bremsmechanismus getrennt. So kann der Fisch mit dem Köder mehr oder minder frei abziehen. Die Qualität der Freilaufrollen hängt von diesem „Mehr oder Minder" ab. Der Freilauf muß so fein einstellbar sein, daß der Karpfen keinen Widerstand spürt. An stehenden Gewässern fischt man oft besser mit offenem Schnurbügel. Die Schnur wird dabei unter einen Clip geklemmt und vom Fisch beim Anbiß herausgezogen. Gute Karpfenruten sind von vornherein mit einem solchen Run Clip ausgestattet, im übrigen gibt es Clips zum Nachrüsten.

Monofil mit Schlag

Die Schnur ist das Verbindungsglied zwischen Rute und Haken. Die teuerste Rute und die besten Köder nützen nichts, wenn die Schnur

Kämpfer mit Leidenschaft

beim Drill Schwachstellen zeigt. Über die Qualität einer Schnur entscheidet keineswegs nur die (angegebene) Tragkraft, zumal Schnüre mit extrem hoher Tragkraft oft steif sind und sich schlecht werfen lassen. Knotenfestigkeit, gleichmäßiger Durchmesser, Dehnung, Geschmeidigkeit, Beständigkeit gegenüber ultravioletter Strahlung (Sonne) und Abriebfestigkeit sind weitere Merkmale einer guten Schnur.

Zum Karpfenangeln eignen sich ausschließlich monofile Schnüre. Geflochtene Schnur würde mangels Dehnung zu viele Fische ausschlitzen lassen. Ich verwende zumeist Schnüre von 0,27 bis 0,30 mm, das entspricht einer Tragkraft von 6 bis 8 Kilo. Beim Angeln mit schweren Wurfgewichten schalte ich eine stärkere Schlagschnur vor, die ich so lang bemesse, daß sich beim Wurf 3 oder 4 Wicklungen auf der Spule befinden. Besonders gut eignet sich dafür abriebfestes Material wie Kryston-ite. Das bietet gleichzeitig einen wirksamen Schutz bei rauhem Untergrund, auf Steinkanten oder Muschelbänken. Im Fließwasser ist es daher beinahe unverzichtbar. Den Knoten zwischen Haupt- und Schlagschnur sichere ich mit einem speziellen Schnurkleber. Bitte verwenden Sie nicht irgendeinen Sekundenkleber, der aggressiv auf die Schnur wirkt.

Weiches Vorfach

Lange bevor die Boilies erfunden wurden, hatte sich unter Karpfenanglern herumgesprochen, daß weiches geflochtenes Vorfachmaterial bessere Fangergebnisse bringt als steifes Nylon. Erstens bietet ein weiches Vorfach weniger Widerstand, wenn der Karpfen den Köder ansaugt. Zweitens stört es weniger, wenn er ihn mit den Lippen betastet und prüft. Die ersten weichen Karpfenvorfächer wurden aus Carpline oder feinem Dacron geknüpft. Extrem starke und feine geflochtene Dyneema-Schnüre haben ihnen den Rang abgelaufen.

Bei scheuen und vorsichtigen Karpfen haben all diese Materialien einen Nachteil, sie treiben auf. Dadurch kann der Fisch sie sehen oder bei der Nahrungssuche mit seinen Flossen berühren. Vorfächer aus Multistrand, die laut Angabe der Hersteller aus über 200 einzelnen Fäden bestehen, sind für den Fisch unsichtbar. Aber auch hier gibt es Materialien, die auftreiben und in denen die Karpfen mit ihren Flossen hängen bleiben. Wenn Sie schon in die „Karpfen-Technologie" einsteigen wollen, empfehle ich ein Vorfachmaterial, das eigenschwer ist und am Boden liegenbleibt, z. B. Kryston Merlin oder Ledcor. Egal, ob mit geflochtenen oder multifilen Vorfächern, die Knoten sollten Sie immer mit Schnurkleber absichern.

Warten auf den Biß. Eine bequemer Stuhl erleichtert den langen Ansitz.

Modernes Gerät: Karpfenrute, Rolle mit Spulenfreilauf, elektronischer Bißanzeiger, Schnur und Schlagschnur, verschiedene Bleie, unten fertige Rigs, Vorfachmaterial und Haken zum Selberbinden.

Schwergewichte

Modernes Karpfenangeln ist überwiegend Angeln mit einer Festblei-Montage (Bolt Rig). Das heißt, ein schweres Blei ist fest (nicht gleitend) auf der Schnur angebracht. Es liegt auf dem Boden, der Karpfen nimmt den Köder auf, will mit ihm wegschwimmen und hakt sich durch den Widerstand des Bleis selbst. Dafür braucht man mindestens 60 Gramm Bleigewicht, selbst in stehenden Gewässern und in Ufernähe. Für Weitwürfe und im Fließwasser sind oft 80 bis 120 Gramm Blei erforderlich. Wir kommen darauf zurück, wie die Selbsthak-Methode im einzelnen funktioniert.

Bleie gibt es in den unterschiedlichsten Formen als Kugeln, Tropfen, in Muschelform u. a. Ein besonders vielseitiges Blei ist der Riser (Aufsteiger). Er wirft sich gut, haftet auch bei Strömung sehr gut am Boden und steigt durch seine besondere Form beim Einholen schnell auf (daher der Name), rennt sich also nicht in Steinkanten oder anderen Hindernissen fest. In klaren Gewässern kann auch die Färbung des Bleis eine Rolle spielen. Schwarze Bleie werden als Fremdkörper erkannt; in den Tarnfarben Sand, Braun oder Oliv – je nach Gewässergrund – fallen sie den Karpfen weniger auf.

Karpfenangeln bedeutet zumeist Grundangeln und Ansitzangeln, oft auch Nachtangeln. Deshalb kann ich mir Karpfenangeln ohne elektronische Bißanzeiger kaum mehr vorstellen. Der Karpfen zieht mit dem Köder ab, zieht die Schnur über einen Rotor im Bißanzeiger, und dieser signalisiert den Anbiß durch Piepen und Blinken. Die neusten Modelle, z. B. von Delkim, haben anstelle des Rotors einen elektronischen Sensor, der noch zuverlässiger und sensibler reagiert.

Vor allen technischen Raffinessen zeichnet sich ein guter Bißanzeiger dadurch aus, daß er funktioniert. Das ist nicht so selbstverständlich, wie es klingt. Der Bißanzeiger muß absolut wasserdicht sein, ein robustes Gehäuse und eine Messingschraube für lange Lebensdauer besitzen. Er sollte laut genug, also auch auf einige Distanz zu hören sein. Seine Leuchtdiode sollte nachleuchten, damit man erkennen kann, an welcher Rute es gepiept hat.

Für eine wirksame Bißanzeige muß die Rute so abgelegt werden, daß die Schnur auch wirklich ablaufen kann, ohne sich irgendwo zu verfangen. Dafür gibt es spezielle Auflageköpfe. Vorn liegt die Rute auf dem Bißanzeiger oder auf einer gabelförmigen Ablage, die der Schnur freien Lauf läßt. Der hintere Ablagekopf hält die Rute fest, damit der Karpfen sie nicht bei einem heftigen Anbiß ins Wasser reißt.

Die Köpfe kann man auf Teleskop-Erdspieße schrauben. Die professionelle Lösung ist ein Rod Pod. Mit einem solchen Podest können Sie zwei oder mehr Ruten perfekt ausrichten, auch auf hartem Boden, wo es mit Erdspießen Probleme gibt.

Zubehör

Swinger sind wichtige Hilfsmittel für die Bißanzeige besonders an stehenden Gewässern. Wenn dort nämlich der Karpfen auf das Ufer zuschwimmt, erschlafft die Schnur, und am Bißanzeiger rührt sich nichts. Der Swinger hingegen zieht die erschlaffende Schnur rückwärts durch den Bißanzeiger, dann piept's wieder.

Aus dem umfangreichen Zubehör zum Karpfenangeln möchte ich hier nur die wichtigsten Artikel erwähnen. Dazu zählt an erster Stelle ein wirklich großer und tiefer Unterfangkescher mit stabilem Stiel. Damit der Karpfen sich nach der Landung nicht an Steinen oder Dornen verletzt, sollten Sie ihn auf eine Unhooking Mat (Abhakmatte) legen. Wenn Sie ihn in die Matte wickeln, hält er beim Hakenlösen still. Wiegesack, Federwaage und Fotoapparat sind weitere Utensilien, die der Fisch auf seinem Weg zurück ins Wasser kennenlernt.

Damit der lange Ansitz nicht zur Tortur wird, empfehle ich einen bequemen Stuhl, möglichst mit verstellbaren Beinen. Ein stabiler Angelschirm mit Zeltüberwurf schützt nicht nur vor Regen, sondern auch vor Wind und Kälte. Schirmzelt und Liege sind die richtige Ausrüstung für längere Sitzungen über Nacht.

Swinger ergänzen die elektronischen Bißanzeiger. Sie zeigen auch Bisse an, bei denen die Schnur erschlafft.

Kämpfer mit Leidenschaft

Kevin Maddocks, der Erfinder der Haar-Montage, gilt als der „Papst" des modernen Karpfenangelns.

Gut gehakt:
Ködermontagen und Tricks

Am Boden oder schwebend, am Haken oder am Haar – die richtige Ködermontage entscheidet letztlich darüber, ob der Karpfen den Köder annimmt und gehakt wird.

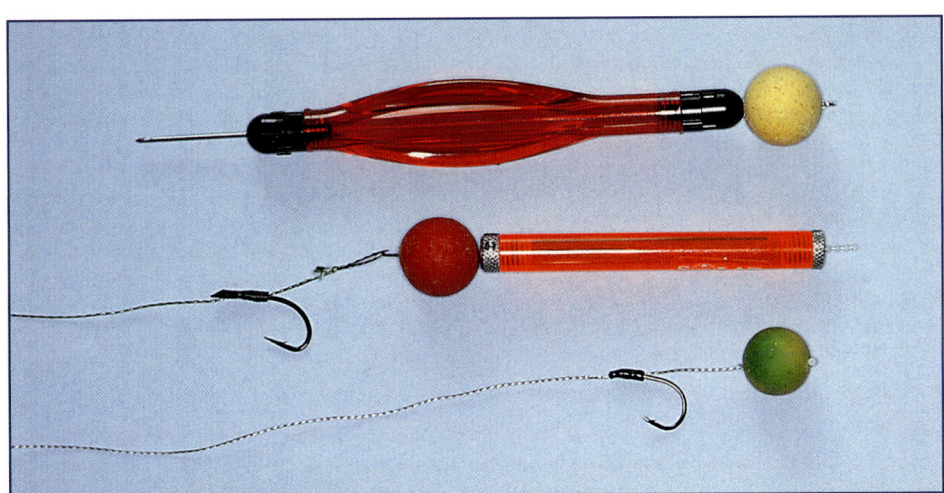

Die Phasen der Anköderung: Boilie durchbohren, mit der Boilie-Nadel auf das Haar ziehen, mit einem Bolie-Stop sichern. Die abgebildete Boilie-Nadel spendet aus dem unteren Ende Boilie-Stops.

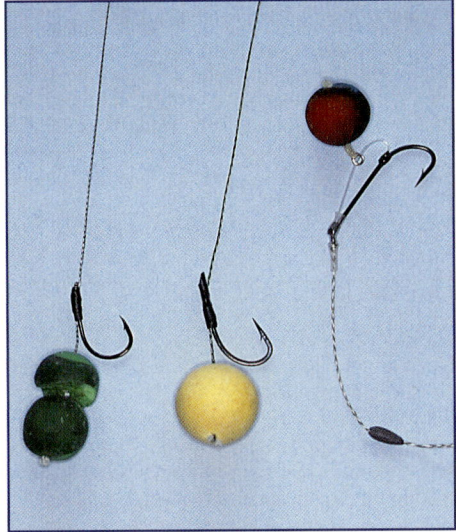

Drei wichtige Rigs (von links):
1) Gängiges Hair Rig, hier mit eineinhalb Boilies.
2) Fängiger Line Aligner, bringt Haar, Köder und Haken in die richtige Position.
3) Verfängliches Amnesia D-Rig, läßt dem Karpfen kaum Chancen zum Ausblasen des Köders. Ein Stück Knetgummi auf dem Vorfach hält das Pop Up Boilie knapp über dem Boden.

Für klassische Karpfenköder wie Teig oder Kartoffel galt die Regel, den Haken im Köder zu verbergen, damit der vorsichtige Karpfen ihn nicht wahrnehmen sollte. Beim Angeln mit Boilies stellte diese Anköderung sich als völlig falsch heraus, weil kaum ein Anschlag den Haken ins Ziel brachte. Kein Wunder bei der harten Außenhaut der Köderkugeln! Mit einer deutlich aus dem Boilie herausschauenden Hakenspitze kam der Erfolg. Am besten führt man den Haken ganz durch das Boilie und gibt ihm Halt, indem man den Köder um das Öhr herum leicht zusammendrückt. An Gewässern, die nicht intensiv mit Boilies befischt werden, ist diese Anköderung immer noch erfolgreich.

Saugen und Blasen

Karpfen lernen durch Erfahrung. Sie lernten also die leckeren Boilies schätzen, lernten aber auch aus ihren schmerzhaften Erfahrungen mit Haken. Irgendwann nach den Anfängen der Boilie-Angelei war Schluß mit den großen Fängen. Die Karpfen hatten den Haken als Gefahr erkannt und fraßen nur noch Boilies ohne. Das Verfahren, sie wieder an den Haken zu bringen, erfand Kevin Maddocks, der „Papst" des modernen Karpfenangelns: die Haar-Montage (Hair Rig).

Um diese Montage und ihre zahllosen Variationen zu verstehen, müssen wir uns noch einmal mit dem Freßverhalten des Karpfens befassen. Saugen und Blasen sind die Stichworte. Der Karpfen nimmt seine Nahrung auf, indem er sie mit einem Schwall Wasser ansaugt. Das Wasser tritt durch die Kiemenbögen aus, die Nahrung bleibt zurück. Wenn der Karpfen im Maul einen Fremdkörper fühlt, so bläst er ihn in umgekehrter Richtung wieder aus.

In einem großen Aquarium hatte Kevin Maddocks die Reaktionen der Karpfen auf Hakenköder lange studiert, als ihm die entscheidende Idee kam. Er befestigte das Boilie nicht mehr direkt auf dem Haken, sondern an einem feinen Seitenarm, dem „Haar". So konnten die Karpfen das Boilie ungestört ansaugen, betasten und für unbedenklich befinden. Der Haken kam hinterher.

Haare und Haken

Der Überlieferung zufolge bestand das erste Hair Rig aus menschlichem Haar und stammte von Kevins Frau Brenda Maddocks. Feines Monofil, Zahnseide oder multifiles Vorfachmaterial eignen sich zur Herstellung von Haar-Montagen. Zum Anködern benötigen Sie einen Bohrer (Boilie Drill), eine Ködernadel und einen Boilie Stop. Als Stopper können Sie auch ein Stück Grashalm oder anderes natürliches Material verwenden. Statt langer Erläuterungen zur Montage betrachten Sie bitte die Fotos.

Der Haken muß zum Köder passen. Zu kleine Haken verursachen häufig Fehlbisse, zu große stören den Karpfen durch ihr Gewicht beim Ansaugen des Köders. Als Faustregel für die gebräuchlichsten Boilies empfehle ich Haken Größe 2 für Boilies von 20 bis 24 mm Durchmesser, Haken Größe 4 für Boilies von 14 bis 18 mm. Es versteht sich fast von selbst, daß zum Angeln auf kampfstarke Karpfen nur erstklassige Haken in Frage kommen.

Bei der Haar-Montage nimmt der Karpfen zuerst den Köder auf, prüft ihn mit den Lippen, findet ihn unbedenklich. Indem er das Boilie einsaugt,

Kämpfer mit Leidenschaft

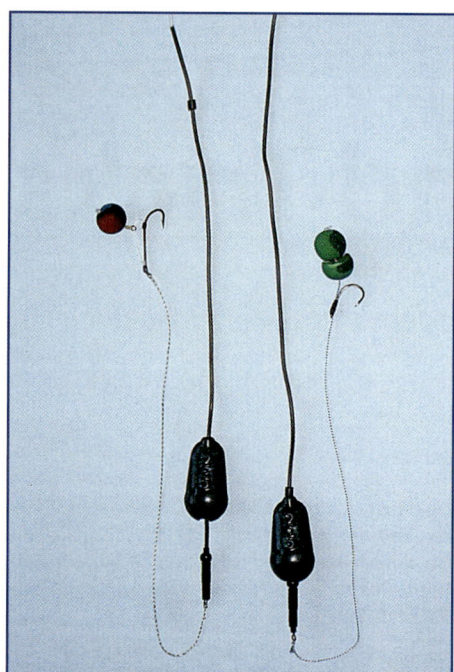

Durchlaufmontage mit Profil-Blei. Aus der Festblei-Montage (rechts) wird durch Verschieben des Stoppers eine Vertrauens-Montage (links). Grundsätzlich muß der Anti-Tangle-Schlauch länger sein als das Vorfach.

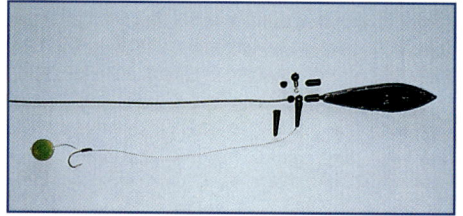

Die Helicoptermontage ermöglicht weite Würfe ohne Verwicklungen.

Stringer aus wasserlöslicher PVA-Schnur.

Maiskörner am Haar mit einem Stück gelbem Styropor als Pop Up.

Bissige Füllung: Hundefuter und Boilies in einem PVA-Beutel.

zieht er den Haken hinterher. Wenn der Fisch den Haken spürt, wird er versuchen, den ganzen Schwindel wieder loszuwerden.
Eine geschickte Ködermontage bewirkt, daß der Haken mit dem Bogen voraus in das Karpfenmaul eintritt. Ein kleines Stück Silikonschlauch oder Schrumpfschlauch auf dem Hakenschenkel, der sog. Line Aligner, bringt Haar, Köder und Haken die richtige Position. Versucht der Karpfen nun, den Köder wieder auszublasen, so bleibt die Hakenspitze im Maul haften. Den gleichen Effekt erzielt der speziell für diesen Zweck entwickelte Haken am Amnesia D-Rig. Jetzt erklärt sich die im vorigen Kapitel angesprochene Selbsthak-Methode: Der Karpfen will sich von dem Fremdkörper in seinem Maul befreien und wegschwimmen. Dabei stößt er auf den Widerstand des schweren Bodenbleis und schlägt sich selbst an. Aus dem Schwimmen wird eine panikartige Flucht. Die Schnur springt aus dem Schnurclip oder Swinger, der Bißanzeiger pfeift und blinkt. Run heißt der Karpfenbiß auf Englisch, Sie verstehen warum. Da der Karpfen sich selbst hakt, hat der Anschlag nur noch verstärkende Wirkung. In Ufernähe auf kurze Distanz führt ein harter Anschlag gegen einen fliehenden Fisch oft zu Bruch. Schließen Sie nur den Bügel und lassen Sie den Karpfen gegen die exakt eingestellte Bremse ziehen. Beim Angeln auf mittlere Distanz heißt es Bügel schließen, kräftig anschlagen und dabei zügig Schnur aufrollen. Hier kann man nicht viel falsch machen, weil die Dehnung der Schnur den Anschlag abfedert.
Wegen dieser Dehnung ist auf große Entfernungen ein Anschlag wirkungslos. Vielleicht hebt er das Blei ein Stück an, aber seine Kraft reicht nicht aus, um den Haken zu setzen. Sie sollten die Rute senken, dabei bis zum größtmöglichen Widerstand Schnur aufkurbeln und dann die Rute über die Schulter anheben. Durch konstanten Druck arbeitet sich der Haken in das Karpfenmaul.

Innenführung und Helicopter

Für die Bleimontage gibt es viele, zum Teil höchst komplizierte Verfahren. Innenführung und Helicopter Rig sind die beiden grundlegenden.
Bei der Innenführung läuft die Schnur durch das Blei. Diese Montage wird häufig als Anti-Tangle-Rig gefischt. Ein Tangle ist eine Verwicklung und der Alptraum jedes Karpfenanglers: Nach Stunden ergebnislosen Wartens holt er die Angel ein und stellt fest, daß der Köder samt Haken und Vorfach sich mit der Schnur verwickelt hat. Ein Stück Silikonschlauch am Ende der Haupt- bzw. Schlagschnur verhindert dieses Mißgeschick. Das Blei wird auf dem Schlauch montiert und dieser auf den Wirbel am Ende der Schnur geschoben, um mit ihm eine feste Einheit zu bilden. Entscheidend ist die Länge des Schlauches. Er muß immer ein paar Zentimeter länger sein als das Vorfach. Im modernen Karpfen-Englisch fischen Sie mit einer Inline-Montage, z. B. mit einem Profile-Blei.

Balance-Akte

Dieses Blei mit seinen verschiebbaren Silikon-Stoppern eignet sich vorzüglich für die sog. Vertrauensmontage. Dabei wird der Schlauch nicht fest mit dem Wirbel verbunden, sondern gleitet frei auf der Schnur bis zu einem etwa 20 Zentimeter oberhalb angebrachten Stopper. Diese 20 Zentimeter kann der Karpfen zunächst mit dem Köder „vertrauensvoll" abziehen, bevor durch den Widerstand von Stopper und Blei der Anschlag-Effekt eintritt. Die Vertrauensmontage wird besonders an stark befischten Gewässern mit scheuen Fischen eingesetzt.
Beim Helicopter Rig befindet sich das Blei am Ende der Hauptschnur, das Vorfach bildet einen Seitenarm. So kann es frei um Schnur und Blei rotieren, das Risiko von Verwicklungen ist erheblich geringer. Für Weitwürfe ist diese Montage unbedingt vorzuziehen. Sie hat auch den Vorteil, daß bei Schlamm oder Kraut zwar das Blei einsinkt, das Vorfach mit Haken und Köder aber oben liegt.
Nicht nur die Bleimontage, sondern auch die Ködermontage richtet sich nach der Beschaffenheit des Gewässerbodens. Die einfache Bodenmontage mit einem sinkenden Boilie am Haar eignet sich nur auf glattem, festem Grund. Bei Kraut am Boden würde dieser Köder einsinken. Verwenden Sie stattdessen ein schwimmendes Boilie (Pop Up), das auftreibt und über dem Kraut schwebt. Schwimmende Boilies kann man kaufen. Selbstroller bringen ihre Boilies zum Schwimmen, indem sie sie nochmals in der Mikrowelle erhitzen.
Befestigen Sie beim Angeln mit Pop Up Boilies ein kleines Gewicht aus Knetgummi (Heavy Metal) auf dem Vorfach, um den Köder in der richtigen Höhe knapp über dem Kraut zu halten.

Karpfen sind majestätische Fische – hier ein Spiegelkarpfen in seinem Element.

Balancieren Sie mit dem Gewicht das Boilie so aus, daß es gerade noch unten gehalten wird. Zuviel Gewicht stört den Karpfen wieder beim Ansaugen des Köders.

Einen ausbalancierten Köder erhalten Sie auch, wenn Sie ein schwimmendes und ein sinkendes Boilie miteinander kombinieren. Erst kommt das sinkende Bolie auf das Haar, dahinter das schwimmende. Oder Sie bringen hinter dem sinkenden Boilie einen Auftriebskörper aus Styropor bzw. schwimmendem Knetgummi an.

Aus der Trickkiste

Ein interessantes Hilfsmittel für die Ködermontage und zum Anfüttern sind wasserlösliche Schnüre aus PVA-Material. Mit einem Stringer, einer Kette aus mehreren Boilies auf wasserlöslicher Schnur, füttern Sie in unmittelbarer Nähe des Hakens an. Der Karpfen nimmt ein solches Angebot dankend auf und reagiert weniger mißtrauisch als bei einem einzeln liegenden Hakenköder. Speziell im Winter, wenn die Karpfen wenig Nahrung aufnehmen, können ein paar Boilies am Stringer als Anfütterung schon ausreichen.

Über all den Boilies sollten wir die guten alten Partikel nicht vergessen. Mais, Bohnen, Kichererbsen & Co. eignen sich nicht nur zum Füttern, sondern sind auch hervorragende Hakenköder. Man kann sie auf herkömmliche Weise an den Haken stecken. Fängiger ist aber auch bei Partikeln die Haar-Montage. Drei oder vier Maiskörner am Haar zählen ganz gewiß zu den besten Karpfenködern. Mit einem Stück gelbem Styropor hinter dem letzten Korn erhalten Sie einen aufschwebenden Pop Up-Köder. Für kleinere Partikel, insbesondere die enorm fängigen Hanfkörner, ist das Anködern an große Karpfenhaken ein Problem. Aber Sie ahnen schon, auch dafür gibt es eine technische Lösung. Mit geruchs- und geschmacksneutralem Klebstoff kann man aus kleinen Körnern große Köder für große Fische formen. Und für das Lockfutter drumherum gibt es wasserlösliche Beutel aus PVA, die zusammen mit dem Hakenköder ausgeworfen werden.

Leckerbissen für Karpfen: Hanfkörner, die mit Spezialkleber auf eine Korkkugel geklebt wurden.

Modernes Angeln 93

Kämpfer mit Leidenschaft

Ufernah und oberflächlich:

Die Pirsch auf Karpfen

Das Angeln in Ufernähe und der Fang auf Sicht an der Oberfläche gehören zu den spannendsten Karpfenmethoden.

Brot: klassischer Karpfenköder, immer noch aktuell.

Schlürfer an der Oberfläche.

Karpfenangeln auf kurze Distanz ist eine Methode, die über der Boilie-Angelei mit schwerem Blei in großen Seen teilweise in Vergessenheit geraten ist. Dabei ist an allen Gewässern, ob groß oder klein, die Uferzone ein wichtiger Lebensraum, in dem die Karpfen Nahrung suchen und finden. Selbst an intensiv befischten Gewässern, wo die Angler sie vom Ufer vertreiben, kehren die Karpfen nachts oder am ganz frühen Morgen hierher zurück.

Erst suchen, dann fangen – dieser Grundsatz für erfolgreiches Karpfenangeln gilt bei der Pirsch (engl. stalking) nahe dem Ufer in besonderem Maße. Erfolgversprechende Plätze sind Krautbetten, überhängende oder versunkene Bäume, Schilfkanten vor verhältnismäßig tiefem Wasser. In wenig befischten Gewässern kann man an solchen Stellen die Karpfen tagsüber fangen. Wenn nicht, so finden sie sich spätestens mit der Abenddämmerung ein.

Gewiß fängt man auch in Ufernähe Karpfen mit Festbleimontage und elektronischem Bißanzeiger. Viel spannender, dazu oft noch erfolgreicher sind jedoch die klassischen Angelmethoden. Dazu zählt an erster Stelle das Fischen mit freier Schnur (freelining), an der sich nur der Haken und der Köder befinden – und später der Karpfen.

Wie zu Großvaters Zeiten funktioniert diese Methode immer noch mit einer kleinen gekochten Kartoffel oder einem dicken Klumpen Teig am Haken. Unsere verwöhnten modernen Karpfen beißen aber vielleicht lieber auf ein Boilie nach entsprechender Anfütterung (freihändig oder mit dem Katapult).

Anti-Tangle-Schläuche und ähnlicher technischer Kram sind bei dieser Angelei natürlich fehl am Platze. Man fischt mit offener Rolle, kontrolliert die Schnur mit dem Zeigefinger wie beim Spürangeln oder klemmt sie unter einen Clip. Beim Angeln mit mehreren Ruten verwenden Sie besser kein Rod Pod, sondern verteilen die Ruten am Ufer entlang auf verschiedenen Rutenständern mit akustischen Bißanzeigern. Denn mehrere Schnüre nebeneinander könnten die Karpfen mißtrauisch machen, weil sie die Schnur sehen oder hineinschwimmen. Aus dem gleichen Grund ist es ratsam, die Schnur nicht zu straffen, sondern durchhängen zu lassen (slack line).

Pose für Sichtkontakt

Die gute alte Pose ist oftmals der beste Bißanzeiger bei der Karpfenpirsch am Ufer. Mit der Pose kann man den Köder exakt plazieren, zum Beispiel am Rand eines Seerosenfeldes, und den Anbiß in allen Phasen genau beobachten. Der Karpfen betastet den Köder, die Pose hoppelt. Der Fisch will mit dem Köder ins Kraut, die Pose verrät die Absicht. Jetzt schnell anschlagen und Druck ausüben!

Filigrane Posen und Bleimontagen sind beim Karpfenangeln nicht erforderlich. Ein unauffälliger Waggler, am besten aus durchsichtigem Plastik, und ein paar Bleischrote bzw. ein kleiner Klumpen Knetgummi über dem Wirbel am Ende der Hauptschnur reichen aus. Den Köder montiere ich auch beim Posenangeln an einem Haar. Beim Angeln über Grund hängt er dann knapp unter dem Hakenbogen. Beim Angeln auf Grund verhält er sich genauso wie beim

Kämpfer mit Leidenschaft

Vor dem Kescher. Karpfen sind Kämpfer mit Leidenschaft.

Fischen mit dem Bodenblei. Auch die Variante mit einem schwimmenden Boilie ist an der Posenangel möglich, wenn man einige Zentimeter über dem Haken ein kleines Gewicht (Bleischrot, Knetgummi) anbringt.

Leises und unauffälliges Verhalten ist eine Grundvoraussetzung für den Erfolg beim Angeln in Ufernähe, das versteht sich fast von selbst. Halten Sie beim Werfen und beim Aufstellen der Ruten immer einen gewissen Abstand vom Wasser und laufen Sie vor allem nicht unnötig herum, denn Bewegung am Ufer erzeugt Vibrationen, die der Karpfen über seine Seitenlinie wahrnimmt und als gefährlich einstuft.

An der Oberfläche

Die vielleicht reizvollste Art des Karpfenangelns ist das Fischen auf Sicht an der Oberfläche. Obwohl von Natur aus Grundfische, ziehen die Karpfen in der warmen Jahreszeit gern unter der Wasseroberfläche entlang und nehmen dabei alles auf, was ihnen freßbar erscheint. Also lassen sie sich auch mit schwimmenden Ködern überlisten. Brotkruste mit anhaftender weicher Flocke oder speziell zum Angeln hergestelltes Schwimmbrot zählen zu den klassischen Karpfenködern.

Auch beim Angeln an der Oberfläche müssen die Karpfen an den Köder gewöhnt werden. Es hat wenig Sinn, einen gesichteten Karpfen direkt mit dem Köder anzuwerfen. Ein Biß ist dabei die absolute Ausnahme. Normalerweise wird der Fisch entweder erschreckt die Flucht ergreifen oder sich beleidigt langsam in die Tiefe sinken lassen.

Anfüttern ist auch an der Oberfläche der Schlüssel zum Erfolg. Wenn Sie ein Rudel Karpfen entdeckt haben, wählen Sie Ihre Angelstelle so, daß die Oberflächen- und Winddrift das Lockfutter unauffällig zu den Fischen tragen. Das kann einige Zeit dauern, doch das Warten lohnt. Die Karpfen beginnen, sich für das Treibgut zu interessieren und schlürfen die ersten Köderbrocken ein. Erst dann ist es Zeit, den Hakenköder anzubieten.

Brotkruste war lange Zeit der Oberflächenköder schlechthin. An manchen Gewässern kennen die Karpfen diesen Köder, weil dort Enten mit Brot gefüttert werden und Reste für die Fische übrigbleiben. Aber auch sonst lassen sie sich gern daran gewöhnen. Einsprühen mit Lockstoff kann die Wirkung des Brotköders verstärken.

Brotkruste wird auf herkömmliche Weise an den Haken gesteckt. Die Hakenspitze muß frei aus dem Köder herausschauen. Noch wesentlich fängiger ist oft ein ausbalancierter Köder aus Kruste und Flocke, bei dem die weiche Brotflocke um den Haken gequetscht wird. Die gequetschte Flocke gibt dem Köder Gewicht, so daß er langsam absinkt. Wie langsam, hängt von dem Verhältnis zwischen Flocke und Kruste ab. Dieser Trick funktioniert aber nur mit ganz frischem Weißbrot.

Auf den Hund gekommen

Schwimmende Boilies sind die modernen Nachfolger der Brotkruste. Sie besitzen genügend Gewicht zum Anfüttern mit dem Katapult oder dem Wurfrohr auf größere Entfernungen. Aber wahren Sie auch dabei Distanz zu den Fischen und vermeiden Sie es, einen Hagel von Köderkugeln direkt auf ein Rudel Karpfen prasseln zu lassen. Sonst können Sie sich gleich ein neues suchen.

Zu den besten Ködern auf Oberflächen-Karpfen zählt schwimmendes Hundefutter. Das ist nicht teuer und in jedem Supermarkt zu beschaffen. Sie können es direkt aus der Packung verwenden, vielleicht noch mit ein wenig Lockstoff besprühen. Wenn die Karpfen diesen proteïnhaltigen Köder erst einmal kennengelernt haben, werden sie regelrecht verrückt danach. In unbehandeltem Zustand müssen sie die harten Brocken noch mit ihren Schlundzähnen knacken. Doch das scheint ihre Lust, mal auf den Hund zu kommen, nur noch zu steigern.

Für Boilies und Hundefutter empfehle ich auch beim Oberflächenangeln die bekannte Haarmontage. Stücke von Hundefutter können Sie durchbohren oder einfach mit dem Haar auf den Haken binden. Noch einfacher geht's mit einer Schlaufe aus Silikongummi.

Wenn die Karpfen sich in Ufernähe aufhalten, ist das Angeln mit freier Schnur auch an der Oberfläche die beste Methode. Mit Rückenwind und Oberflächendrift gelangt der Köder genauso zu den Fischen wie das Lockfutter. Selbstverständlich muß die Schnur schwimmen. Die meisten Schnüre tun dies ohnehin. Falls nicht, helfen Schwimmspray oder Schnurfett nach.

Boilies kann man durch ihr Eigengewicht auch einige Meter werfen. Ein perfektes Hilfsmittel für Würfe auf 10 oder 20 Meter ist schwimmendes Knetgummi, das auf dem Wirbel zwischen Hauptschnur und Vorfach befestigt wird. Für größere Distanzen empfehle ich beschwerte Oberflächenposen. Diese Surface Controller werden durch das Öhr an ihrem oberen Ende auf die Schnur gezogen, im unteren Ende befindet sich das Wurfgewicht. So ermöglichen sie, ähnlich wie eine Wackelpose, verwicklungsfreie Würfe und halten die Schnur obenauf. Da der Controller doch ein recht auffälliger Fremdkörper ist, sollte das Vorfach 1,50 bis 2 Meter lang sein, um einen genügenden Abstand zum Köder zu wahren.

Leichtes Gepäck

Die Pirsch auf Karpfen am Ufer und an der Oberfläche ist aktives Angeln, bei dem umfangreiches Gepäck nur hinderlich ist. Lassen Sie also Schirmzelte, Karpfenliegen und Schlafsäcke, Rod Pod und anderes Sperrgut zu Hause. Beschränken Sie sich auf Rute(n) und Kescher, vielleicht zwei Teleskop-Erdspieße mit Bißanzeiger, eine Tasche für die Köder und das notwendige Montage-Material. Ein gutes Auge müssen Sie selbst haben, eine Polaroidbrille ist fast unerläßlich. Und vergessen Sie nicht, den Fotoapparat einzupacken, denn auch Kapitale beißen oft ufernah und oberflächlich.

In der warmen Jahreszeit sammeln die Karpfen Freßbares von der Oberfläche.

Eigenschwerer Surface Controller zum Oberflächenfischen auf Distanz.

Natürliche Beute

Mit Naturködern auf Raubfische

Typisches Hechtgewässer mit Seerosen und bewachsenen Ufern. Peter Köhl präsentiert einen tollen 22-Pfünder.

Kleine Fische sind die natürliche Beute unserer Raubfische. Ob als lebender Köderfisch (weitgehend verboten), als toter Köder, in Stücken oder Fetzen: Es gibt eine Vielzahl von raffinierten Methoden, sie den Räubern anzubieten. Aber auch Würmer, vor allem der dicke Tauwurm, werden kleinen und großen Räubern zum Verhängnis.

Ansitz auf Esox:
Gerät und Köderfische für Hechte

Der Hecht ist unser beliebtester Raubfisch. Köderfische sind besonders fängig auf große Hechte.

Statistiken und „Hitparaden" weisen eindeutig nach, daß die große Mehrzahl der kapitalen Hechte mit Köderfischen gefangen wurde. Überhaupt war das Angeln mit dem Köderfisch die populärste Hechtmethode, bis der lebende Köderfisch aus Gründen des Tierschutzes in Deutschland weitgehend verboten wurde. Es gibt Ausnahmen, und in den meisten europäischen Ländern bleibt seine Verwendung erlaubt. Deshalb soll er in diesem Kapitel auch weiterleben.

Der Schwerpunkt liegt jedoch beim toten Köderfisch. Damit angeln britische Hecht-Experten schon seit langem und erfolgreich, freiwillig und ohne den Druck von Verboten. Ihre Methoden sind hierzulande nicht sehr verbreitet, weil die meisten Hechtangler auf Blinker, Wobbler und Gummifische „umgestiegen" sind. Für Angler, die einen geruhsamen Ansitz auf Hecht dem aktiven Spinnfischen vorziehen, bietet der tote Köderfisch eine breite Palette von Fangtechniken, die dem Räuber Esox (sein häufig verwendeter lateinischer Name) gefährlich werden können, ganz besonders in der kalten Jahreszeit.

Von der Rute zum Haken

Ob tot oder lebendig: Zum Angeln mit Köderfisch auf Hecht gehört kräftiges Gerät. Nicht unbedingt wegen der Fische, denn Hechte bis zehn Pfund sind keine überwältigenden Kämpfer, sondern wegen der Anforderungen, die das Gewässer stellt. Gute Hechtgewässer sind nämlich fast immer Naturgewässer mit reichlich Pflanzen und Hindernissen. Der Hecht steht gern verborgen und durch seine Körperfärbung getarnt zwischen Pflanzen und beobachtet sein Jagdrevier. Er stößt aus dem Versteck hervor, um Beute zu fassen, und kehrt gleich danach wieder in seinen Unterstand zurück. Das Gerät muß stark genug sein, ihn daran zu hindern.

Moderne Hechtruten haben viel Ähnlichkeit mit Karpfenruten: 3,60 Meter lange, in der Regel zweiteilige Steckruten mit parabolischer Aktion und einer Testkurve von 2 bis 2,5 lbs. Weite Würfe mit großen oder beschwerten toten Köderfischen erfordern Ruten mit 2,75 bis 3,5 lbs Testkurve. Solch starke Ruten bringen auch den Anschlag besser über die große Distanz zum Fisch.

Auch bei den Rollen müssen Karpfenangler nicht neu investieren, wenn sie vom Boilie auf

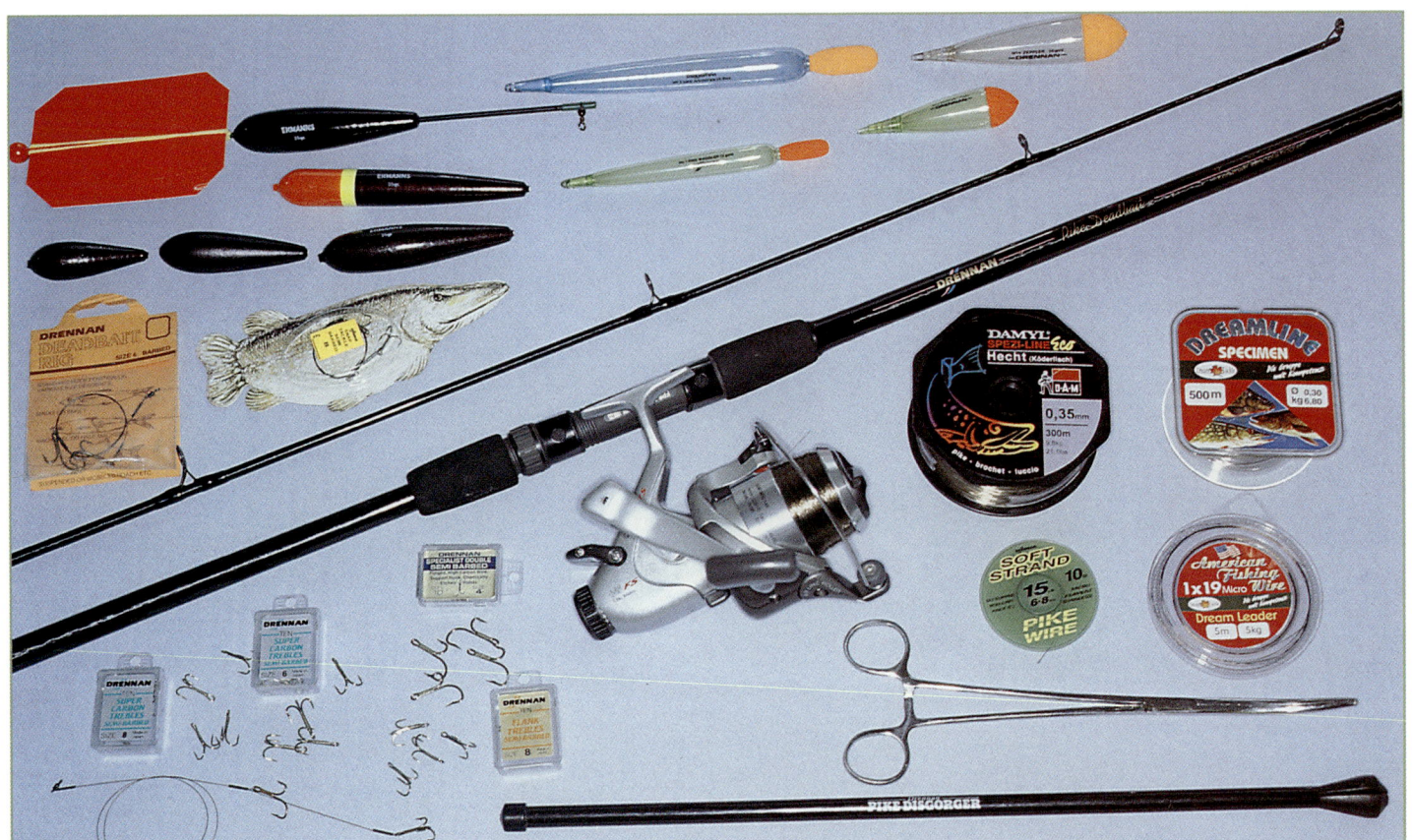

Geräte zum Hechtangeln: Pike-Rute und Rolle mit Freilauf, Hechtposen, Schnur, Vorfachmaterial und fertige Vorfächer. Mit der Arterienzange und dem langen Hecht-Hakenlöser kann man die Haken schonend entfernen.

Modernes Angeln 99

Natürliche Beute

Zahnstarrendes Hechtmaul. Mit der langen Lösezange kann man tief sitzende Haken herausoperieren.

Köderfisch und schlankere Beute umsteigen wollen. Bei allen Hechtmethoden ist eine Stationärrolle mit Spulenfreilauf (Baitrunner) vorteilhaft, weil sie dem Hecht Gelegenheit gibt, beim Anbiß ungehindert mit dem Köderfisch abzuziehen. Auch Multirollen eignen sich gut, sie haben ebenfalls einen Freilauf.

Monofile Schnüre von 0,30 bis 0,35 mm reichen normalerweise aus. Zum Fischen auf weite Distanz ziehe ich geflochtene Schnüre von 8 bis 10 Kilo Tragkraft vor. Erstens weil sie schwimmen; Monofil muß man fetten, damit es nicht absinkt und sich irgendwo zwischen Ufer und Köder am Grund verhängt. Geflochtene Schnur garantiert zweitens mangels Dehnung einen wirksamen Anschlag. Im Drill wirkt sie allerdings hart und gefühllos. Das empfinde ich als Nachteil, weil der Drill eines großen Hechts das größte Erlebnis für den Hechtangler ist. In der Endphase des Drills wird die dehnungsarme Geflochtene sogar zum Risiko, weil die Hechte leichter den Haken abschütteln können. Deshalb verwende ich sie eben nur zum Angeln auf Distanz.

Stahl ist Pflicht

Schauen Sie in ein zahnstarrendes Hechtmaul: Stahlvorfächer sind beim Hechtangeln ein absolutes Muß. Jedes andere Material wird zwischen diesen Zähnen aufgerieben und geschwächt. Obwohl ich um einen schnellen Anschlag bemüht bin, damit der Hecht den Köder samt Haken nicht schlundtief schluckt, verwende ich lange Vorfächer von ungefähr 50 Zentimetern,

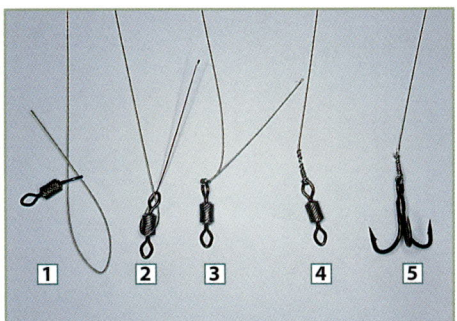

Hechtvorfach im Eigenbau (von links): 1) Draht zweimal durch die Öse führen, 2) Wirbel durch die Schlaufe ziehen, 3) Draht zusammenziehen, 4) abstehendes Ende mit Arterienzange oder Twizzle Stick anwinden, 5) Drillinge werden mit dem gleichen Verfahren angebracht.

die ich je nach Bedarf aus Material wie Soft Strand oder Pike Wire von 15 oder 20 lbs (ca. 6,5 bzw. 9 Kilo) Tragkraft selbst binde. Gewiß gibt es auch gute fertig montierte Vorfächer im Handel, aber die eignen sich immer nur für einen beschränkten Einsatzbereich. Mit Eigenbau bin ich flexibel für alle Angeltechniken.

Von den britischen Hechtexperten habe ich gelernt, mit relativ kleinen Haken zu fischen: Zwei starke, scharfe Drilling der Größe 8 stören den Hecht beim Anbiß weniger und fassen besser in seinem knochigen Maul als ein großer „Anker".

Meinen ersten Zwanzigpfünder aus einem irischen See verdankte ich Brian, meinem Guide. Mehrere Tage hatte ich schon mit mäßigem Erfolg herumgefischt, bis Brian mit scharfem Blick erkannte, daß ich an meinen Drillingen die Widerhaken angedrückt hatte. Catch and Release – fangen und unversehrt zurücksetzen – ist für britische Hechtangler eine moralische Verpflichtung, zumal bei alten Großhechten. Als

Twizzle Stick zum Anwickeln des Stahlvorfachs.

Brian an meinen Widerhaken erkannte, daß ich genauso denke, verriet er mir seine Tricks und führte mich zu seinen besten Plätzen.

Dies ist ein Buch über Angelmethoden, nicht über persönliche (Glaubens-)Bekenntnisse. Dennoch bekenne ich mich hier mit voller Überzeugung zum Zurücksetzen von Hechten. Bei keiner anderen Fischart ist mir das so wichtig. Selbstverständlich habe auch ich bei der Fischerprüfung gelernt, große Hechte seien Schadfische, die es aus den Gewässern zu beseitigen gelte. Dieser weit verbreitete Irrglaube wird durch die Beobachtungen und Untersuchungen der britischen Hecht-Experten widerlegt.

Große Hechte schonen

Nein, große Hechte gefährden nicht den Bestand irgendeiner anderen Fischart, schon gar nicht als Kannibalen den Hechtbestand. Der Hecht selbst ist in seinem Bestand massiv gefährdet. Und gerade die großen, starken Fische – allesamt Weibchen – tragen die Erbanlagen, die notwendige Voraussetzung für die Fortpflanzung gesunder, leistungsfähiger Hechtbestände sind. Als Trophäe an der Wand oder als muffige Hechtkoteletts in der Pfanne können sie diese Leistung nicht bringen. Also gehen Sie bitte schonend mit ihnen um. Gewiß ist der Hecht ein guter Speisefisch, aber in dieser Hinsicht sind Vier- bis Sechspfünder die beste Wahl.

Zum Hechtangeln gehört ein großer, geräumiger Unterfangkescher mit stabilem Kescherstab. Lassen Sie ruhig die Kollegen lachen, denen Sie mit einem solchen Kescher am Wasser begegnen. Wer seinen ersten Meterhecht verliert, weil er nur zur Hälfte in einen mickrigen Klappkescher paßt, der lacht nicht mehr.

Beim Lösen der Haken legt man den Hecht am besten auf eine Abhakmatte (Unhooking Mat, vom Karpfenangeln bekannt), damit er sich nicht an Steinen oder Dornen verletzen kann. Eine feuchte Wiese oder ähnlich schonender Untergrund ist ja nicht überall erreichbar. Wenn man mit dem Zeigefinger unten in einen Kiemenbogen faßt und seinen Kopf anhebt, öffnet der Hecht freiwillig das Maul. Die Drillinge sind

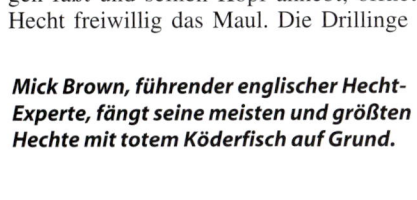

Mick Brown, führender englischer Hecht-Experte, fängt seine meisten und größten Hechte mit totem Köderfisch auf Grund.

Natürliche Beute

Große Hechte erhalten die Art. Deshalb sollte man sie zurücksetzen!

dann mit einer langen Arterienzange gut zu erreichen und zu entfernen. Wenn die Haken tief im Maul oder im Schlund sitzen, leistet ein extra langer Hecht-Hakenlöser gute Dienste. Kleine Drillinge mit angedrückten Widerhaken erleichtern die Prozedur des Hakenlösens. In England werden spezielle Drillinge verwendet, bei denen nur eine Spitze, nämlich die für den Köderfisch, einen Widerhaken trägt (Semi-Barbed Trebles).

Vom Rotauge zur Makrele

Nach den eingangs angesprochenen Statistiken ist das Rotauge der beste und erfolgreichste Köderfisch. Das hat sicher zwei Gründe: Erstens wird am meisten mit Rotaugen geangelt, zweitens sind sie die häufigste natürliche Beute unseres Räubers. Andere schlanke Weißfische wie Döbel und Häsling eignen sich ebenfalls, auch kleine Brassen und Güstern in Gewässern, in denen diese Fischarten vorherrschen. Rotfedern sind als tote Köderfische sehr gut, als lebende eine Katastrophe, genau wie Ukeleis, weil sie stets zur Oberfläche streben und Schnur, Vorfach, Pose und Haken miteinander verwickeln. Als Lebendköder ist die Karausche wegen ihrer Ausdauer unschlagbar. Auch Barsche sind trotz all ihrer Stacheln gute Hechtköder. Exzellent sind tote Regenbogenforellen, besonders dort, wo die Hechte diesen Köder kennen.

Köderfische von 15 bis 18 Zentimetern haben im

Anköderung mit zwei Drillingen. Rotaugen sind die erfolgreichsten Hecht-Köder.

allgemeinen die richtige Größe. Beim gezielten Angeln auf einen Kapitalen freilich können Rotaugen oder andere Köderfische bis zu einem Pfund den entscheidenden Biß bringen.

Englische Hechtexperten schwören auf Meeresfische, natürlich als tote Köder. Vom Hering über Sprotte und Sardine bis zur Makrele reicht die Speisekarte, als Gala-Menü gilt der Stint. Sie alle sind besonders praktische Köder: Man muß sie nicht erst fangen, sondern kann sie kaufen, einfrieren und jederzeit verwenden. Auch in Holland angeln inzwischen viele Hechtexperten mit Meeresfischen, während in Deutschland wenig über Erfolgsmeldungen mit diesem Köder bekannt ist. Das könnte sich ändern, wenn mehr Angler ihn zur richtigen Zeit einsetzen, nämlich im Winter, und mit der richtigen Angeltechnik.

Tot wie lebendig:
Methoden mit dem Köderfisch

Der lebende Köderfisch ist tot, besser gesagt verboten. Doch Hechte fressen auch tote Fische, sogar wenn sie nach Salz schmecken.

Dieser Hecht fiel auf einen schwebenden toten Köderfisch herein.

Die traditionelle Methode beim Hechtangeln ist die Setzangel oder der Stellfisch. Beide Begriffe meinen das gleiche: Unter der Spitze einer möglichst langen Rute zieht ein lebender Köderfisch an der Posenangel seine Kreise. Lebende Köderfische sind weitgehend verboten, mit toten bringt die Setzangel nichts, und mit beiden gibt es bessere Methoden. Eine der besten, an fließenden wie an stehenden Gewässern, ist das Posen-Paternoster: Zur Montage ziehen Sie zunächst eine Gleitpose auf die Hauptschnur und binden darüber einen Stopperknoten zur Tiefenjustierung. Fädeln Sie dann einen Wirbel auf die Hauptschnur, darunter eine Gummiperle, und knüpfen Sie an das Ende einen Karabinerwirbel zur Aufnahme des Stahlvorfachs mit dem Köderfisch.

An dem frei gleitenden Wirbel befestigen Sie nun ein Seitenvorfach mit einem Grundblei. Die Länge des Seitenvorfachs entscheidet, wie weit der Köderfisch über dem Grund schwimmt. Wählen Sie das Seitenvorfach schwächer als die Hauptschnur, dann verlieren Sie bei einem Hänger nur das Blei.

An Flüssen ist das Posen-Paternoster sowohl mit lebenden als auch mit toten Köderfischen erfolgreich. Es ist variabler als die alte Setzangel, weil man mit Pose und Grundblei den Köderfisch unabhängig von der Rutenlänge genau plazieren und seinen Aktionsradius festlegen kann. Je nach Strömung und Wassertiefe verwendet man Birnenbleie von 40 bis 80 Gramm an Seitenvorfächern von 60 bis 120 Zentimetern.

Der Köderfisch wird mit einem Haken des Drillings durch die Oberlippe geködert (an dieser Hakenspitze den Widerhaken nicht entfernen!). Für tote Köderfische verwende ich ein Vorfach mit zwei Drillingen, von denen der untere nahe der Afterflosse eingehakt wird. Ich durchsteche die Schwimmblase mit einer Ködernadel, damit der tote Köder nicht mit dem Bauch nach oben schwimmt.

Mit dem Posen-Paternoster können Sie den Köder stationär vor einem vermuteten oder

Natürliche Beute

Schwebend wie lebend: Tote Rotfeder im Hakensystem für die Unterwasserpose.

beobachteten Hechtstandplatz anbieten und darauf warten, bis der Räuber zufaßt: an einem ausgewaschenen Ufer in der Außenkurve, unter einem überhängenden Weidenbusch, am Rande eines Seerosenfeldes, an der Strömungskante einer Buhne, ... Sie können aber auch die erfolgversprechenden Stellen an Ihrem Fluß Schritt für Schritt systematisch abfischen, den Köderfisch jeweils eine viertel oder halbe Stunde vorführen, dann zur nächsten Stelle weiterziehen. Diese mobile Art zu fischen bringt möglicherweise nicht den Kapitalen an den Haken, erhöht aber die Chance auf mehr Bisse und Hechte.

An stehenden Gewässern ist das Posen-Paternoster die ideale Methode zum Angeln mit lebenden Köderfischen. Die Köder werden exakt vor einem Schilfgürtel oder in einer Krautschneise plaziert. Sie können nicht unkontrolliert herumschwimmen, ins Kraut flüchten oder sich in Hindernissen am Grund verstecken. Für weite Würfe verwende ich anstatt der Durchlaufpose lieber einen Pike Waggler. Bei dieser Pose läuft die Schnur nur durch die Öse am unteren Ende, genau wie bei Wackelposen für Friedfische, und mit dem gleichen Effekt: Das Vorfach kann sich nicht an der Pose verhängen. Birnenbleie von 25 bis 40 Gramm reichen normalerweise aus. Wenn der Gewässergrund mit Kraut bewachsen ist, hält ein langes Seitenvorfach (bis zu 1,80 Meter) den Köderfisch in der richtigen Höhe.

Schwebend wie lebend

Zum Angeln mit toten Köderfischen an stehenden Gewässern ist das Posen-Paternoster weniger geeignet. Genial finde ich aber eine Abwandlung der Methode mit Unterwasserpose und schwebendem Köderfisch. Ich lernte diese Technik an einem Altarm der Naab kennen, wo die Hechte bei den Unmengen von Weißfischen eigentlich nur das Maul aufzusperren brauchten, um sich zu sättigen. Aber gerade mit dichten Schwärmen von Beutefischen kann der Hecht wenig anfangen. Er greift sich lieber einen Einzelfisch, der aus irgendwelchen Gründen keine Bindung zu einem Schwarm hat. Auf dieser Überlegung basiert die Technik mit dem schwebenden toten Köderfisch, der wie ein lebender Fisch in Ruhestellung über dem Grund steht und für den Hecht eine leichte Beute darstellt.

Die Montage ist weniger kompliziert, als sie auf den ersten Blick erscheint. Ich fädle zunächst einen Schnurgleiter (Swivel Bead) auf die

Durchsichtige Hecht-Laufposen und ein totes Rotauge zum Angeln im Fluß.

Hauptschnur und knüpfe an deren Ende einen Karabinerwirbel, der später das Stahlvorfach mit dem Köderfisch aufnimmt. Dann binde ich ein Seitenvorfach (auch hier: schwächer als die Hauptschnur) von ca. 120 Zentimetern mit einem Karabinerwirbel am oberen Ende, einer auf dem Vorfach gleitenden Unterwasserpose und einem Birnen- oder Flachblei von 20 bis 60 Gramm unten. Dieses Seitenvorfach hänge ich in den Swivel Bead. Nach dem Wurf sinkt das Blei zum Grund, die Unterwasserpose steigt auf

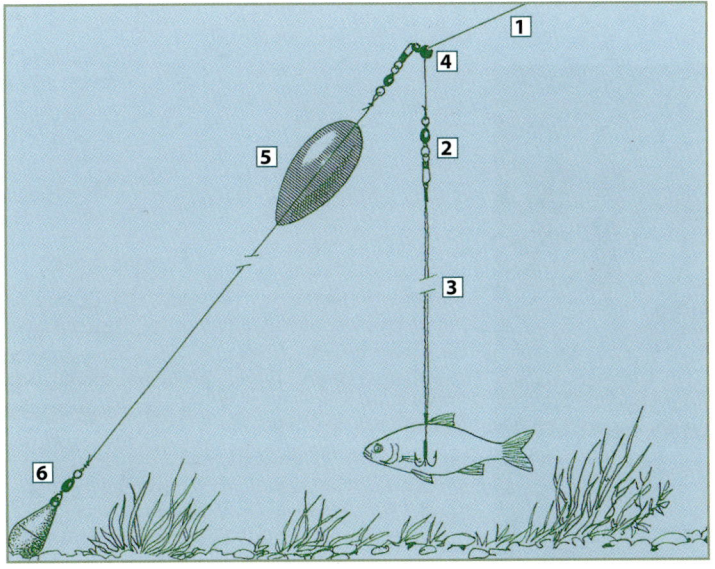

Mit der Unterwasserpose schwebt der tote Köderfisch wie ein lebender in Ruhestellung.
1) Hauptschnur
2) Karabinerwirbel
3) Stahlvorfach mit Hakensystem
4) Schnurgleiter
5) Unterwasserpose
6) Grundblei

weil man sofort anschlagen kann: Eine der vielen Hakenspitzen erwischt den Hecht auf jeden Fall. Die Hechte stören sich nicht an dem hakenstarrenden System. Ich glaube auch nicht, daß sie es sich genau anschauen, denn ein echter Beutefisch würde dabei seine „Ruhestellung" schleunigst aufgeben und flüchten.

Driften mit dem Wind

Mit dem Wind im Bunde können Sie größere Gewässerbereiche aktiv nach Hechten absuchen. Im Frühjahr stehen die Hechte gern am Rande von Riedbänken und Seerosenfeldern oder an dicht bewachsenen Uferstrecken mit überhängendem Gebüsch. Solche schwer zugänglichen Bereiche kann man hervorragend mit einem driftenden Köderfisch abfischen, der von einer Segelpose getrieben wird. Allerdings muß man dafür den Angelplatz so wählen, daß der Wind den Köder vom Ufer wegtreibt. Festhalten oder zurückholen kann man ihn immer wieder, gegen den Wind „wegschieben" natürlich nicht.

Wenn sich genügend Schnur auf der Rolle befindet, ist es kein Problem, mit der Segelpose über hundert Meter vom Ufer zu fischen. Damit erreicht der Köderfisch auch weit entfernt gelegene Hechtstellen wie Inseln im See und Unterwasserberge, die sonst nur vom Boot aus zu befischen wären. Und Bootsangeln ist ja nicht überall erlaubt. Oder die Pose trägt an einem kleineren See den Köder zum Schilfgürtel am gegenüberliegenden Ufer, das aus Gründen des Vogelschutzes für Angler gesperrt ist. Das Segel ist als Bißanzeiger auch auf weite Distanz gut sichtbar. Die Schnur muß schwimmen, denn mit einem unkontrollierten Schnurbauch unter der Oberfläche kommt kein wirksamer Anschlag beim Hecht an. Für große Distanzen ist wiederum eine geflochtene Schnur optimal, weil sie schwimmt und ohne Kraftverlust durch Dehnung den Anschlag zum Fisch durchbringt. Der Köderfisch wird so montiert, daß er in natürlicher Schwimmposition über dem Grund schwebt. Dazu eignen sich die gleichen Montagen wie bei der Unterwasserpose.

Schleppen auf Holländisch

Driften mit der Segelpose ist vor allem eine Technik, um relativ flache Gewässer vom Ufer aus zu beangeln. Zum Angeln vom Boot auf großen Seen und Talsperren haben holländische Hecht-Experten eine aktive Methode entwickelt: das Schleppen mit der Pose. Sie verwenden dabei spezielle Laufposen mit abgeknickter Innenführung der Schnur. Mit normalen Laufposen, bei denen die Schnur geradlinig durch den Körper oder durch zwei

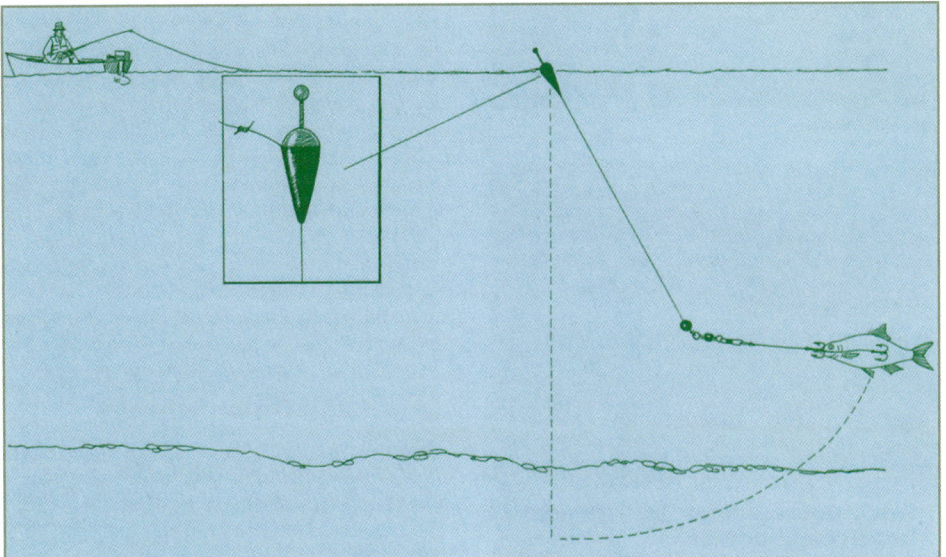

Schleppen vom Boot, die Pose wird übertief eingestellt, denn die Schnur liegt schräg im Wasser.

Hakenmontagen halten den Köderfisch in Position: Die einfachere besteht aus einem VB-Haken (Vic Bellars-Haken, das ist ein Doppelhaken mit einem langen und einem kurzen Bogen) und einem Drilling darunter. Der VB-Haken wird mit seinem kurzen Haken so unter der Rückenflosse des Köderfisches durchgestochen, daß dieser waagerecht hängt, der Drilling vor der Afterflosse eingesteckt.

Die raffiniertere Montage besteht aus zwei gleich langen Stahlvorfächern von 40 Zentimetern mit jeweils einem Drilling Größe 8 unten und einer Schlaufe oben. Sie werden durch einen VB-Haken und ein darüber geschobenes Stück Silikonschlauch zusammengehalten (Foto). Wiederum gehört der VB-Haken unter die Rückenflosse, die beiden Drillinge werden an den beiden Flanken des Köders eingehängt, einer vorn bei der Brustflosse, einer nahe der Afterflosse. Diese Montage ist extrem fängig,

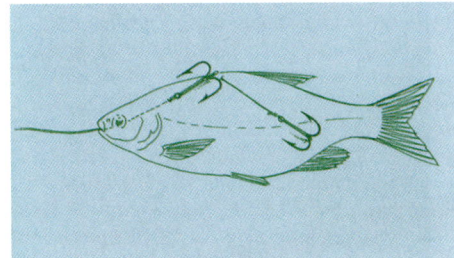

Sicherheits-Montage für häufiges Werfen mit dem toten Köderfisch beim Wobbeln.

und hebt den Köderfisch an. Die Schnurspannung und damit die Schräglage des Seitenvorfachs entscheidet, wie hoch der Köder über dem Boden steht. Ein halber Meter ist normalerweise richtig.

Damit der tote Köderfisch auch wirklich waagerecht im Wasser schwebt, muß auch hier seine Schwimmblase durchstochen werden. Hochrückige Fische wie Rotfedern, Karauschen und Brassen sind für diese Montage besser als schlanke, die zum Kippen neigen. Spezielle

Modernes Angeln 105

Natürliche Beute

Unterwasserposen mit den dazu gehörigen Montagen und Bleien.

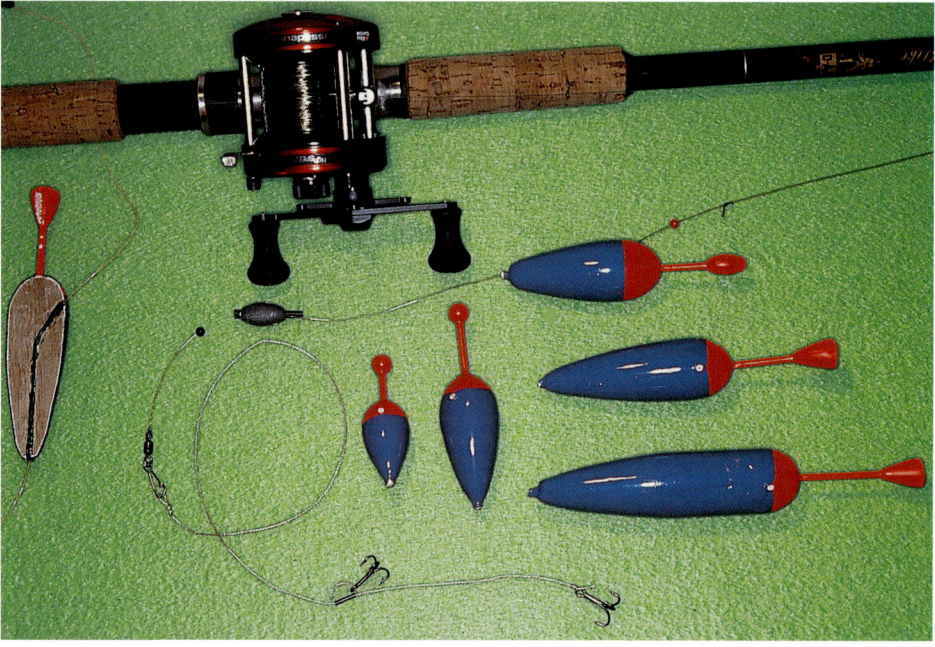

Holländische Schlepp-Posen mit Innenführung.

Ösen läuft, kann man nämlich nicht schleppen. Durch den Zug an der Schnur würde der Köderfisch zur Pose hochgezogen. Die Spezialposen dagegen verändern ihre Position nur auf lockerer Schnur, also wenn Köder und Blei zum Boden sinken. Bei gespannter Schnur während des Schleppens hingegen halten sie ihre Tiefeneinstellung, die durch einen Stopperknoten festgelegt wird.

Vor dem Fischen sollte man das Gewässer genau erkunden. Ideal hierfür ist ein Echolot zum Erkennen der Tiefenlinien. Während der besten Fangzeit im Herbst stehen die Hechte gern in 5 bis 7 Metern Tiefe am Grund, im Sommer flacher, im kalten Winter tiefer. Wir kommen auf dieses Thema im nächsten Kapitel zurück. Da die Schnur beim Schleppen schräg im Wasser liegt, muß der Abstand zwischen Pose und Köder größer sein als die beabsichtigte Angeltiefe. Je nach Ködergröße, Schlepptiefe und -tempo wird über dem Stahlvorfach ein Bleigewicht von 10 bis 25 Gramm montiert.

Reglos am Grund

Ob treibend im Fluß oder schwebend im See, mit den bisher besprochenen Montagen wird der tote Köderfisch so serviert, daß der Hecht ihn für einen lebenden halten soll. Hechte fressen jedoch auch „richtig" tote Fische, die reglos am Grund liegen. Englische Hechtexperten wie Fred Buller, Neville Fickling oder Mick Brown haben ihre langjährigen Erfahrungen ausgewertet und festgestellt, daß sich speziell die großen Hechte auf diese Weise fangen lassen, und zwar vor allem im Winter.

Ihre Erklärung, kurz zusammengefaßt: Ein Großhecht versucht, seine Nahrung mit möglichst geringem Energieaufwand zu bekommen. Daher sammelt er, zumal bei kaltem Wasser und entsprechend langsam verlaufendem Stoffwechsel, lieber tote Fische vom Grund auf, als lebenden hinterherzujagen. Er verläßt sich dabei nicht nur auf seine Augen, die ja darauf eingerichtet sind, Bewegung zu erkennen. Sein Geruchssinn hilft ihm, tote Beutefische am Grund zu finden. Deshalb sind frisch getötete Köderfische besonders verlockend, an denen noch Blutspuren haften. Deshalb verwenden die Experten Raubfisch-Lockstoffe zum Einreiben oder Einspritzen in den Köderfisch. Und deshalb bringen, so paradox es klingt, Meeresfische Erfolg auf große Süßwasser-Hechte.

Mit freier Schnur

Die einfachste und natürlichste Methode, einen toten Köderfisch auf Grund anzubieten, ist das Angeln mit freier Schnur. Im Karabinerwirbel am Ende der Hauptschnur hängt nur das Stahlvorfach mit dem Köder. Damit dieser nicht auftreibt, wird wiederum die Schwimmblase zerstochen (im ufernahen Wasser testen, entfällt natürlich bei Meeresfischen).

Zum Angeln auf Grund befestige ich den Köderfisch mit dem Kopf nach unten an einem Vorfach mit zwei Drillingen. Der Enddrilling steckt in der vorderen Körperhälfte, der zweite in der Schwanzwurzel. Der Hecht schluckt den Köder vom Kopf her. Je weiter vorn der Enddrilling sitzt, umso früher kann ich anschlagen. Die Montage mit dem Kopf nach unten läßt sich außerdem sehr gut werfen.

Das Angeln mit freier Schnur beschränkt sich auf relativ flache Seen und einen Distanzbereich, für den der Köderfisch als Wurfgewicht ausreicht. Bei Wind- oder Unterströmung klemme ich einige größere Bleischrote auf die Hauptschnur, damit der Fisch nicht wegtreibt. Auf größere Entfernungen und in tiefen Seen bringt ein gleitend auf der Schnur montiertes Birnenblei von 15 bis 30 Gramm den Köder zum Hecht. An Fließgewässern sind je nach Strömung 30 bis 60 Gramm erforderlich, um den Köderfisch am Platz zu halten. Ein Stück Silikonschlauch auf oder eine Gummiperle über

Dieser starke Hecht nahm eine tote Regenbogenforelle vom Grund.

dem Karabinerwirbel verhindert, daß die Öse des Bleis sich auf dem Knoten festsetzt. So kann der Hecht frei mit dem Köder abziehen.

Bodenblei und Pose

Aber wohin zieht er? In das nächste Seerosenfeld, um einen versunkenen Baum herum, oder schwimmt er geradewegs auf den Angler zu? Letzteres könnte beim Angeln mit freier Schnur völlig unbemerkt bleiben. Und wie liegt die Schnur im Wasser? Hat sie sich vielleicht irgendwo am Grund verhängt? In guten Hechtgewässern ist der Boden ja nicht eben wie in einem Swimming-Pool! Eine Laufpose, mit der Bodenbleiangel kombiniert, gibt Antwort auf all diese Fragen.

Die Pose bringt die Schnur weg vom Boden und hält sie straff. Damit auch die Schnur zwischen Pose und Rute obenauf bleibt, sollten Sie Monofil einfetten. Geflochtene Schnur schwimmt von selbst. Die Pose gibt die ungefähre Position des Köders an – ein Vorteil besonders beim Angeln mit mehreren Ruten. Und sie verrät, wohin der Hecht sich nach dem Biß mit dem Köder bewegt. Die Pose darf beim Wurf keine Verwicklungen erzeugen, deshalb verwende ich einfache Durchlaufposen ohne Ösen und Kanten oder Hecht-Waggler, die aufrecht im Wasser stehen und auf Distanz gut sichtbar sind.

Wer häufig mit totem Köderfisch auf Grund angelt, wird früher oder später einmal einen Biß bekommen, wenn er gar nicht mehr damit rechnet: Nachdem der Köder lange unbeachtet am Grund lag, provoziert er gerade in dem Moment einen Anbiß, wenn er beim Einholen vom Grund hoch wobbelt. Warten Sie nicht auf diesen Zufall, sondern machen Sie ihn zur Methode. Wobbeln mit dem toten Köderfisch ist eine extrem fängige Technik auf Hechte. Und das geht so:

Sie werfen den Köderfisch aus, lassen ihn zum Grund sinken und dort kurze Zeit liegen. Nehmen Sie dann Schnur auf und zupfen Sie den Fisch ganz langsam einen oder zwei Meter heran, lassen ihn wieder absinken und liegen, dann wieder ein Stück heran, absinken, liegen und so weiter. An flachen Gewässern geht das ganz ohne Blei, an tiefen mit einigen dicken Bleischroten, denn der Köder soll ja ganz langsam aufsteigen und absinken und dabei aufreizend wobbeln. Nur in der Strömung ist ein Birnenblei von 20 bis 30 Gramm erforderlich, um ihn nahe am Grund zu halten. Aber verwenden Sie auch hier nur gerade soviel Blei wie nötig.

Zum Wobbeln wird der Köderfisch mit dem Kopf nach oben montiert, also oberer Drilling ins Maul, unterer in die Flanke. Bei den häufigen Würfen schützt eine Sicherheitsmontage gegen Köderverluste: Das freie Ende des Vorfachs wird mit einer Ködernadel hinter dem Kopf ein- und durch das Maul ausgeführt, der obere Drilling an der Einstichstelle, der untere in der Schwanzwurzel eingehakt. Mit dem Enddrilling können Sie dem Köder eine leichte Biegung geben, damit er beim Einholen noch lebhafter wobbelt.

Frühzeitig anschlagen

Beim Angeln mit der Pose sehen Sie den Biß. Beim „Schweben" mit der Unterwasserpose oder beim Grundangeln zeigt die ablaufende Schnur ihn an, der Freilauf knarrt oder die Schnur springt aus dem Clip. Allerdings finde ich es anstrengend, bei einem längeren Ansitz auf Hecht stets gespannt auf diesen Moment zu lauern oder auf eine Pose zu starren. Besonders an stehenden Gewässern verwende ich daher fast immer zusätzlich einen akustischen Bißanzeiger aus der Karpfen-Ausrüstung.

Nach dem Biß folgt der Anschlag - aber wann? Diese Frage hat Generationen von Hechtanglern beschäftigt wie keine andere. Von „sofort" bis zur „Zigarettenlänge" als Wartezeit reichen die Antworten. Ich bin Nichtraucher, aber nicht nur deshalb plädiere ich für frühzeitig, denn die beschriebenen Hakensysteme fassen schnell. Wenn ich einen Anbiß erkenne, lasse ich mir und dem Hecht etwa 15 Sekunden Zeit, nehme die Rute auf, straffe die Schnur und schwinge die Rute zügig, aber mit Gefühl seitlich zurück. Wenn der Anschlag ins Leere geht, warte ich beim nächsten Mal etwas länger. Besonders im Winter bei kaltem Wasser geht alles langsamer.

Natürliche Beute

Kleine und schlanke Köderfische fangen am besten.

Zander(s) sind anders

Auch große Zander nehmen kleine Köder. Diesen fing Uli Beyer auf einen gezupften Fetzen vom Barsch.

108 Modernes Angeln

Mit Köderfisch und Fetzen

Zander leben und jagen anders als der Hecht, und man fängt sie anders: mit kleinen Köderfischen an sensiblem Gerät – meistens ...

Stachelflosse und Kiemendornen weisen den Zander als einen barschartigen Fisch aus. Zwei andere Merkmale verraten seine Lebensgewohnheiten: Die starken Fangzähne vorn im Maul kennzeichnen den Räuber, der im schnellen Zugriff Beutefische „reißt". Seine auffällig großen glasigen Augen helfen ihm, seine Beute auch in trübem, dunklem Wasser zu finden. Zander leben und jagen – im Gegensatz zum Hecht – in Rudeln oder Trupps, die zahlenmäßig umso kleiner werden, je größer die Fische heranwachsen. Auf der Beutejagd greifen sie gemeinsam Schwärme von Kleinfischen an. Kapitale Zander entwickeln sich zu Einzelgängern und konzentrieren sich – ähnlich dem Hecht – zunehmend auf größere Beute.

Große Flüsse, Kanäle, tiefe Seen und Talsperren sind die besten Zandergewässer. Fester Boden und angetrübtes Wasser bieten dem Zander ideale Lebensbedingungen. Die Zander sind nicht gleichmäßig über ein Gewässer verteilt, sondern halten sich konzentriert in solchen Bereichen auf, die ihnen besonders gute Jagdbedingungen bieten. In Flüssen sind das alle Arten von Strömungskanten, an denen auch die Kleinfische ihre Nahrung finden, zum Beispiel an Einmündungen, Buhnen, Brückenpfeilern und anderen Einbauten. Schleusen, Häfen und besonders deren Ausfahrten sind erstklassige Stellen an Kanälen. Alte Fluß- und Bachbetten, schräg abfallende Halden und Unterwasserberge sind Top-Stellen an Seen und Talsperren.

Bei klarem Wasser ist der Zander tagsüber kaum aktiv, sondern geht erst nach Einbruch der Dämmerung auf Raubzug. Neben den besonders leistungsfähigen Augen unterstützt sein ausgeprägter Geruchssinn ihn beim Auffinden der Beute. Zander fressen nämlich auch tote Fische und sind sehr gut mit duftenden Fischstücken und -fetzen zu überlisten.

Sensibles Gerät

Grundangeln mit dem Bodenblei ist eine bewährte Köderfisch-Methode für Zander in Flüssen und Seen. Zander sind vorsichtige Fische, also erhöht sensibles Gerät die Fangchancen. Die typische Zanderrute ist 3,30 bis 3,60 Meter lang, hat eine Testkurve von 1,25 lbs (Wurfgewicht 10 bis 40 Gramm) für gefühlvolle Würfe mit dem Köderfisch und eine parabolische Aktion mit Kraftreserven für den Drill. Die Mehrzahl der Zander wiegt zwischen 3 und 6 Pfund. In dieser Größenordnung entwickeln sie keine besonders große Kampfkraft.

Leichtes Gerät für Zander: Rute mit 1,25 lb Testkurve, Stationärrolle mit feiner Schnur, weiches 49-fädiges Stahlvorfach und Zanderhaken an geflochtener Schnur. Ein elektronischer Bißanzeiger ist vor allem beim Nachtangeln wertvoll.

In hindernisfreiem Wasser rate ich deshalb auch zu feinen Schnüren von 0,18 bis maximal 0,25 mm. Je dünner die Schnur, desto weniger Widerstand hat sie im Wasser. Und umso weniger Widerstand spürt der Zander, wenn er mit dem Köder auf Wanderschaft geht. Bei den ziemlich weiten Wegen, die er dabei manchmal zurücklegt, wirkt ein Bogen dicker Schnur wie ein Sack, den er hinter sich her schleppen muß. Zu Rute und Schnur paßt eine kleinere, leichte Stationärrolle.

Gehört ein Stahlvorfach an solch sensibles Gerät? Eindeutig nein! Aber an vielen Gewässern ist das Stahlvorfach zum Angeln mit Köderfischen vorgeschrieben, weil außer Zandern natürlich auch Hechte an den Haken gehen. Auch ohne Vorschriften verwende ich an Gewässern, in denen viele Hechte vorkommen, ein sehr dünnes Stahlvorfach aus weichem 49-fädigem Soft Steel (ca. 0,25 mm Durchmesser, 4 Kilo Knotenfestigkeit), das sich genauso knoten läßt wie monofile Schnur.

Natürliche Beute

Sensible Bißanzeige: Die Schnur liegt als Schlaufe unter einem Stück Fahrradschlauch auf dem Rutengriff. Beim Biß zieht der Zander sie heraus, und der elektronische Bißanzeiger pfeift.

Wenn man tote Köderfische einsticht, verströmen sie mehr Witterung.

An Kanälen und generell beim Nachtangeln mit totem Köderfisch oder Fetzenköder ist jedoch die „Hechtgefahr" so gering, daß ich lieber mit einem 80 bis 100 Zentimeter langen Vorfach aus geflochtener Schnur fische. An diesem langen, weichen Vorfach nimmt der Zander den Köder ruhig auf, ohne Verdacht zu schöpfen.

Wie beim Gerät, so sollte sich der Zanderangler auch bei den Montagen an der Technik mit dem Bodenblei auf Friedfische orientieren. Oberster Grundsatz: Der Zander muß mit dem Köder frei und ungehindert abziehen können. Verzichten Sie daher auf jede Art von „Laufblei" und montieren Sie auf der Hauptschnur einen Schnurgleiter (Leger Bead), in den ein Birnenblei von 10 bis 50 Gramm (je nach Wurfweite und Strömung) eingehängt wird. Noch leichter kann der Zander wandern, wenn das Blei mit einem Seitenarm am Schnurgleiter befestigt ist. Doch diese Montage verwickelt sich manchmal. Dann zieht der Zander direkt am Blei, spürt Widerstand und läßt den Köder sofort wieder los.

Kleine Köderfische bevorzugt

Die besten Zanderköder sind kleine Fische von 7 bis 12 Zentimetern Länge. Schlanke Arten wie Ukelei, Gründling und Rotauge passen besser in das kleine Maul des Räubers als hochrückige. Das hängt auch mit dem typischen Freßverhalten des Zanders zusammen, der seine Beutefische fast immer von hinten greift und mit dem Schwanz voran verschluckt. Dabei sind größere Fische mit abgespreizten Flossen hinderlich. Lebende Köderfische üben selbstverständlich einen besonderen Reiz aus. Doch tote nimmt der Zander fast ebenso gern. Nur frisch müssen sie sein, möglichst mit anhaftenden Blutresten, deren Witterung im Wasser verströmt. Ritzen Sie daher Ihre toten Köderfische mehrfach an den Flanken ein, das erhöht ihre Lockwirkung.

Auch Stücke von frisch zerteilten kleinen Fischen sind hervorragende Zanderköder. Wenn Sie keine Köderfische fangen, die klein genug sind, schneiden Sie einen größeren in der Mitte schräg durch. Aus einem Rotauge von 15 Zentimetern werden so zwei maulgerechte Zanderköder. Fischstücke, die nach Blut riechen und in denen noch die Eingeweide hängen, locken den Zander besonders in trübem Wasser an, weil sie stärker auf seinen Geruchs- und Geschmackssinn wirken. Diesen Effekt kann man durch Einspritzen oder Einreiben von Lockstoffen verstärken.

Ein kleiner lebender Fisch wird mit einem breiten Einfachhaken Größe 2 bis 5 durch Ober- und Unterlippe angeködert. Genauso können Sie auch einen toten Fisch anködern. Englische Raubfischexperten empfehlen zwei kleine Drillinge Größe 10 oder 12, der obere im Maul, der untere nahe der Afterflosse, als Montage für tote Köderfische. Damit kann man sofort anschlagen. Fischstücke halten besonders gut am Haken, wenn der Einfachhaken durch die Wurzel der Rückenflosse (beim Schwanzstück) bzw. der Bauchflossen (Kopfstück) geführt wird.

Wenn Zander Fischstücke fressen, so liegt es nahe, sie anzufüttern. Bei Experimenten in England wurde nachgewiesen, daß Zander durch das Anfüttern mit zerschnittenen Fischen an einen Angelplatz gewöhnt werden. Auch kleingeschnittene oder durch den Fleischwolf gedrehte Fischreste in einem Futterkorb erzeugen eine Duftspur, die die Räuber anlockt. Dieser Trick (ver-)fängt besonders in der Dunkelheit oder bei durch Hochwasser getrübtem Wasser.

In Gewässern mit Krautbewuchs am Boden hat der Zander Probleme, einen auf Grund gelegten Köderfisch zu finden. Wählen Sie dann eine Montage, die den Köder über dem Kraut hält. Das geht mit dem Posen-Paternoster oder mit der Unterwasserpose (wie beim Hecht), aber auch ganz ohne Pose mit dem Bodenblei: Ein Stück Styropor im Maul oder auf dem Haken gibt dem Köder den notwendigen Auftrieb (Pop Up-Köder wie auf Karpfen).

Biß und Anschlag

Wenn der Zander den Köder aufgenommen hat, will er damit wandern. An stehenden Gewässern fische ich daher mit offenem Rollenbügel. In der Strömung verwende ich eine Rolle mit

Spulenfreilauf, den ich so leicht einstelle, daß der Köder gerade eben liegenbleibt. Da ich auf Zander zumeist abends und in die Nacht hinein fische, möchte ich auf einen elektronischen Bißanzeiger nicht verzichten.

Über den richtigen Zeitpunkt zum Anschlagen wird bei kaum einer Fischart so viel gerätselt wie beim Zander. Die englische Variante bei der Montage mit zwei kleinen Drillingen kennen wir schon: Sofort anschlagen, das heißt, beim Anbiß die Rute aufnehmen, die Schnur straffen und den Haken zügig, aber ohne heftigen Ruck setzen. Das klappt, wenn der Köderfisch klein (und der Zander groß) genug ist, aber es klappt nicht immer. Manchmal stört sich der Zander nämlich an den abstehenden Drillingshaken.

Nach meinen Erfahrungen ist es besser, dem Zander ein wenig Zeit zu lassen. Wieviel, das hängt von seiner Freßgier ab, und natürlich vom Gewässer. In der Strömung muß er sich schneller entscheiden als im Stillwasser. Nach dem Biß wandert er zunächst ein paar Meter mit dem Köder, bleibt dann stehen. Jetzt schließe ich den Rollenbügel bzw. den Freilauf, aber noch bei lockerer Schnur. Wenn der Zander weiterziehen will, soll er zunächst die Schnur straffen. Bei Widerstand halte ich dagegen und verstärke den Druck mit der Rute – das ist der ganze „Anhieb". Im Stillwasser braucht der Zander manchmal eine zusätzliche Etappe, bis man ihn sicher haken kann, also: abziehen – Pause – nochmals abziehen – zweite Pause – danach Schnur straffen, Druck verstärken, Haken setzen.

Tasten und Zupfen

Eine Abwandlung des Grundangelns mit dem Bodenblei ist das Tastfischen. Dabei wird der Köderfisch in kleinen Schritten gefühlvoll über den Boden gezupft. Die Angel darf nur mit wenig Blei beschwert sein, ein paar größere Schrote oder eine kleine Bleiolive (hier als Laufblei montiert) genügen. Halten Sie die Rute aufrecht, während Sie ganz langsam und in kurzen Intervallen Schnur aufspulen. Senken Sie die Rute ab, wenn Sie einen Anbiß spüren, öffnen Sie dabei die Rolle und lassen Sie den Zander ein paar Meter abziehen, bevor Sie anschlagen.

Noch fängiger als ganze Fische sind beim Tastfischen oft Fetzenköder, die lebhaft im Wasser flattern. Ihr weiterer Vorteil: Man kann sie aus jedem Fisch schneiden, also auch aus einem Brassen, der anstelle der erhofften kleinen Rotaugen an die Stippe ging und als Zanderköder kaum zu gebrauchen wäre. Mit einem scharfen Messer schneidet man einen etwa 2 Zentimeter breiten und 8 bis 10 Zentimeter langen Streifen aus der Flanke des Fisches. Dann schabt man das Fleisch bis fast auf die Haut weg. Nur am oberen Ende

In den tiefen Löchern von Flüssen wie Rhein, Weser und Elbe lauern solche großen Zander.

bleibt das Fleisch auf 2 bis 3 Zentimetern Länge stehen, um den Haken (Größe 2 bis 4) aufzunehmen. Beim Schneiden und Schaben sollten möglichst wenig Schuppen verlorengehen, denn ihr Blinken zählt zu den Reizen des Fetzens.

Große Stromzander

Kommen wir zu leichteren Themen und schwereren Fischen. Die größten Zander werden in den großen Flüssen gefangen, allen voran im Rhein. Eine der besten Methoden ist hier das Angeln mit Köderfisch und treibender Pose entlang der Strömungskanten von großen, tiefen Buhnen. Im Grunde ist das nichts anderes als Trotting auf Friedfische, nur mit stärkerem Gerät. Je nach Strömung braucht man Posen mit 6 bis 10 Gramm Tragkraft. Ein Tropfenblei oder mehrere große Schrote halten den Köder auf Tiefe.

Wichtig ist eine genaue Kenntnis des Gewässers, denn die größten Zander stehen immer in den tiefsten Löchern, zumindest tagsüber. Gehen Sie also bei extremem Niedrigwasser im Sommer (wenn eh nichts beißt) Ihre Gewässerstrecken ab, um besonders tiefe Stellen auszukundschaften. Wenn das Wasser steigt, haben Sie dort die Chance auf einen Kapitalen. Lassen Sie den Köderfisch immer wieder über die Zanderlöcher treiben, halten Sie ihn dort fest, ziehen ihn ein Stück zurück, ... bis der Räuber endlich zufaßt. Und vergessen Sie bei dieser Angelei alles, was Sie bisher über feines Zandergerät gelesen haben. Ganz im Gegensatz zu seinen kleineren Artgenossen entwickelt ein Zander über zehn Pfund Bärenkräfte, zumal in der Strömung. Den bändigen Sie nur mit einer stabilen Rute und einer Schnur von mindestens 10 Kilo Tragkraft. Mit einer längeren Rute von etwa vier Metern kann man den Köderfisch in der Strömung besser führen. Geflochtene Schnüre sind vorteilhaft, weil oft auf größere Distanz gefischt wird. Und verwenden Sie auf jeden Fall ein Stahlvorfach, nicht nur wegen der Muschelbänke im Fluß, sondern auch wegen der Fische. Denn manchmal hat der Räuber vom tiefen Loch zwar keine Stachelflosse, dafür aber scharfe Hechtzähne.

Modernes Angeln 111

Natürliche Beute

Besonders größere Barsche sind einem knapp fingerlangen Köderfisch nicht abgeneigt.

Foto: R.Schmidt

Mit ihren oliv- bis messingfarbigen, dunkel quergestreiften Flanken, den rötlichen Flossen an der Bauchseite und der imposanten Stachelflosse gehören Barsche zu den schönsten Süßwasserfischen. Und sie zählen zu den häufigsten: Egal ob am Fluß, See oder Kanal, für viele Anfänger ist ein Barsch die erste Beute. Wettfischer sind weniger begeistert, bei ihnen gilt der Satz: „Ist der erste Fisch ein Barsch, ist der ganze Tag im ... Eimer." Denn kleine Barsche auf dem Futterplatz sind ein Zeichen, daß sonst nichts beißen will, während größere, räuberische Barsche die Weißfische verängstigen.

Als Jungfische leben Barsche in großen Schwärmen und ernähren sich von Kleinkrebsen, Insektenlarven und von Fischbrut. Mit zunehmendem Alter werden sie mehr und mehr zu Raubfischen, die freilich einen dicken Tauwurm auch nicht verschmähen. Weiterhin leben sie in Schwärmen, später in kleineren Trupps, und gehen gemeinschaftlich auf Raubzug.

Kapitale Barsche – das sind je nach Gewässer Fische über zwei oder drei Pfund – werden zu Einzelgängern. Große Barsche sind bullige, kämpferische Fische, die an der Angel erstaunliche Kräfte entwickeln. Ein Barsch von drei Pfund nimmt es in dieser Hinsicht locker mit einem doppelt so schweren Hecht oder Zander auf. Aus England stammt eine Theorie, daß Großbarsche zum Kannibalismus neigen: Da sie sich irgendwann nicht mehr mit Brut oder Kleinfischen abgeben, sondern ihre eigenen

Bewegung tut gut:

Mit Naturködern auf Barsche

Barsche sind kleine, aber kämpferische Räuber. Am besten reagieren sie auf bewegte Köder.

halbwüchsigen Artgenossen fressen, wachsen sie schneller und heben sich ab vom Mittelmaß.

Leichtes Gerät

Bei allem Respekt für ihre Kampfkraft sind Barsche doch kleinere Raubfische. Zum Posenangeln können Sie daher das gleiche Gerät verwenden wie auf große Friedfische, eine etwas stabilere Matchrute oder eine Teleskoprute vom Bolognese-Typ mit einer kleineren Stationärrolle und einer Hauptschnur von 0,18 mm.

Zum Angeln mit dem Bodenblei eignet sich das im Zander-Kapitel beschriebene leichte Gerät, eine Rute mit parabolischer Aktion und 1,25 lb Testkurve, dazu Schnüre von 0,18 bis 0,22 mm. Die Schnurstärke hängt weniger von der Größe der Fische als von der Beschaffenheit des Untergrundes ab.

In hindernisfreien Kanalstrecken ist eine noch dünnere Schnur vorteilhaft, während in Gewässern mit Bodenbewuchs die stärkere Schnur vor häufigem Verlust von Blei und Köder schützt. Mehr noch als beim Angeln auf Zander stellt sich auf Barsch die Gewissensfrage nach dem Stahlvorfach. Klipp und klar: Es stört, und es verringert die Fangchancen ganz erheblich. An Seen und Kanälen verzichte ich daher nach Möglichkeit darauf. Nur an Flüssen mit gutem Hechtbestand verwende ich beim Angeln mit größeren Köderfischen notgedrungen ein sehr dünnes Vorfach aus weichem Stahlgeflecht.

Angeln mit der Pose

Betrachten Sie die Augen eines Barsches, ihr Blick ist nach oben gerichtet. Er sucht seine Beute also nicht am Grund, sondern darüber, oft im Mittelwasser, selbst an der Oberfläche. Deshalb ist Posenangeln an vielen Gewässern die erfolgreichste Methode mit dem Köderfisch. Die kleinsten Ausführungen von Hechtposen oder größere Friedfischposen mit 3 bis 6 Gramm Tragkraft sind richtig. In klaren, relativ flachen Gewässern verwende ich gern transparente Kunststoffposen, die den „Augenfisch" Barsch weniger stören. Die Angeltiefe stelle ich zunächst so ein, daß der Köderfisch 20 bis 30 Zentimeter über dem Boden treibt. Wenn sich dort nichts regt, stelle ich die Pose flacher und suche nach und nach die höheren Wasserschichten ab.

Der beste Köder für einen großen Barsch ist – ein kleiner Barsch, denken Sie an den Kannibalismus! Kaulbarsche und Gründlinge folgen auf Platz zwei der Speisekarte, und dahinter alle schlanken Weißfische wie Rotauge, Hasel, Döbel, Ukelei. Kleine Köderfische von 6 bis 10 Zentimetern Länge eignen sich am besten. Sie werden mit einem Haken Größe 4 bis 8 durch die Lippe angeködert.

Ganz eindeutig beißen Barsche auf lebende Köderfische besser als auf tote. Wo erlaubt, ziehe ich den Lebendköder vor. Je mehr Bewegungsfreiheit der Köderfisch hat, desto besser kann er seitlich oder zur Oberfläche hin „flüch-

Schleppen mit der Laufpose erweckt tote Köderfische zum „Leben".

Natürliche Beute

ten", und gerade das reizt die Barsche zum Anbiß. Daher montiere ich das Bleigewicht einen bis zwei Meter über dem Köder; je tiefer das Gewässer, umso weiter entfernt das Blei.
In Flüssen ist diese Art des Posenangelns die beste Methode, um die typischen Barschplätze abzufischen: Buhnen, Steinschüttungen, Einmündungen von Seitengewässern usw., kurz gesagt alle Arten von Strömungskanten, an denen Schwärme von Kleinfischen ihre Nahrung finden.
Auch in Kanälen, Seen und Talsperren (den vermutlich besten Gewässern für kapitale Barsche) bringt die Posenangel Erfolg, solange man in Reichweite der Rute fischen kann. Im Kanal stehen die Barsche über schräg abfallenden Böschungen, an Spundwänden, in Hafenbecken. Steilufer, Landzungen, Scharkanten und die Hänge von „Barschbergen", die unter Wasser liegen, sind aussichtsreiche Stellen im See. Überall dort ist das Wasser meist tiefer als 3 Meter, Laufposen sind gefragt. Beim Angeln vom Boot sind sie ohnehin die bessere Lösung.
Wenn die Barsche weit vom Ufer entfernt stehen, wenn Unterströmungen oder Winddrift den Köder verschleppen, ist das vom Hechtangeln bekannte Posen-Paternoster die richtige Methode. Allerdings nur mit lebenden Köderfischen, denn kein rechter Barsch interessiert sich für einen schlapp am Paternoster hängenden toten Fisch.

Lebendig geführt

Damit haben wir ein Problem, denn an der Mehrzahl der deutschen Gewässer ist der lebende Köderfisch verboten. Tote Köderfische nimmt der Barsch normalerweise nur dann, wenn sie sich bewegen. Am einfachsten gelingt das mit der Posenangel im Fluß. Da sorgen Strömung und möglicherweise Wellengang schon für Bewegung. Eine gekonnte Köderführung mit abwechselndem Zurückhalten und Treibenlassen der Pose verleiht dem toten Köder noch mehr Leben.
Auch an stehenden Gewässern fängt der tote Köderfisch, wenn er wie lebendig geführt wird. Eine gute, aber relativ unbekannte Methode ist das Schleppen mit der Laufpose. Der Köderfisch wird mit der Posenangel ausgeworfen und sinkt (bei durchstochener Schwimmblase) in Grundnähe. Dann zupft man ihn in kurzen Abständen Stück für Stück heran. Dabei wird die Schnur durch die Öse der Laufpose gezogen, der Köder „flieht" also ein Stück nach oben. Anschließend taumelt er langsam und verführerisch zum Grund zurück, und die gleiche Folge von Reizbewegungen beginnt von vorn.
Weitere Methoden zum aktiven Angeln mit toten Köderfischen haben Sie im Zander-Kapitel kennengelernt: Posenangeln mit dem Hoempie Ploempie, Tastfischen mit dem Bodenblei, Zupfen mit Fetzenködern. Da aber nur eine kleine Schar von Experten diese Angeltechniken ausübt, werden die meisten Barsche an der Spinnangel gefangen ...

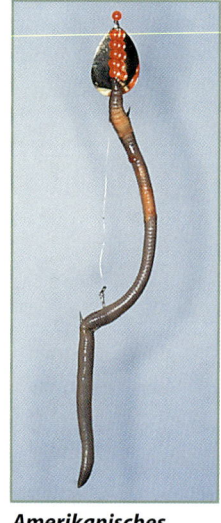

Amerikanisches Schwarzbarsch-Rig mit Tauwurm, auch für europäische Flußbarsche eine Verlockung.

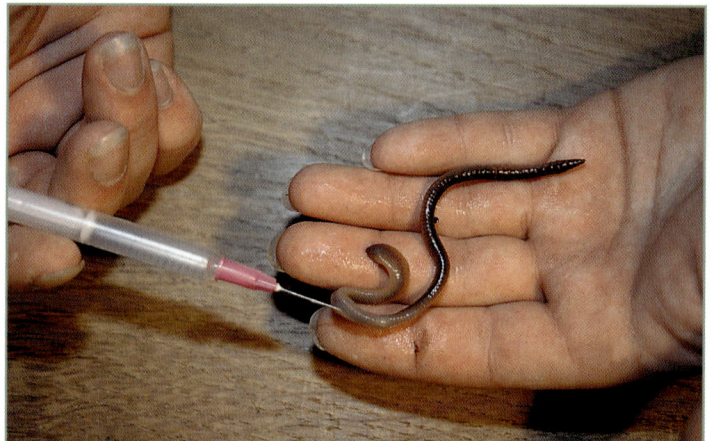

Dem Tauwurm Luft einspritzen, dann schwebt er auf.

Oder auf Wurm

Würmer zählen zu den besten Barschködern – nicht nur für die kleinen, die sie gierig verschlingen, selbst wenn sie daran fast ersticken, sondern auch für richtig große Barsche. Über 20 Prozent der kapitalen Barsche, die in der BLINKER-Hitparade erfaßt wurden, fielen auf einen Wurmköder herein, zumeist auf dicke Tauwürmer oder auf Bündel von Rotwürmern. Bis ins gesetzte Alter schätzen Barsche also diesen Köder, der nahrhaft ist und lebhaft zugleich.
Auch den Wurmköder finden die Barsche am besten, wenn er ein Stück über dem Boden schwebt. Die Angelmethoden sind die gleichen wie mit dem Köderfisch: Pose und knapp über dem Grund schwebender Wurm im Fluß. Aktive Köderführung und ein großer Abstand zwischen Pose und Blei verstärken die Eigenbewegung des Wurms. Auch im Stillwasser fängt man mit der (Gleit-)Pose besser, wenn der Wurmköder durch langsames, wohldosiertes Heranzupfen zusätzliche Bewegung erhält. Zupfen ist auch die Devise beim Angeln auf größere Distanz mit dem Bodenblei.
Von englischen Barsch-Experten stammt der Trick mit dem schwebenden Tauwurm. Sie injizieren mit einer Spritze Luft in die beiden Enden des Wurms, so daß er im Wasser aufschwebt. Mit dem Bodenblei kann man diesen Köder in beinahe jeder Distanz den Barschen maulgerecht anbieten, also auch vom Ufer aus an einem weit entfernt liegenden Barschberg. Ein Birnenblei auf der Hauptschnur bringt das

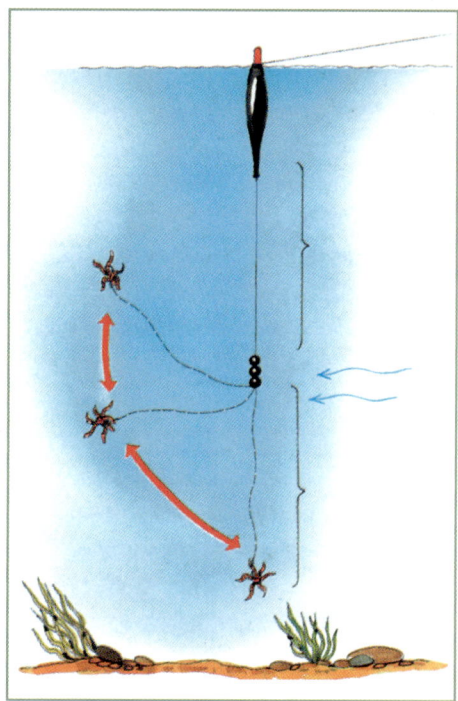

An einem langen Vorfach hat der Wurmköder mehr Bewegungsfreiheit.

nötige Wurfgewicht. Ein Bleischrot auf dem mindestens einen Meter langen Vorfach bestimmt, in welchem Abstand der Wurm über dem Boden schwebt.
Fehlen noch die Amerikaner. Sie haben ihren eigenen Barsch, den Schwarzbarsch (Black Bass), der übrigens auch in Spanien und Südfrankreich vorkommt. Zu ihren erfolgreichsten Methoden zählt das langsame Spinnen oder Schleppen mit Tauwürmern an speziellen Rigs mit Spinnerblatt, Leuchtkugeln, Rasseln und ähnlichem „Firlefanz". Wetten, daß darauf auch unser heimischer Barsch hereinfällt?

Giganten auf dem Vormarsch:
Waller in Deutschland

von Jörg Strehlow

Der Wels zieht die Angler in seinen Bann. Vor zehn Jahren noch mußte man nach Ost- oder Südeuropa reisen, wollte man sicher sein, einen der Giganten zu fangen. Heute wachsen auch in Deutschland die Welse um die Wette, und das Wallerfieber steigt.

BLINKER-Redakteur Jörg Strehlow schrieb schon vor Jahren über den bevorstehenden Wels-Segen im Rhein. Heute fängt er jedes Jahr 20 bis 30 Welse auf seiner Hausstrecke bei Worms. Dieser 25-Pfünder ist ein Durchschnitts-Wels.

Die Welse und der mit ihnen verbundene Angel-Boom in Deutschland sind nicht vom Himmel gefallen. In den nördlichen Donauzuflüssen Naab und Regen sowie in der Donau selbst ist der Wels ein alter Bekannter. In diesen drei Flüssen wurden schon immer Waller gefangen, lange bevor der große Räuber zu einem der Lieblingsfische für deutsche Angler geworden ist. Den langjährigen BLINKER-Rekord hielt Dieter Hunder aus Schwandorf. Er fing bei seiner Heimatstadt im August 1983 einen Waller von 130 Pfund bei 2,05 Metern Länge mit dem Standard-Köder der Naab-Angler, einem pfundschweren Rotauge. Damals war es etwas ganz Besonderes, einen Wels über 100 Pfund zu bezwingen.

Beim Schreiben dieser Zeilen geht das Jahr 1998 zu Ende. Es war das ganz große Jahr der ganz großen Waller: 11 von 12 Welsen in der BLINKER-Hitparade wogen über 100 Pfund. Welch eine Steigerung innerhalb von fünfzehn Jahren!

Aber was ist passiert an Deutschlands Gewässern? Wo kommen auf einmal all die Riesenwelse her? Halten Sie sich fest: Die sind schon seit langem ganz in Ihrer Nähe! Dort, an der Strömungskante, die Sie seit Jahr und Tag mit Ihrem Twister abkämmen. Im tiefen Loch hinterm Buhnenkopf, wo Sie am liebsten mit handlangen Köderfischen auf Hechte angeln. Und draußen in der Hauptströmung ist doch Ihre beste Barbenstelle, oder? Sie haben es geschafft, immer wieder an den Welsen vorbeizuangeln.

Anm. des Verfassers: Ich danke Jörg für die Mitarbeit an diesem Buch und für seine Fotos.

Natürliche Beute

Foto: Jörg Strehlow

Und wenn doch mal einer anbiß, war der Fisch viel zu stark für Ihr leichtes Angelgerät. Dann war's eben der „große Hecht", der mal wieder abgekommen ist. Wer hat schon an einen Wels geglaubt? Wer ist früher auf die Idee gekommen, mit 20 Tauwürmern am Haihaken Größe 10/0, mit 0,50er geflochtener Schnur und schweren Bootsruten am Rhein aufzukreuzen?
Gerade in Flüssen, die durch Industrie-Einleiter ganzjährig warm sind, hätte sich bestimmt schon vor 15 Jahren ein gezielter Wels-Ansitz gelohnt. Bereits vor 10 Jahren habe ich im Rhein bei Worms regelmäßig kleine Welse beim Aal- und Zanderangeln auf Tauwurm und Köderfisch gefangen. Natürlicher Nachwuchs, wie ich heute weiß. Die großen Fische müssen also schon seit Jahrzehnten da sein.
So richtig in Schwung gekommen sind die deutschen Welsangler erst mit den modernen Angeltechniken des BLINKER-Autors Olivier Portrat. In seinen packenden Reportagen von Ebro und Po, mit sagenhaften Fangfotos gespickt, hat er die geheimen Wünsche der Angler geweckt und gleichzeitig die geheimnisumwitterten Riesen in jedermanns Reichweite gerückt. Klar, den größten heimischen Fisch will doch jeder mal fangen! Olivier ist Verfasser des Buches „Geheimnisvolle Giganten – Alles über das Welsangeln", das ich Ihnen unbedingt zur Lektüre empfehle (Jahr-Verlag, 1998).

Welszentrum Oberrhein

Nach einer Reise mit Olivier Portrat zum Po in Italien wollte ich es vor vier Jahren wissen: So fange ich die Welse auch im Rhein! Mein Freund Willi Lentz und ich waren die ersten, die auf dem Rhein systematisch die neuen Angelmethoden ausprobiert haben. Ein paar kleine Veränderungen ließen unsere Fangerfolge von

116 Modernes Angeln

Riesenfische belohnen den tüchtigen Welsangler auch in Deutschland. Willi Lentz aus Worms fing diesen 70-Pfünder an einem warmen 1. Januar im hessischen Rhein! Wo genau das im Winter möglich ist? Unterhalb der Schonstrecke am Atomkraftwerk Biblis.

Jahr zu Jahr steigen. Unser bisher größter gemeinsamer Rhein-Wels wog 70 Pfund - natürlich auch ein Fisch aus 1998! Vorbei sind am Rhein die Zeiten, in denen man nur von den heimlichen Räubern sprach. Heute wird auf Welse geangelt, und sie werden auch gefangen. Und das regelmäßig in Gewichten von 10 bis 40 Pfund.

Das Zentrum des Wels-Aufkommens liegt am nördlichen Oberrhein zwischen den Mündungen von Main und Neckar. Diese beiden großen Nebenflüsse haben ebenfalls einen sehr guten Welsbestand. Aus beiden kamen schon etliche Fische über 100 Pfund und viele bis 50 Pfund. Die nördliche Waller-Grenze liegt etwa auf der Höhe von Koblenz mit den Mündungen von Lahn und Mosel. Auch in diesen beiden Nebenflüssen wurden schon ein paar Welse mit der Angel gefangen. Am Mittel- und Niederrhein sind Welsfänge noch seltener. Doch womöglich wird hier, wie Jahre zuvor am Oberrhein, noch an den Welsen vorbeigeangelt. Der Wels wird in den nächsten zehn Jahren bestimmt auch die nördlichen Rheinabschnitte erobern, vermutlich bis nach Holland hinein.

Seit der Wels in aller Munde ist, werden von Flensburg bis Garmisch Wallergeschichten erzählt. Sehr ernst sollte man diese Geschichten südlich von Taunus und Spessart nehmen. Hier ist das Klima im Jahresdurchschnitt wärmer als in Norddeutschland. Große Welsvorkommen mit temperamentvollen Fischen, die sich auch effektiv beangeln lassen, sind hier in nahezu jedem Gewässer denkbar. Vor allem dann, wenn die Welse schon vor vielen Jahren eingesetzt wurden und sich natürlich fortpflanzen.

Erst finden, dann fangen

Auch in den großen bayrischen Voralpenseen gibt es sehr große Welse. Die muß man auf den riesigen und tiefen Gewässern aber erstmal finden und an den Haken bekommen. Wer das Wallerangeln gezielt betreibt, hat bestimmt eine Chance auf dem Chiemsee oder Starnberger See. Auch am Bodensee liefert der Wels den Anglern reichlich Gesprächsstoff.

In Norddeutschland gehe ich vor allem den Gerüchten an Weser und Aller, Schwentine, Eider, an der Elbe, Oder und Havel nach. In diesen Flüssen gibt es nachweislich Welsbestände. Aber sind sie auch für uns Welsangler interessant? Diese Gewässer sind im Jahresmittel einige Grade kälter als die süddeutschen Ströme. Und genau das ist das Problem. Norddeutsche Welse haben meistens das Temperament einer Schlaftablette. Im kalten Wasser treten ihre Freßphasen seltener ein.

Am Rhein haben wir herausgefunden, daß die Welse während ihrer aktivsten Freßzeiten im August etwa alle vier bis fünf Tage Nahrung aufnehmen. Dann, und zwar nur dann, können wir sie fangen. In Norddeutschland liegen zwischen den Raubzügen selbst im Top-Monat August zehn oder mehr Tage. Da braucht man schon eine gehörige Portion Glück, um ausgerechnet am Angeltag einem freßwilligen Wels zu begegnen.

Allerdings sind vor allem in der Oder und der Weser ganz anständige Welsbestände zu Hause. Dem norddeutschen Welsangler würde ich einen dieser Flüsse empfehlen, wenn ihm die Reise zum Oberrhein zu weit ist. Auch in einigen norddeutschen Seen gibt es Welse. Aber bevor

So fängt es an: Dieser einjährige Wels wurde vor fünf Jahren im Rhein gefangen. Bis heute ist das Fischlein auf mindestens einen Meter angewachsen und bewohnt die vermutlich beste Wallerstrecke Deutschlands, den Rhein zwischen Worms und Mainz.

Modernes Angeln 117

Natürliche Beute

Mitte der neunziger Jahre wog der durchschnittliche Rhein-Wels 10 Pfund. Inzwischen sind die Welse prächtig abgewachsen und wiegen meistens 20 bis 25 Pfund bei etwa 1,20 Metern Länge.

Mit den Welsen wächst das Welsfieber in Deutschland. Wenn der Zollstock wie hier auf 1,70 Meter aufgeklappt werden muß, hat man schon einen großen Wels erwischt. Aber auch die ganz Kapitalen warten noch auf unsere Köder.

Sie versuchen, im Ratzeburger See, in der Müritz oder im Plöner See einen Waller zu fangen, spielen Sie lieber Lotto!

Falsche Weisheiten

Was wurden dem armen Wels in der Vergangenheit für abartige Eigenschaften angedichtet! „Man fängt ihn nachts, am Grund", „Meide die Strömung und suche den Wels im ruhigen Wasser", „Er steht im unterspülten Ufer, in Höhlen und Mulden – dort muß man ihn beangeln". Heute wissen wir, warum so wenig Welse gefangen wurden: Genau das Gegenteil der alten Waller-Weisheiten ist der Fall. Schauen wir uns einen Wels doch mal etwas genauer an: Der flache, breite Kopf und der spitz zulaufende, schmale Schwanz charakterisieren ihn wie keinen anderen Fisch als einen Bewohner der stark strömenden Flußabschnitte. An den Strömungskanten und in den Fahrrinnen macht er reiche Beute, erwarten ihn doch hier Brassen, Barben, Rapfen – und vor allem Aale!

Welse fängt man am besten tagsüber im oberen Wasserdrittel, und zwar bevorzugt in starker Strömung. Die Fahrrinnen der großen Flüsse sind die besten Stellen zum Fang wirklich großer Welse. Bestenfalls der Nachwuchs hält sich manchmal an die alten, falschen Spielregeln. Auch in den traditionellen Wallerhochburgen Naab und Regen werden die Fänge vermutlich wieder besser, wenn sich die Angler nachts ins Bett legen und tagsüber in der Strömung auf Welse fischen.

Das Wallerangeln im Strom ist sehr effektiv. Es hat aber den Nachteil, daß man ein Boot braucht, um die tiefen Flußkurven vernünftig zu beangeln. Und das ist nicht überall erlaubt. Den Rhein zum Beispiel darf man zwar vom Boot aus beangeln, nicht aber vom treibenden Boot. Allerdings können Sie hier an den Strömungskanten am Rand der Fahrrinne ankern. Auch so werden Sie in aller Regel bessere Fänge machen als vom Ufer aus. Wenn Sie vom Ufer aus fischen möchten (oder müssen), suchen Sie sich am besten lange Buhnen mit großer Wassertiefe und befischen Sie die Strömungskante unterhalb des Buhnenkopfes. Auf ihren Beutezügen werden die Welse hier vorbeischwimmen.

Die Waller-Saison beginnt etwa Anfang April, wenn das Wasser Temperaturen von 10 bis 12 Grad erreicht hat. Dann kommt der Waller langsam in Wallung und frißt reichlich, um sich auf das anstehende Laichgeschäft vorzubereiten. Aber die Fangzeit im Frühjahr ist nur kurz. Bei Wassertemperaturen von 15 bis 18 Grad bekommt der Wels nämlich Laichgefühle. Meistens ist das schon Mitte Mai der Fall. Bis in den späten Juni hinein ist Wallerangeln jetzt so gut wie aussichtslos. Während der Laichzeit sind übrigens auch die Welse im spanischen Ebro und im italienischen Po nur ganz schlecht zu fangen. Danach geht's nochmal richtig rund, bis in den Oktober hinein. Später im Jahr wird das Wasser zu kalt, und der Wels verfällt in eine Art Winterstarre.

Wintersaison am Kraftwerk

Damit wäre die Saison beendet, wenn es nicht die großen Warmwasser-Einleiter an unseren Flüssen gäbe. Dort beginnt die hohe Zeit des Wallerangelns erst mit den Nachtfrösten. Und sie endet, wenn sich die Welse wieder im natürlich erwärmten Wasser einstellen. Die Welse werden in den Wintermonaten regelrecht angezogen von den warmen Strömungen. An einigen Einleitern habe ich im tiefsten Winter schon Wassertemperaturen um 12 Grad gemessen. In Biblis sogar schon Spitzenwerte mit 17 Grad im Januar! Die Bestandsdichte ist hier im Winter natürlich enorm, und die Fänge sind überdurchschnittlich gut. Beobachten Sie genau den Verlauf der Warmwasserfahnen. Verfolgen Sie das dampfende Wasser. Schnell werden Sie feststellen, wo sich der warme Strom entlangschlängelt. Hier haben Sie ausgezeichnete Chancen auf Ihren Winterwaller!

Viele Welsangler pilgern deshalb bei Frost und Schnee nach Biblis und Philippsburg am Rhein oder nach Obrigheim und Neckarwestheim am Neckar. Auch am Main bei Großkrotzenburg gibt es einen Magneten für Welse – und Welsangler. Wenn Sie einen der großen Einleiter besuchen möchten, halten Sie sich bitte genau an die Vorschriften. In Biblis zum Beispiel darf der Einleiter nicht direkt beangelt werden.

Schweres Geschütz:
Gerät und Methoden auf Waller
von Jörg Strehlow

Wenn Sie sich mit dem Waller anlegen wollen, vergessen Sie ihre bisherige Vorstellung von starkem Angelgerät. Denken Sie an einen Hundertpfünder in der Strömung!

Unvergleichlich im Drill. Wenn Sie glauben, Sie hängen an einem U-Boot fest, und irgendwann steigen dicke Luftblasen zur Wasseroberfläche, dann drillen Sie einen schweren Wels.

Zum Angeln auf 40pfündige Karpfen reicht eine 0,35er Schnur, genau wie für Hechte von 30 Pfund. Der Wallerangler hat aber die Aussicht auf einen Fisch, der mehr als einen Zentner wiegt. Gehen Sie immer vom schwersten Fisch aus, wenn Sie Ihr Gerät zusammenstellen. Wer in der Strömung von Rhein, Main oder Neckar mit einer 0,50er monofilen Schnur auf Welse angelt, begeht einen großen Fehler. Besonders beim Angeln vom Ufer aus haben Sie im Kampf mit einem Zweimeter-Wels damit keine Chance: Der Fisch stellt sich in die Strömung und läßt sich abtreiben. Sie müssen die Bremse Ihrer Rolle schließen, um den Strömungsdruck auf einen Quadratmeter Fisch-Oberfläche zu bezwingen. Dabei wird Ihr 0,50er Faden mit einem häßlichen Knall gesprengt. Oder Sie lassen den Fisch ziehen, bis die Rolle leer ist. Dann knallt es eben etwas später. Es kann auch passieren, daß der Wels sich einfach auf den Grund legt, irgendwo da draußen. Diese Ruhepause kann lange, sehr lange dauern. Und Sie werden den Wels kaum beunruhigen können.

Big-Game im Süßwasser

Spielen Sie also bitte nicht mit dem Feuer. Kaufen Sie sich für das Angeln vom Ufer aus eine 3,30 bis 3,60 Meter lange Wallerrute. Zum Bootsangeln sollte die Rute mit 2,10 bis 2,40 Metern ein gutes Stück kürzer sein. Wenn Sie den Welsen mit großen Blinkern und Gummifischen nachstellen möchten, besorgen Sie sich eine 3 bis 3,30 Meter lange Wels-Spinnrute. Auch dafür gibt es inzwischen ausgezeichnetes Spezialgerät. In jedem Fall sollte die Rute

Natürliche Beute

viele Ringe haben. Damit verteilt sich die enorme Belastung im Drill gleichmäßig auf die ganze Rute. Und Sie können die Rute mit einer Multirolle einsetzen.

Wenn Ihr Gerätehändler sich an der Rutenspitze festhält und Sie ihn ins Schwanken bringen können, dann ist die Rute richtig. Die Rute muß bis ins Griffteil arbeiten. Ein gehöriger Anteil Glasfaser im Blank gibt ihr diese zähe Geschmeidigkeit. Im Drill muß sie die mächtigen Schläge eines großen Wallers abfedern. Sonst geht irgendetwas an Ihrem Gerät zu Bruch, nicht selten die Rute.

Öfter noch passiert es, daß das Getriebe einer Stationärrolle den Geist aufgibt. Nehmen Sie also besser gleich eine große, kraftvolle Multirolle. Die kostet inzwischen weniger als eine große Stationärrolle, hat eine größere Schnurfassung, und sie hält. Machen Sie sich wegen des Werfens keine Sorgen. Vom Ufer aus reicht ein kurzer Wurf in den Strom. Den Rest erledigt die Strömung, indem sie die Pose abtreiben läßt. Auch zum Spinnfischen sollten Sie eine Multirolle benutzen. Das erfordert zunächst etwas Übung, ist aber immer noch besser, als den Verlust eines schweren Welses zu verschmerzen, der gerade Ihre Stationärrolle zu Schrott verarbeitet hat. Eine Multirolle ist ohnehin zum Einsatz von geflochtenen Schnüren besser, weil sie die Schnur immer gerade und drallfrei aufspult. Mit einer Schnurfassung von 300 Metern 0,50er Geflochtener sind Sie auf der sicheren Seite.

Starkes Zubehör

Warum geflochtene Schnur? Weil die Tragkraft im Vergleich zu Monofil bei gleichem Durchmesser wesentlich höher ist. Und vor allem weil sie keine Dehnung hat. Beim Wallerfischen ist der Anhieb die entscheidende Sekunde. Gerade in der Strömung ist es mit einer geflochtenen Schnur leichter, Fühlung zum Fisch aufzunehmen und den Haken mit einem satten Anhieb in sein Maul zu treiben. Das ist vor allem auf größere Entfernung wichtig und beim kurzen Biß an der Spinnrute sogar entscheidend für den Fang. Nehmen Sie eine rund geflochtene Schnur aus reinem Dyneema. Am besten eine weiße Schnur, weil Sie hier ganz genau erkennen, ob ein andersfarbiger Fremdfaden in die Schnur eingearbeitet ist.

Nicht nur der Schnur, sondern auch der Wirbel, das Vorfach und der Haken sollten von allerbester Qualität sein. Hier gilt der einfache Grundsatz: Das teuerste Material ist in der Regel das beste. Erschrecken Sie nicht, wenn ein guter Wallerhaken der Größe 10/0 oder ein einziger Wirbel fünf Mark kostet. Damit bezahlen Sie auch die Garantie, daß Sie den Fisch Ihres Lebens ohne Material-Panne landen können.

Kapitales Gerät für kapitale Fische: Unten Bootsrute mit Multirolle, Riesen-Waggler, Bleie, Haken und Wirbel. Oben Spinnrute mit Stationärrolle. Geflochtene Schnur und starkes Kevlar-Vorfach sind Pflicht.

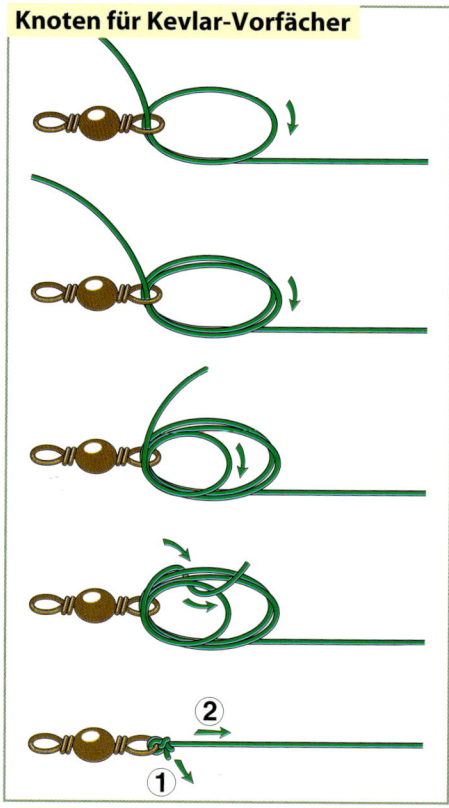

Knoten für Kevlar-Vorfächer

Als Vorfach für alle Angelmethoden – auch für das Spinnfischen – ist starkes Kevlar am besten geeignet. Wir verwenden Kevlar-Vorfächer mit 80 bis 100 Kilo Tragkraft. Die bieten auch im langen Drill die Sicherheit, daß der Wels das Vorfach nicht mit seinen Bürstenzähnen durchscheuert. Am besten kaufen Sie eine Spule Kevlar und knüpfen Ihre Vorfächer von etwa 70 Zentimetern Länge selbst. An das obere Ende des Vorfaches kommt ein Wirbel. Zur Befestigung des Wirbels und des Hakens hat Olivier Portrat hat einen superhaltbaren Knoten entwickelt, der sehr einfach zu binden ist.

Monster-Waggler

Vom Boot wie auch vom Ufer aus fischt man am besten mit der Pose. Wegen der relativ kurzen Rute und der manchmal großen Angeltiefe brauchen Sie Laufposen. Den besten Kontakt beim Anhieb haben Sie mit Posen, bei denen die Schnur nur unten durch eine Öse gefädelt wird. Die Angeltiefe wird mit einem verschiebbaren Stopper auf der Schnur eingestellt. Friedfischangler kennen diese Posen als Waggler. Wallerangler brauchen Monster-Waggler mit 80 bis 180 Gramm Tragkraft.

Als Bleigewicht eignen sich Durchlaufbleie in Olivenform. Ihre Bohrung muß groß genug sein, um die starke Schnur aufzunehmen. Ideal, weil schnurschonend, sind Durchlaufbleie mit eingeschobener Kunststoff-Führung. Leider bekommt man diese Bleie oft nur bis 100 Gramm Gewicht. Für mehr Gewicht müssen Sie eben zwei Bleie verwenden.

Vergessen Sie bitte beim Welsangeln niemals, ein Gaff mitzunehmen. Oder zumindest einen starken Handschuh, falls Sie sich den Wallergriff zutrauen. Dabei müssen Sie mit dem Daumen Ihrer starken Hand über die Zahnreihe des Unterkiefers greifen. Dahinter befindet sich eine Hauttasche, in die Sie den Daumen fest hineindrücken. Ohne Handschuh kann das verdammt weh tun – vor allem wenn Ihnen der Wels abrutscht. Die übrigen vier Finger umgreifen den Unterkiefer von außen.

Welse vom Boot

Ein Boot erleichtert das gezielte Angeln auf Wels enorm. Die beste Angelmethode überhaupt ist das Fischen vom treibenden Boot. Dabei driftet das Boot im Fluß mit der Strömung oder im

Jörg Strehlows größter Wels stammt zwar noch aus dem Po in Italien. Aber die Marke von 159 Pfund ist auch in Deutschland zu knacken!

Natürliche Beute

See mit dem Wind. Der Köder wird direkt neben der Bootskante angeboten. Wir angeln über den tiefsten Bereichen des Gewässers. Aber in welcher Wassertiefe beißen hier die Welse? Am besten beantwortet diese Frage ein Echolot. Der Bildschirm läßt genau erkennen, wo sich die Welse gerade herumtreiben. Wenn Sie mit einem Wallerholz umgehen können, sollten Sie es vom driftenden Boot aus einsetzen. So können Sie die Waller dazu bringen, eine ganze Weile unter dem Boot mitzuschwimmen. Das Klopfgeräusch macht die Räuber nämlich ganz schön neugierig. Klopfen Sie am besten genau an der Stelle, wo Ihre Pose neben dem Boot treibt.

Der Biß wird durch schlagartiges Abtauchen der Pose angezeigt. Selbst in klarem Wasser ist die Pose gleich nach dem Biß kaum noch zu verfolgen, so schnell gewinnt der flüchtende Wels an Tiefe. Das muß er auch ungehindert können. Der Wels darf beim Biß und beim Abziehen keinen Widerstand spüren. Öffnen Sie deshalb beim Driftfischen vom Boot den Freilauf Ihrer Multirolle und halten Sie die Schnur zwischen Daumen und Zeigefinger. Beim Biß nehmen Sie die Rute auf, schließen den Freilaufhebel, gehen auf strammen Kontakt zum Fisch, und rumms! Schlagen Sie mit viel Kraft an, vielleicht müssen Sie die Hakenspitze in die dicke Knochenplatte am Oberkiefer rammen. Die geflochtene Schnur unterstützt dieses Vorhaben. Nehmen Sie den Wels nach dem Anhieb hart ran. Wer mit einem großen Fisch spielt und nicht an die Grenze seines Geräts geht, bleibt oft nur zweiter Sieger. Vor allem dann, wenn der Wels die Gelegenheit bekommt, in ein Hindernis zu flüchten oder sich am Grund festzusetzen.

Etwas gemütlicher geht es beim Angeln vom verankerten Boot zu. Allerdings auch nur, bis ein Waller beißt. Dann heißt es Ankerleine hoch und kämpfen, bis die Arme schmerzen. Ich verankere das Boot vor der Strömungskante an einem Buhnenkopf. Hier lasse ich meine Posen-Montage mit der Strömung treiben. Ideal läuft die Pose, wenn sie in der Rückströmung unterhalb des Buhnenkopfes kreist. Die Pose wird so eingestellt, daß der Köder ungefähr in 1/3 der Wassertiefe treibt. Vom verankerten Boot aus fischen Sie am besten mit nur einer Rute. Die halten Sie in der Hand und verzögern gegebenenfalls die Drift der Pose ein wenig. Beim Biß darf der Wels nicht zu weit abziehen. Stellen Sie sofort Fühlung zum Fisch her und schlagen Sie früh an. Die beste Buhne zum Ankern ist immer die

Angeln vom verankerten Boot. Die Pose treibt die Strömungskante entlang.

Angeln vom Buhnenkopf. Die Pose der äußeren Rute treibt ca. 10 m näher am Buhnenkopf als die andere. Das vermeidet Verwicklungen.

oberste in einem größeren Buhnenfeld. Hier wird die Strömung zum ersten Mal gebrochen, und die Rückströmung hinter der Buhne ist stark genug, um ein tiefes Loch auszuspülen. An allen folgenden Buhnen ist die Strömung schwächer, das Loch hinter der Buhne deshalb flacher.

Ufer-Taktik

Der Angler, der einen Wels vom Ufer aus bändigen möchte, sollte gleich nach dem Biß voll dagegenhalten. Hat ein großer Waller erst mal 50 Meter Schnur genommen, wird der Drillwinkel sehr ungünstig. Außerdem wird der Wasserdruck auf die Schnur so groß, daß wir mit unserer Kraft gegen den Schnurbogen ziehen müssen und kaum noch Wirkung draußen beim Wels ankommt. Vor allem in der Strömung müssen Sie deshalb einen Wels früh bremsen. Nehmen Sie also bitte meine Empfehlung für starkes Angelgerät ernst.

Der beste Wels-Köder in Spanien und Italien ist ein lebender Köderfisch, vorzugsweise ein Aal von ca. 40 Zentimetern – in Deutschland verboten. Welse sind nicht schnurscheu und nehmen auch einen Köder am 100-Kilo-Vorfach aus Kevlar. Das hält selbst bei einem Dreisteller.

Vom Ufer aus angelt man besonders erfolgreich mit zwei Ruten am Buhnenkopf. Bauen Sie ganz vorne am Kopf zwei Brandungsrutenhalter auf und stellen Sie die Ruten senkrecht, so daß die Schnur über der Strömung gehalten wird. Lassen Sie die Pose an der äußeren Rute etwa 15 Meter weit abtreiben. Die Pose an der inneren Rute wird etwa 10 Meter weiter draußen plaziert. Durch die unterschiedlichen Schnurlängen können sich die Montagen in der Strömung nicht ineinander verheddern. Schließen Sie den Freilauf der Multirolle und stellen Sie die Bremse so weich ein, daß die Pose nicht mehr abtreiben, aber ein Wels beim Biß locker abziehen kann. Multirollen mit verstellbarem Freilauf sind noch besser, weil man damit die Einstellung der Bremse nicht verändern muß. Die Ratsche sollten Sie außerdem einschalten, damit Sie einen Biß auch hören können. Beim Biß nehmen Sie die Rute sofort auf, senken die Rutenspitze zur Wasseroberfläche und schließen die Bremse fast ganz. Dann hauen Sie mit „Schmackes" an und versuchen, den Wels sofort zu halten.

Auch in Seen ist das Angeln mit der Pose die fängigste Methode. Verwenden Sie am besten große Posen oder Segelposen, die mit dem Wind abgetrieben werden. Besonders gut funktioniert das mit dem Wind im Rücken. Stellen Sie den Freilauf Ihrer Multirolle so ein, daß die Schnur mit der Drift von der Rolle ablaufen kann.

Tauwürmer im Dutzend

Vom besten Köder können wir hierzulande leider nur im Konjunktiv sprechen: Es wäre der lebende Köderfisch. Den dürfen Sie zwar in Spanien am Ebro verwenden, bei uns verbietet ihn bekanntlich das Gesetz. Wenn Sie in Spanien fischen, besorgen Sie sich kleine Aale, maximal 40 Zentimeter lang. Aale sind der beste Welsköder überhaupt. Hier in Deutschland müssen wir gänzlich auf Köderfische zum Welsfang verzichten, denn niemand, der es ehrlich meint, wird Ihnen einen toten Köderfisch auf Welse empfehlen.

Deshalb ist in Deutschland ein dickes Bündel saftiger Tauwürmer der Top-Köder für Wels. Damit fängt man fast so gut wie mit lebenden Köderfischen, und man macht sich nicht strafbar. Fünf fette Tauwürmer sollten Sie mindestens auf den Haken stecken, es können aber auch gerne ein Dutzend, 15 oder 20 sein. Ich stecke die Würmer nur einmal durch, und zwar am Ring hinter dem Kopf. Hier sind sie besonders zäh und halten lange am Haken. Wenn alle Würmer auf dem Haken sind, haben Sie einen lebhaft zappelnden Köder, den Welse aller Größen gerne nehmen. Beim Wurmbündel können Sie früh anschlagen, weil die Welse es gierig nehmen. Echte Alternativen zum Tauwurm gibt es kaum, alle anderen Würmer sind nämlich zu klein. Auch Tintenfischstreifen, mit denen Olivier Portrat am Po und am Ebro ganz anständig gefangen hat, sind hierzulande nur ein Notköder. Geben Sie also dem Tauwurm eine Chance und geizen Sie nicht beim Beködern des Hakens.

Spinnereien

Der Spinnfischer braucht eigentlich nur zwei verschiedene Waller-Köder: Zum einen die größten Blinker, die er finden kann. Die wiegen zwischen 50 und 80 Gramm und verursachen ein beachtliches Getöse beim Aufschlag auf die Wasseroberfläche. Das ist gut, weil es die Welse neugierig macht. Blinker in Silber, Kupfer und Gold sind die richtige Wahl. Die Sprengringe müssen oft durch stärkere ersetzt werden, weil sie schon augenscheinlich zu schwach sind. Den Drilling sollte man in jedem Fall gegen

Natürliche Beute

Nicht nur mit Naturködern kann man schöne Welse fangen: Dieser 20-Pfünder nahm einen Twister mit beweglichem Bleikopf.

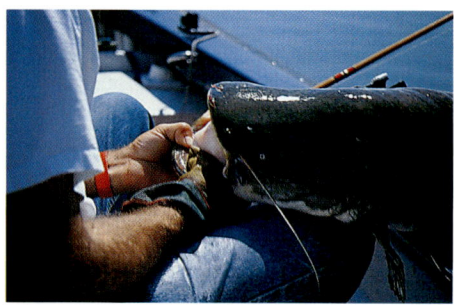

Am besten ist es, bei der Landung selbst Hand anzulegen. Warten Sie aber mit dem Wallergriff, bis der Bursche richtig müde ist. Ein Klaps auf den Wels-Schädel vorher kann nicht schaden.

einen großen Waller-Einzelhaken der Größe 8/0 bis 10/0 austauschen. Der greift besser beim Anbiß und hält den Wels sicher fest. Drillinge werden zum Wallerangeln kaum benutzt, weil die Hakenbogen auch bei großen Ausführungen noch zu klein sind. Außerdem besteht die Gefahr, daß der Wels den Drilling aushebelt oder ihn ganz einfach zwischen seinen Schraubstock-Kiefern plattdrückt.

Auch Gummifische sind ein Super-Köder für den Spinnangler. Nehmen Sie wiederum die größten, das sind in aller Regel 23 Zentimeter lange Gummilappen. Rot/Gelb und Grün sind Farben, die Welse mögen. Besonders in der starken Strömung braucht man Bleiköpfe mit 60 bis 100 Gramm Gewicht und vor allem große, starke Haken. In Süddeutschland haben sich viele Gerätehändler mit diesen bärenstarken Spezialjigs eingedeckt. In Norddeutschland sieht man sie leider noch selten. Der Haken muß natürlich auch lang genug sein, um den Riesen-Gummifisch richtig zu bewaffnen. Er sollte etwa in der Mitte des Rückens austreten. Auf einen zusätzlichen Drilling im Schwanz des Köders kann man beim Waller-Twistern verzichten. Der Wels saugt den Gummifisch mit einem gewaltigen Schluck Wasser in sein breites Maul - zaghafte Schwanzbisse kommen dabei nicht vor!

Bisse wie vom anderen Stern

Beim Spinnfischen auf Waller sollten Sie öfter mal die Wassertiefe wechseln. Die ersten Würfe werden etwas schneller eingeholt, damit der Köder im Oberflächenbereich läuft. Für dieses Angeln im Freiwasser benutzen Sie am besten die großen Blinker. Fischen Sie danach immer etwas langsamer, bis Sie schließlich den Gewässergrund absuchen. Hier schlägt die große Stunde der großen Gummifische. Die können Sie auch mal wie einen Twister über den Boden hüpfen lassen.

Meistens werden Sie Ihren Wallerbiß aber irgendwo im Mittelwasser bekommen. Und Sie werden ganz schön erschrecken! Ich kann Ihnen nur raten, die Rute fest in der Hand zu halten. Der Biß eines Wallers auf einen zügig geführten Köder ist unvergleichlich brutal. Stellen Sie die Rollenbremse deshalb bis fast an die Tragkaftgrenze der Schnur ein. Und die ist bei einer 0,50er Geflochtenen ziemlich hoch. Nur so können Sie die erste Flucht eines großen Fisches zuverlässig parieren.

Mit der Spinnrute nehmen Sie sich am besten eine tiefe, langgezogene Außenkurve am Fluß vor. Werfen Sie den Köder so weit wie möglich aus, immer einige Meter gegen die Strömung, damit er beim Einholen schön kreisförmig herumtreibt. Werfen Sie den Köder in einem höheren Bogen, als Sie es vielleicht gewohnt sind, damit er steil herabfällt und laut auf das Wasser klatscht. Vor allem im Frühjahr, wenn die Welse vor der Laichzeit aggressiv sind, nehmen sie den Köder manchmal direkt nach dem Aufklatschen. Seien Sie im April und Mai auf solche Attacken vorbereitet!

Buhnenfelder, Fähranleger, Hafenausfahrten und Bachmündungen sind ebenfalls sehr welsverdächtig. Fischen Sie auch hier die Strömungskanten mit weiten Würfen und in verschiedenen Tiefen ab. Eine besondere Spezialität für große Strömungswaller sind tiefe Spundwände direkt am Hauptstrom. Diese steil abfallenden Flußufer bearbeiten Sie am besten mit dem Gummifisch unter der Rutenspitze.

Vielleicht beobachten Sie ja eines Tages mal in Ihrer Reichweite einen Waller beim Rauben an der Oberfläche. Fassen Sie sich ein Herz, werfen Sie diesen Fisch sofort an und beginnen Sie gleich nach dem Aufklatschen des Köders mit dem Einholen. Von so einer Chance träumt jeder Wels-Angler!

Spezi-Aalitäten für einen rätselhaften Fisch

Wanderer zwischen den Welten, halb Friedfisch und halb Räuber, mit Vorliebe für die Nacht: Der Aal steckt voller Geheimnisse.

Aale sind anders als all die andern, unterscheiden sich durch ihr schlangenhaftes Aussehen und ihre Lebensweise von den übrigen Süßwasserfischen. Ihr Lebenszyklus beginnt sechstausend Kilometer von Europa entfernt in der Sargassosee, im „Bermudadreieck" östlich von Mittelamerika. Dorthin wandern die geschlechtsreifen Aale zum Ablaichen. Ihre Nachkommen kehren als Aallarven mit dem Golfstrom zurück und kommen nach drei Jahren als Glasaale vor die europäischen Küsten, um wieder in die Flüsse aufzusteigen. Nach durchschnittlich acht bis zehn Jahren im Süßwasser entwickeln sich ihre Fortpflanzungsorgane, verändert sich ihre Färbung, und als Blankaale wandern sie zurück ins Meer, um eine neue Generation von Aalen zu begründen.

Der Aal ist ein ebenso faszinierender Angelfisch wie ein delikater Speisefisch. Leider ist in den vergangenen Jahrzehnten sein Bestand in den europäischen Gewässern erheblich zurückgegangen. Die Gründe dafür liegen allesamt in Menschenhand: Die zunehmende Verschmutzung der Flußmündungen verschlechtert die Bedingungen für den Aufstieg. Insbesondere an der französischen Küste werden Milliarden von Glasaalen gefangen, um in Konserven abgepackt als Delikatessen verkauft zu werden. Auf der Laichwanderung absteigende Aale werden massenhaft in Kraftwerksturbinen zerstückelt oder tödlich verletzt. Die verbleibenden Bestände werden von einer explosionsartig steigenden Zahl gefräßiger Kormorane dezimiert, die dank der verbohrten Vogelschützer-Lobby unter Artenschutz ihr Unwesen in unseren Gewässern treiben dürfen.

Aale gibt es überall, in den großen Strömen und im kleinen Bach, im flachen Tümpel wie in der tiefsten Talsperre. Flüsse sind gewiß die ergiebigsten Gewässer, mißt man den Fang nach Stückzahl. Gezielt auf große Aale, also auf Fische von mehr als zwei Pfund, fischen Sie besser in stehenden Gewässern. Alte Kiesgruben in der Nähe von Flüssen scheinen die besten Chancen auf kapitale Aale zu bieten.

Der Aal ist ein faszinierender Angel- und ein delikater Speisefisch.

Natürliche Beute

Aal im Kraut. Aale lieben die Dunkelheit und Verstecke.

Der Tauwurm ist der beste Aalköder.

Freunde der Nacht

Aale lieben die Dunkelheit und halten sich deshalb tagsüber zumeist in Unterständen und Verstecken auf, die ihnen Schatten bieten: an unterspülten Ufern, in tiefen Buhnen und Gumpen, im Schatten und im Gemäuer von Brücken, Wehren und Schleusenanlagen, in Krautbetten, Seerosenfeldern, Schilfinseln. Wurzelwerk, umgestürzte Bäume, versunkene Boote sind weitere typische Verstecke. In der Nähe solcher Stellen finden Sie die besten Fangplätze, wenn die nachtaktiven Fische bei Dunkelheit ihre Unterstände verlassen und auf Nahrungssuche gehen. Beim Angeln auf Aal sollten Sie also die Nacht zum Tage machen. Die meisten und größten Aale werden nach Einbruch der Dunkelheit bis Mitternacht oder in den frühen Morgenstunden gefangen. Der Aal liebt warmes Wasser. Die Freß- und Fangperiode beginnt daher im April, hat ihren Höhepunkt im Juni und endet mit den ersten Nachtfrösten im Oktober. Dunkle, warme, feuchte Sommernächte versprechen gute Beute, in Gewitternächten „läuft" der Aal am besten. Ungünstig sind klare Vollmondnächte.

Nachtangeln bedarf einiger Vorkehrungen, damit es nicht im Chaos endet. Vor allem benötigen Sie eine Lichtquelle. Bewährt haben sich Kopflampen oder eine Standleuchte, die zur Wasserseite hin abgeschirmt ist. Auf keinen Fall sollten Sie mit dem Licht unkontrolliert herumschwenken und auf das Wasser leuchten. Das könnte die Fische verscheuchen, besonders an flachen Gewässern. Gerät und Zubehör müssen sauber und übersichtlich sortiert sein, am besten auf einer hellen Plane.

Gewiß werden auch tagsüber Aale gefangen, manchmal in der dicksten Mittagshitze, und keineswegs nur die kleinsten. Das gelingt freilich nur, wenn man dem Aal in seinem Versteck den Köder direkt vor die Nase hält. In großen Flüssen und Kanälen, deren Wasser durch die Schiffahrt ständig aufgewühlt und getrübt wird, sind die Aale auch bei Tage aktiv. Ähnliches gilt für Tidengewässer.

Spitz oder breit

In unseren Gewässern kommen zwei verschiedene Aal-Typen vor, der Spitzkopf und der Breitkopf. Die unterschiedlichen Kopfformen lassen Rückschlüsse auf die Nahrungsgewohnheiten zu. Die Aale mit dem spitz zulaufenden Maul leben überwiegend von Insektenlarven und Kleinlebewesen am Gewässergrund. Die Breitköpfe sind gefräßige Räuber, die sich hauptsächlich von kleinen Fischen ernähren und auch im Freiwasser auf Beutejagd gehen. Zur Laichzeit der Weißfische werden allerdings auch die Spitzköpfe zu Räubern. Sie folgen den Weißfischen in ihre Laichreviere in flachen Buchten und Buhnen oder über Steinschüttungen und mästen sich zuerst am Laich, dann an der Brut.

Ob Spitz- und Breitkopf genetisch bedingte Aal-Formen sind oder sich erst durch die Aufnahme unterschiedlicher Nahrung herausbilden, zählt zu den zahlreichen ungelösten Rätseln, die der Aal der Wissenschaft aufgibt. Fest steht, daß in einem bestimmten Gewässer in der Regel eine Form vorherrscht. Das könnte für die Nahrungs-Theorie sprechen. Viel wichtiger aber, es gibt uns einen deutlichen Hinweis für die Wahl von Köder und Angelmethode.

An erster Stelle Wurm

Eigentlich gibt es nur zwei ernsthafte Köder für Aale: Wurm für Spitzköpfe und Köderfisch für Breitköpfe. Was sonst noch in Lehrbüchern genannt wird (Leber, Hühnerdärme, Fleisch, Speck usw.) ist meist nur schlechter Ersatz. Manchmal sind Madenbündel, Wespenlarven, Bienenmaden und Tebo-Raupen richtig gute Aal-Köder. Damit fängt man zwar keine Kapitalen, aber viele schöne Spitzköpfe zum Räuchern ... Wattwürmer, Garnelen und Krabben sind exzellent im Brackwasser der Flußmündungen und natürlich beim Aalangeln von der Küste. Aber das ist ein anderes Thema.

Die meisten, aber auch viele der größten Aale werden auf Tauwürmer gefangen. Einen einzelnen Tauwurm ziehen Sie mit einer Wurm-Nadel auf das Vorfach, so daß der Schwanz im Bogen des Hakens Größe 6 oder 8 liegt. Das ist eine sichere Anköderung, bei der es relativ wenig Fehlbisse gibt. Noch wirksamer ist oft ein halbierter Tauwurm, dessen frische Körpersäfte austreten und den Geruchssinn des Aals ansprechen. Bewegung kommt in den Köder, wenn Sie statt des einzelnen Tauwurms mehrere Rot- oder Mistwürmer auf den Haken stecken. Gezielt auf kapitale Aale fischen die Experten mit Bündeln aus mehreren Tauwürmern oder Tauwurm-Hälften, die sie noch mit Rotwürmern kombinieren, auf Haken Größe 4 bis 2. Spezielle Aalhaken mit Widerhaken auf dem Schenkel halten die quirligen Köderbündel in Position und verhindern, daß die Würmer im Hakenbogen zu einem Klumpen zusammenrutschen.

Frischer Fisch

Kleine, schlanke Fische von 5 bis 10 Zentimetern Länge sind die besten Köder für Raubaale. Die Frage nach dem lebenden Köderfisch stellt sich hier nicht. Tote Fische nimmt der Aal ebenso gern, am liebsten frisch getötete, deren Blut und Körpersäfte noch ihre Witterung im Wasser verströmen. Aus dem gleichen Grund sind auch

Modernes Angeln 127

Natürliche Beute

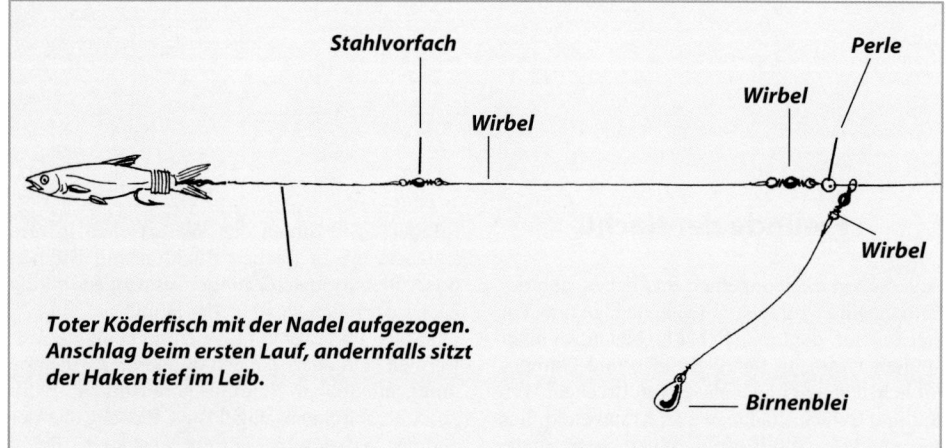

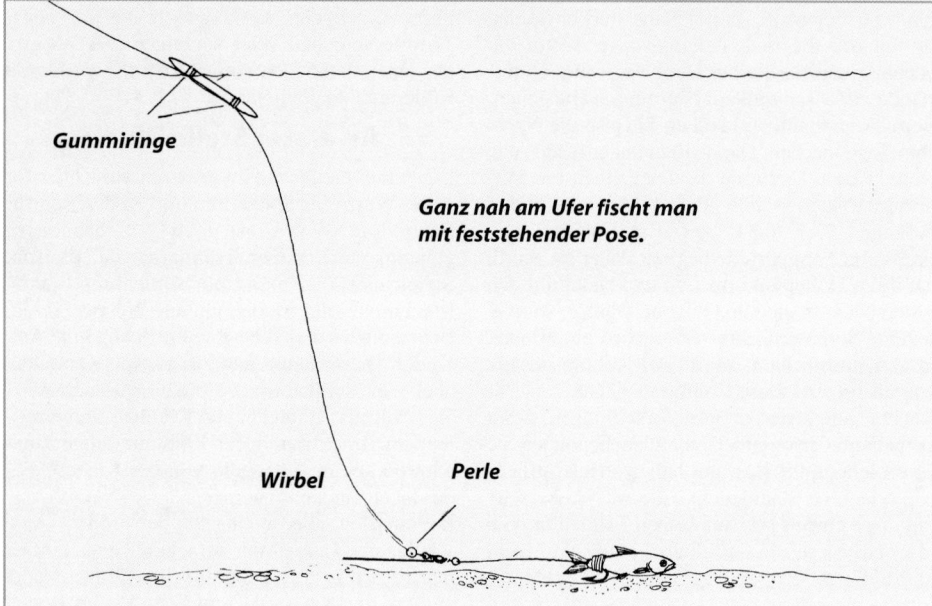

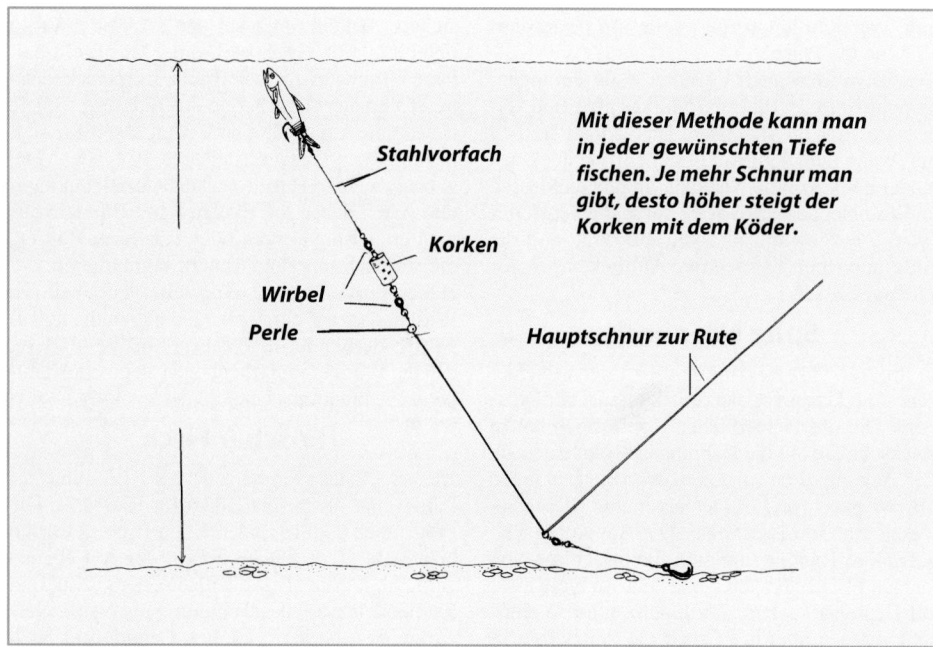

Drei Köderfisch-Montagen von John Sidley.

Fischstücke äußerst fängig, zum Beispiel die Schwanzhälfte eines 12 bis 15 Zentimeter langen Rotauges, in dessen Bauchhöhle sich noch Teile der Innereien befinden. Für den führenden englischen Aal-Experten John Sidley war dies der Köder Nummer eins für kapitale Aale. Sein BLINKER-Buch „Aale - So fängt man die Großen" empfehle ich Ihnen als das Beste, das über den Aal geschrieben wurde.

Bei kleinen ganzen Köderfischen ziehe ich mit einer Ködernadel das Vorfach vom Maul bis zur Schwanzflosse durch den Fisch, so daß der Haken Größe 4 bis 6 aus der Maulspalte herausschaut. Verwenden Sie auf keinen Fall Drillingshaken, denn auch Breitkopfaale haben, verglichen mit anderen Raubfischen, ein ziemlich kleines Maul. Schwanzstücke halbierter Fische zieht man ebenfalls mit der Ködernadel auf, der Haken schaut dann aus dem Rücken heraus.

Bei der Nahrungssuche nutzt der Aal vor allem seinen besonders hoch entwickelten Geruchssinn. Die Lockwirkung der Körpersäfte von Würmern und Köderfischen wurde bereits erwähnt. Zusätzlich können Sie Ihre Köder mit Lockstoffen wie Krabben-, Reiher- und Heringsöl einreiben oder imprägnieren, um die Aale anzulocken. Anfüttern mit Fischstücken oder mit geronnenem Blut kann den Erfolg beim Aalangeln steigern. In einem Futterkorb plazieren Sie Fischbrei oder einen mit Duftstoff getränkten Lappen direkt in der Nähe Ihres Köders und erzeugen eine Duftspur, die den Aal an den Haken lockt.

Die gute Nase des Aals nimmt aber auch Gerüche wahr, die ihm gar nicht gefallen, z. B. Benzin, Diesel oder Nikotin. Diese Geruchsstoffe verscheuchen den Aal, halten Sie also Ihre Hände davon frei!

Kräftiges Gerät

Zum Angeln auf Aal benötigen Sie, besonders wenn mit größeren Fischen zu rechnen ist, kräftiges Gerät. Dazu gehören Ruten mit 40 bis 80 Gramm Wurfgewicht bei einer Länge von 3 bis 4 Metern. Gut eignen sich auch Karpfenruten mit 2,5 lb. Testkurve und einer parabolischen Aktion. Die Länge und die Hebelkraft der Rute müssen ausreichen, um einen großen Aal zügig vom Gewässergrund wegzubringen. Denn Aale sind starke Kämpfer, die mit unglaublicher Kraft rückwärts schwimmen und sich instinktsicher mit ihrem Schwanz am erstbesten Hindernis festklammern. Aus dem gleichen Grund sollte die starke und zuverlässige Stationärrolle mit einer Hauptschnur von mindestens 0,30 mm bestückt sein. In hindernisreichen Gewässern sind 0,35 oder 0,40 mm sicherer.

An das Ende der Hauptschnur gehört ein stabiler

Karabinerwirbel. Der Wirbel verhindert, daß der Aal durch schnelles und ausdauerndes Rotieren um die eigene Achse die Schnur aufdreht und sich vom Haken windet. Der Karabiner nimmt das Vorfach auf. Wählen Sie es 0,05 mm dünner als die Hauptschnur, so daß bei einem Hänger nur Haken und Vorfach verlorengehen. Und führen Sie einen ausreichenden Vorrat an Vorfächern mit, da der Aal den Köder oft tief schluckt und nur schwierig vom Haken zu lösen ist. Beim Nachtangeln schneide ich im Zweifelsfall das Vorfach vor dem Maul ab und entferne den Haken erst nach dem Töten des Aals.
Beim Angeln mit Köderfischen auf große Raubaale ist es sicherer, ein weiches Stahlvorfach zu verwenden. Erstens haben die großen Breitköpfe ein ebenso feines wie scharfes Gebiß, mit dem sie ein Nylonvorfach schnell durchsägen können. Und zweitens besteht immer die Gefahr, daß sich auch ein Hecht am Köderfisch vergreift. Großaal-Spezialist John Sidley fischte übrigens immer mit einem Stahlvorfach, auch mit Würmern an typischen Spitzkopf-Gewässern.

Sensible Bleimontagen

Aalangeln heißt zumeist Angeln mit dem Bodenblei. Das Laufblei ist seit jeher die gebräuchlichste Montage, aber durchaus nicht die beste. Wenn das Blei nämlich in den Grund einsinkt oder sich zwischen Steinen verkantet, hemmt es den Durchlauf der Schnur und stört den Aal bei dem für ihn typischen Anbiß: Er nimmt den Köder auf, zieht damit ein Stück weiter, hält ein und frißt. Ein kleiner, gieriger „Schnürsenkel" wird sich an dem Widerstand des Bleis vielleicht nicht stören, wohl aber ein großer, vorsichtiger Aal.
Auch am starken Aalgerät sind sensible Bleimontagen am Seitenarm oft die bessere Lösung. Das gilt besonders an stehenden Gewässern, wo die Aale den Köder erst längere Zeit prüfen und weite Wege mit ihm schwimmen. Ein Birnenblei von 40 Gramm an einem 15 Zentimeter langen Seitenarm ist in den meisten Fällen richtig. Bei Krautbewuchs am Grund sorgt ein Auftriebskörper aus Kork oder Styropor oben am Seitenarm dafür, daß die Schnurverbindung schwebt und die Schnur frei durchlaufen kann.
Eines der vielen und für den Angler sicher das größte Rätsel um den Aal ist die Frage nach dem richtigen Zeitpunkt zum Anschlagen. An Flüssen ist sie leicht beantwortet: In der Strömung muß der Aal sich schnell für den Köder entscheiden, die Rutenspitze zeigt einen deutlichen, oft heftigen Biß. Dann heißt es anschlagen und heraus mit dem Fisch!
In stehenden Gewässern und vor allem beim Angeln mit dem Köderfisch muß der Aal genügend Spielraum haben, um mit dem Köder abzuziehen. Fischen Sie daher mit offener Rolle oder mit einem möglichst weich eingestellten Spulenfreilauf, verwenden Sie einen akustischen Bißanzeiger. Schlagen Sie an, wenn der Aal nach dem Abziehen und der anschließenden Pause weiterziehen will. Wenn er dann schon weg ist, hat er Verdacht geschöpft und den Köder fallen lassen. Sie müssen vielleicht früher anschlagen, vor allem aber die Montage verfeinern. Hat er den Köder tief geschluckt, so schlagen Sie beim nächsten Anbiß schon zu Beginn der „Freßpause" an.

Solche großen Aale sind wilde Kämpfer und erfordern starkes Gerät.

Aale mit der Pose

In manchen Situationen sind Aale besser mit der Pose zu fangen als mit dem Bodenblei, zum Beispiel auf schlammigem Boden. Stellen Sie dort die Pose so ein, daß der Köder nicht einsinkt, sondern 5 bis 10 Zentimeter über Grund schwebt. In der Nähe von Krautbetten und Seerosenfeldern zeigt die Pose an, wohin der Aal mit dem Köder zieht. So können Sie rechtzeitig anschlagen, bevor der Fisch im Pflanzendickicht steckt. Bei Wind und generell in strömenden Gewässern hält ein Posen-Paternoster (Pose und Bodenblei) den Köder am Platz.
Zum Nachtangeln gibt es Leuchtposen mit Batterie oder Knicklicht-Posen. Mir persönlich sind die einfacheren Modelle mit Knicklicht lieber. Knicklichter eignen sich übrigens auch als Bißanzeiger beim Angeln mit dem Bodenblei. Man kann sie mit Isolierband oder in speziellen Halterungen an der Rutenspitze befestigen.
In schwülen Sommernächten jagen die Raubaale gern in der Nähe der Oberfläche. Dann sollten Sie kleine Köderfische mit der Pose dicht unter der Oberfläche anbieten.
Oder Sie bleiben beim Bodenblei und verwenden einen Köderfisch, der mit einem Stückchen Schaumstoff oder durch die Injektion von Luft auftreibt. Über den Steinschüttungen der großen Ströme wie Rhein, Weser und Elbe werden im Frühsommer während der Weißfisch-Laichzeit viele Aale tagsüber an der Stippangel mit Maden erbeutet. Machen Sie daraus Methode, füttern Sie reichlich mit Maden an und „stippen" Sie Aale mit verstärktem Gerät.

Nach dem Anschlag

Ist ein Aal gehakt, so müssen Sie ihn auf dem schnellsten Wege vom Grund weg und an Land befördern. Von einem Drill kann man kaum reden; der Aal muß raus, auf Biegen und Brechen. Denn falls es ihm gelingt, sich am Grund oder an der Böschung mit seinem Schwanz an einem Hindernis festzuhaken, ist er meistens verloren. Normalerweise versucht der Aal, durch schlangenhafte Schwimmbewegungen und Drehen um die eigene Achse rückwärts zu flüchten. Dabei entwickelt schon ein pfündiger Aal eine erstaunliche Gegenwehr. Wenn der Widerstand plötzlich nachläßt und die Schnur erschlafft, ist erhöhte Gefahr im Verzuge. Dann hat der Aal nämlich seine Taktik geändert und schwimmt auf das Ufer zu, um dort ein Hindernis anzusteuern. Versuchen Sie sofort, den Kontakt zurückzugewinnen und Druck auf den Fisch auszuüben.
Kleinere Aale werden zur Landung mit der Rute herausgehoben. Ein Versuch, sie zu keschern, endet nicht selten in einem undurchschaubaren Gewirr von Keschernetz, Schnur und Haken, der Aal irgendwie mittendrin. Größere Exemplare kann man nicht herausheben. Zur Landung eignen sich große Kescher mit engmaschigem Netz. Mindestens der halbe Aal muß über dem Kescher schwimmen, bevor Sie ihn rückwärts in das Netz gleiten lassen.
Und dann? Unsere englischen Freunde setzen ihre Aale lebend zurück. Ich setze sie, offen gestanden, lieber in die Pfanne oder die Räuchertonne. Aber Aale haben unbändige Muskelkraft und ein äußerst zähes Leben. Manche geben nicht einmal Ruhe, wenn sie in Stücke geschnitten in der Bratpfanne liegen.
Es ist nicht einfach, einen Aal waidgerecht zu töten. Am besten greifen Sie den Aal nach der Landung mit einem groben Tuch, betäuben ihn mit einem Schlag auf den Hinterkopf und durchtrennen mit einem scharfen Messer seine Wirbelsäule hinter dem Kopf. Wenn Sie ihn auch gleich ausweiden, ist er „wirklich" tot, auch wenn er noch lange Zeit später durch Muskelzuckungen lebendig wirkt. Beim „Kampf" mit einem Aal, der vom Leben zum Tode befördert werden soll, ist Vorsicht geboten. Aalblut in einer Wunde wirkt giftig und verursacht unangenehme Reizungen.

Natürliche Beute

Mit dieser „Trüsche" aus dem Bodensee fing mein Sohn Carsten seinen ersten Fisch.

Dorsche im Süßwasser:

Die meisten Angler kennen sie nur von der Fischerprüfung. Doch Quappen sind weiter verbreitet als bekannt und eine attraktive Beute zudem.

von Daniel Luther

Angeln auf Quappen

Von den Bergseen der Alpen bis ins Brackwasser der Ostsee kommen sie vor, oft in reichlichen Beständen, noch öfter kaum bemerkt. Quappen sind Sonderlinge, und dies nicht nur wegen ihrer Visitenkarte: Der starke Bartfaden am Unterkiefer weist sie als einzigen Vertreter der Dorschartigen (Schellfische) im Süßwasser aus. Die Quappe, auch Aalquappe, Rutte oder Aalrutte genannt, liebt kaltes und sauerstoffreiches Wasser. Große und tiefe Seen sowie deren Zu- und Abflüsse sind ihr bevorzugtes Revier: die Voralpenseen in Bayern, der Bodensee und die Norddeutsche Seenplatte. Auch in der Donau und den großen Flüssen Nord- und Ostdeutschlands, in Elbe, Weser, Havel und vor allem in der Oder gibt es reichlich Quappen. Anglern begegnen sie eher selten.

Trüschen pilken

Meine erste Begegnung mit Quappen hatte ich am Bodensee. Da nennt man sie Trüschen und schätzt (nicht nur dort) ihr festes, grätenarmes, fetthaltiges, einfach delikates Fleisch. In der Mündung des Flusses Argen konnte ich vom verankerten Boot aus in gut drei Stunden 15 Quappen pilken, bis mir die Würmer ausgingen.

Ja, Sie haben richtig gelesen, pilken und Würmer. Einem 25 bis 40 Gramm schweren Mini-Pilker, auf dessen Drilling sich ein dicker Tauwurm windet, können die Trüschen kaum widerstehen. Da wird ihre Verwandtschaft zum Dorsch ebenso deutlich wie ihr Charakter als gieriger Süßwasserfisch. Der Pilker – dort Kosak genannt – lockt sie an, den Wurm wollen sie verschlingen. Da Quappen Grundfische sind, wird der beköderte Pilker knapp über dem Grund angeboten. Er soll dort keine großen Sprünge machen, sondern mit langsamen kleinen Zupfern auf und ab hüpfen. Die Methode ist eine Bodensee-Spezialität, aber sie fängt auch in anderen tiefen Seen. Meine Ausbeute konnte den Bodensee-Anglern übrigens nur ein freundliches Lächeln abgewinnen, denn wenn die Trüschen dort richtig in Freßrausch geraten, fängt man locker einen halben Zentner - und danach tagelang gar keine mehr.

*Oben: Der Bartfaden am Unterkiefer weist die Quappe als „Dorsch" des Süßwassers aus.
Links: BLINKER-Redakteur Sven Halletz mit großer Oder-Quappe.*

Kräftig auf Grund

Die meist verwendete Methode auf Quappen ist die Grundangel. Die Fische stehen gern im tiefen Wasser an steil abfallenden Ufern, wo Felsen, Geröll, abgestürzte Bäume und ähnliche Hindernisse ihnen Versteck bieten. Dahin verkriechen sie sich auch, wenn der Angler einen Biß nicht rechtzeitig erkennt. Verwenden Sie daher ähnlich kräftiges Gerät wie auf Aal. Denn auch bei der Quappe darf man sich nicht auf einen feinfühligen Drill einlassen, sondern muß den gehakten Fisch so schnell wie möglich vom Grund hochpumpen. Wenn die Quappen beißen, dann heftig. Deshalb reicht eine einfache Laufblei-Montage mit einem 50 Zentimeter langen Vorfach aus. Der Haken Größe 4 wird mit einem Bündel aus Tau- oder Rotwürmern beködert. Widerhaken auf dem Hakenschenkel geben den Würmern besseren Halt. Wechseln Sie die Köder regelmäßig aus, damit ihr Duft und ihre Bewegung die Quappen anlocken, denn das sind die Reize, auf die unser Fisch am besten reagiert.

Wanderer im Winter

In Flüssen haben die großen Quappen ihren eigenen Lebensrhythmus. In der warmen Jahreszeit leben sie weitgehend unbemerkt im Unterlauf der Flüsse, in der Brassenregion und selbst im Brackwasser. Nach den ersten Nachtfrösten im Herbst ziehen sie flußauf, um in stärker durchströmten Flußregionen auf Kiesbänken abzulaichen. Diese winterliche Laichwanderung bietet dem wetterfesten Angler die Chance, dicke Quappen zu erbeuten.

BLINKER-Redakteur Sven Halletz stellt den großen Winter-Quappen an der Oder nach. Von ihm stammt der folgende Experten-Tip:

„Große Flußquappen sind Raubfische, die sich ganz überwiegend von Kleinfischen aller (auch der eigenen) Art ernähren. Für sie ist ein kleinerer Köderfisch an der Grundangel eindeutig der beste Köder, weil er selektiv auf größere Quappen wirkt. Wenn Sie viele Quappen ohne Ansehen der Größe fangen möchten, empfehle ich ein Bündel aus zerschnittenen Tauwürmern. Die Quappen lieben Tiefe, starke Strömung und harten Grund. Daher müßte man eigentlich am Fuße der Steinpackung tief ausgespülter Kurven angeln. Das Problem: In vielen Flüssen bleiben hier nicht mal drei Pfund Blei liegen.

Am einfachsten macht man's daher so: Ein Blei mit breiter Auflagefläche (Sarg-, Noppen- oder Trilobe-Blei) und so schwer, wie es die Rute erlaubt, wird weit in die Strommitte hinausgeworfen. Schnurbügel schließen, Blei absinken lassen, Rute in den Halter stellen. Nach einiger Zeit hört die Rutenspitze auf zu ruckeln, weil das Blei endlich zum Liegen kommt – zumeist an der tiefen, zur Strömung gewandten Außenseite der Uferkante oder an der Außenseite einer Sandbank, die ein Buhnenfeld und den Hauptstrom von einander trennt. Beides ist gleich gut, denn hier führt der Wanderweg der Quappen entlang."

Natürliche Beute

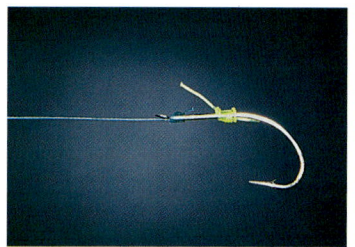

Ein Knoten mit abstehender Borste auf dem Hakenschenkel gibt dem Naturköder Halt.

Zauber des Regenbogens:

Schleppen mit Teig und pfiffige italienische Techniken mit Unterwasser-Posen verzaubern die Regenbogenforellen in Teichen und Seen.

Wer öfter an Forellenteichen fischt, der weiß: Die Zuchtforellen sind längst nicht so dumm, wie man es ihnen nachsagt. Sie wollen genauso aufgespürt und überlistet werden wie Friedfische mit der Grundangel oder Räuber beim Spinnfischen. Gewiß, manchmal beißen sie wie verrückt. Dann kann man sie einfach mit Teig oder Maden „stippen". Aber am besten fangen immer die Experten, die das Verhalten der Forellen richtig einschätzen und das ganze Spektrum der Angelmethoden beherrschen. Forellen sind von Natur aus Räuber. Man fängt sie besonders gut auf bewegte Köder. Sie reagieren auch auf Farben und Aromen. Bunt glitzernder, auftreibender Floating-Teig mit intensiver Witterung, an der Posenangel geschleppt, hat sich daher zum Forellenköder Nummer eins entwickelt.

Forellenangeln macht besonderen Spaß mit einer leichten und sensiblen Matchrute von 3,60 bis 3,90 Metern Länge oder einer speziellen italienischen Forellenrute mit flexibler Voll-Kohlefaserspitze. Auf der leichten Stationärrolle befindet sich eine Hauptschnur von 0,18 oder 0,20 mm. Zum gefühlvollen Schleppen brauchen Sie lange, schlanke Posen. Pfauenfedern tragen mehr Blei und gleiten besser durch das Wasser als die beliebten bunten Plastikposen.

Je nach Jahreszeit und Größe des Gewässers sind Posen mit 2 bis 4 Gramm Tragkraft richtig. Sie werden mit mehreren Bleischroten austariert. Wenn die Forellen tief stehen, werden die Schrote über dem Vorfach zusammengeschoben. Wenn sie im Mittelwasser jagen, verteilt man die Schrote zwischen Pose und Vorfach, damit der Köder langsamer absinkt und gefühlvoller geführt werden kann. An einem langen Vorfach von 50 bis 80 Zentimetern (0,02 mm dünner als die Hauptschnur) hat der auftreibende Teigköder eine ganz besondere Reizwirkung. Damit er die Schnur nicht verdrallt, gehört ein kleiner Wirbel zwischen Vorfach und Hauptschnur.

Rotierender Teig

Weite Würfe sind selten gefragt, zumal die Gewässer ja oft recht klein sind. Langsames und gefühlvolles Schleppen ist der Weg zum Erfolg. Dazu reicht es nicht, einfach einen Teigklumpen an den Haken zu hängen. Formen Sie den Teig zu einem abgeflachten und gewölbten Plättchen, das auch beim langsamsten Schleppen rotiert. Wenn die Pose das erste Anzeichen für einen Biß erkennen läßt, führen Sie sofort die Rute zum Fisch, um ihm Zeit zum Aufnehmen des Köders zu geben. Warten Sie ein paar Sekunden mit dem Anschlag. Erst wenn die Forelle das Maul geschlossen hat, wird der kleine Haken sicher fassen.

Die Forellen wechseln sehr häufig ihren Standort und die Wassertiefe, in der sie jagen. Im Winter und Frühjahr stehen sie oft in Ufernähe und ziemlich tief. Im Sommer ziehen sie träge unter der Oberfläche herum, oder sie stehen an den tiefsten Stellen in der Mitte des Sees. Aber das kann sich von Tag zu Tag, im Frühjahr und

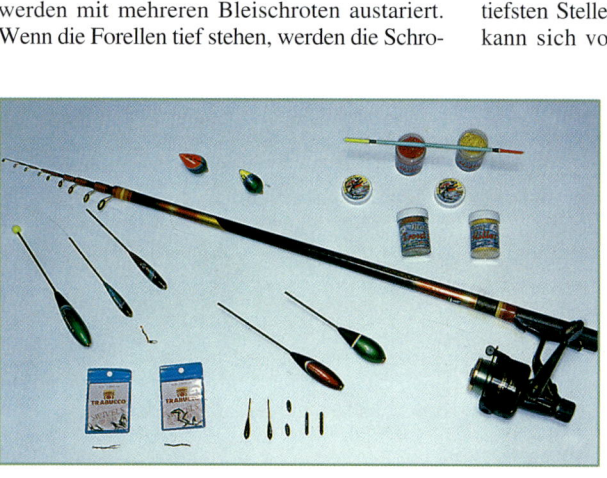

Profi-Gerät für Forellenangler: Italienische Telerute mit sensibler Spitze und schneller Rolle. Oben: Floating-Teig und eine Pfauenfeder-Pose zum gefühlvollen Schleppen. Oben links: Ballerinas, unter der Rute verschiedene Sbirulinos und Bombardas. Unten: Tremarella-Bleie sowie Doppel- und Dreifachwirbel.

132 Modernes Angeln

Forellen aus dem Teich

Solche herrlichen Regenbogner sind am Forellensee immer drin.

Foto: Jim Tyree

Natürliche Beute

L-förmig angeköderte Bienenmaden sorgen für Wirbel.

Mit Teig am Teich: Gustav Riechmann hat eine Forelle im Schlepp.

Herbst sogar von Stunde zu Stunde ändern. Beobachten Sie immer die Wasseroberfläche, durch Ringe und Furchen verraten sich die Fische oft selbst. Und beobachten Sie Ihre Nachbarn, auch wenn die Ihnen nichts verraten. Wer fängt, angelt richtig, und dem können Sie die richtige Angeltiefe, Distanz und Schleppgeschwindigkeit abschauen.

Trota Iridea

In Italien wird sehr viel an Seen und Teichen auf Forelle gefischt, auch unter Meisterschafts-Bedingungen. Entsprechend ausgefeilt sind dort die Techniken zum Überlisten von Trota Iridea – so der italienische Name unserer Regenbognerin. Tremarella und Sbirulino sind die Stichworte. Auch nördlich der Alpen eröffnen diese Techniken neue Möglichkeiten für erfolgreiches Forellenangeln zu allen Jahreszeiten und unter allen Gewässerbedingungen. Die folgende Zusammenfassung stammt von Daniele Bertoli, dessen Firma italienische Angelgeräte – auch zum Forellenangeln – importiert.

Grundüberlegung ist bei allen Methoden, daß Forellen eigentlich auf jeden Köder reagieren, solange er sich nur bewegt. Beim Fischen wirken dann zwei Faktoren zusammen: Ein natürlicher Köder, z.B. Wurm, Angelraupe, Mehlwurm, auch Maden, erhält die Attraktivität eines bewegten Köders wie beim Spinnfischen. Die Bewegung spricht das Seitenlinienorgan der Forellen an, aktiviert die Raublust und Freßgier der Fische. Beim Zufassen nehmen sie den natürlichen Köder ohne Mißtrauen auf.

Tremarella – das Zitterblei

Diese Methode ist ideal zum Befischen kleinerer Seen und Teiche. An großen Gewässern kommt sie besonders im Frühjahr zur Geltung, wenn die Forellen bevorzugt in Ufernähe jagen, weil sich dort das Wasser am schnellsten erwärmt und damit die Produktion von Nährtieren begünstigt. Tremarella ist die Bezeichnung für leichte Laufbleie von 1 bis 6 Gramm, weitläufig verwandt mit den bekannten Tropfenbleien für die Stippangelei. Je nach Gewicht und Form eignen sie sich zum Schlepp- und Spinnfischen mit dem natürlichen Köder in der Nähe der Oberfläche (schlanke Tremarella Slim), im Mittelwasser (Tremarella Classica mit kleiner Antenne) und in Grundnähe (kompakte Tremarella Short). An Stelle von Blei gibt es neuerdings durchsichtige Gewichtskörper aus Glas. Sie sind im klaren Wasser weniger auffällig. Außerdem sinken sie wegen ihres geringeren spezifischen Gewichts weniger schnell als Blei, eignen sich also für eine langsamere Köderführung.

Die Tremarella wird auf die Hauptschnur von 0,18 mm gefädelt, eine Stopperperle und ein Wirbel kommen an das Ende der Schnur. Das andere Ende des Wirbels nimmt ein 70 bis 100 Zentimeter langes Vorfach von 0,16 mm mit einem langschenkligen Forellenhaken Größe 6 bis 10 auf.

Der Hakenköder wird so montiert, daß er beim langsamen Einholen eine propellerförmige Bewegung ausführt: Eine Angelraupe auf dem Hakenschenkel, eine zweite oder ein Mehlwurm im Bogen; ein ganzer und ein halber Wurm in ähnlicher Weise montiert; eventuell auch (völlig unnatürlich) ein kleiner Twister. Naturköder rutschen mit der Zeit zu einem unansehnlichen Bündel im Hakenbogen zusammen. Dagegen hilft ein Trick: Binden Sie auf den Hakenschenkel einen Knoten aus 0,25 er Schnur und lassen Sie nach oben 5 mm abstehen. Diese Borste gibt z. B. einer Bienenmade den nötigen Halt. Da die Köder-Propeller sehr schnell die Schnur verdrallen, werden in Italien spezielle Doppel- oder Dreifach-Wirbel verwendet.

Werfen Sie Köder und Blei hinter einem beobachteten Forellenschwarm oder seinem vermuteten Standplatz ein. Halten Sie danach die Rute schräg aufwärts (in 11-Uhr-Stellung) und holen Sie den Köder langsam ein. Führen Sie dabei aus dem Handgelenk eine Bewegung aus, die die Rutenspitze zum Zittern bringt. Dieses Zittern versetzt den Köder in seine Propeller-Bewegung, die im Zusammenwirken mit dem Auf und Ab durch unterschiedlich schnelles Einholen und Zupfen die Forellen unwiderstehlich zum Anbiß reizt. Je schneller Sie mit der Rutenspitze nach oben einholen, desto näher läuft der Köder zur Oberfläche. Je langsamer Sie einholen und je tiefer die Rutenspitze zeigt, desto tiefer läuft der Köder im Mittelwasser oder in Grundnähe.

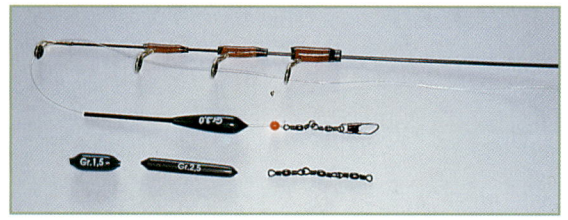

Tremarella-Bleie für unterschiedlich schnelle und tiefe Köderführung mit Doppel- und Dreifachwirbel. Darüber die nadelfeine Spitze einer italienischen Forellenrute.

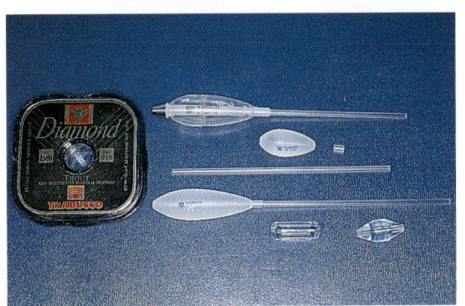

Die neue Generation: Transparente Gewichte und Posen mit auswechselbaren Körpern. Die Pose oben kann mit Wasser gefüllt werden. Die sinkende Schnur ist grün eingefärbt.

Aus Floating-Teig formt man Blättchen, die beim Schleppen im Wasser rotieren.

Zum Angeln mit den leichten Tremarella-Bleien eignen sich am besten weiche Ruten von 3,40 bis 3,60 Metern Länge mit feinen Voll-Carbon-Spitzen, die die Zitterbewegung besonders gut auf den Köder übertragen. Der Anbiß wird als Ruck in der Rute angezeigt. Dabei spürt die Forelle durch die weiche Spitze nur wenig Widerstand, Sie sollten sofort anschlagen.

Posen unter Wasser

An großen Seen oder im Sommer, wenn die Forellen an den tiefsten Stellen mitten im Teich stehen, kommen Sbirulino und Bombarda zum Einsatz. Diese „Posen" bestehen aus einem Balsaholz-Körper mit langer Antenne zur Innenführung der Schnur und einem Blei- oder Messinggewicht im Körperende.

Zu unterscheiden sind drei grundlegende Bauweisen, beispielhaft beschrieben für ein Wurfgewicht von 20 Gramm. Für kleinere Gewässer verwendet man natürlich leichtere Posen.

Sinkend (affondante): Der Körper der Pose trägt 12 Gramm, das eingebaute Blei wiegt aber 20 Gramm. Damit sinkt die Pose wie ein 8-Gramm-Blei, eignet sich also zum Fischen in größerer Tiefe.

Langsam sinkend (semi-affondante): Das gleiche Gewicht ist in einen Posenkörper von 16 Gramm Tragkraft eingebaut, die Pose sinkt also wie ein 4-Gramm-Blei, ideal zum Fischen auf größere Distanz im Mittelwasser.

Schwimmend (galleggiante): Der Posenkörper trägt 21 Gramm, das Blei wiegt 20 Gramm. Die Pose schwimmt also wie eine 1-Gramm-Pose. Diese Variante ist sehr erfolgreich, wenn die Forellen an der Oberfläche jagen. Der dicke Signalkopf auf der Antenne ist auch auf weite Entfernung noch sichtbar, selbst wenn die Pose schräg steht.

Ferner unterscheiden sich die Posen durch ihre Körperform. Die bauchige Bombarda unterstützt eine langsame Führung mit einem gemächlichen Auf und Ab des Köders beim Einholen. Der schlankere Sbirulino eignet sich besser für tiefe Gewässer und schnelleres Einholen.

Alle Modelle werden auch aus durchsichtigem Plexiglas gebaut, dessen Vorteil in klaren Gewässern auf der Hand liegt. Mit austauschbaren Gewichtskörpern oder mit Schwimmkörpern, die mit Wasser gefüllt werden können, bieten diese High-Tech-Posen zusätzliche Möglichkeiten zur Variation.

Wenn die Forellen ausschließlich an der Oberfläche jagen, kommt die Ballerina („Tänzerin") zum Einsatz. Diese eiförmige Pose ohne Antenne ist ebenfalls stark vorbeschwert. Sie arbeitet ähnlich wie eine Wasserkugel, hat aber wesentlich bessere Wurfeigenschaften und gleitet aufgrund ihrer Form sehr unauffällig über das Wasser.

Entsprechend den Wurfgewichten benötigen Sie zum Fischen mit Sbirulino, Bombarda und Ballerina stärkere Ruten, die aber für den Drill eine nachgiebige Aktion haben sollten. Die Pose wird mit der Antenne nach oben und dem Bleigewicht nach unten gleitend auf der Hauptschnur von 0,20 mm montiert und am Ende der Schnur durch eine Perle und einen Wirbel gestoppt, bevorzugt wiederum mit einem Dreifachwirbel. Das Vorfach von 0,18 mm ist 1,50 bis 3 Meter lang. Beim Fischen in Grundnähe wird es mit einem oder zwei kleinen Bleischroten beschwert. Haken und Köder sind die gleichen wie beim Tremarella-Fischen.

Werfen Sie auch hier die Angel hinter dem Standplatz der Forellen ein und lassen Sie die Pose mit dem Köder auf die Tiefe sinken, in der Sie die Forellen vermuten. Halten Sie die Rute zunächst hoch in 11-Uhr-Stellung, um sie dann auf 9 Uhr abzusenken und in kleinen, ruckartigen Schritten wieder auf 11 Uhr anzuheben, und so weiter. Das Geheimnis des Erfolgs besteht darin, den richtigen Rhythmus und die richtige Geschwindigkeit beim Einholen und bei den Bewegungen des Köders herauszufinden.

Auch beim Angeln mit Sbirulino und Bombarda erkennen Sie den Biß durch einen Ruck in der Rutenspitze. Da Sie hier mit einer stärkeren Rute fischen, spürt auch die Forelle den Widerstand. Geben Sie sofort ein wenig Schnur nach (20 bis 30 Zentimeter) und lassen Sie dem Fisch etwas Zeit, bevor Sie anschlagen.

Wenn der Erfolg ausbleibt, probieren Sie verschiedene Wasserschichten aus, wechseln Sie zwischen langsam sinkenden und schnell sinkenden Posen, verändern Sie das Einholtempo, usw. Ein erfahrener Angler, der sein Gewässer kennt, der die Jahreszeit, die Luft- und vor allem die Wassertemperatur berücksichtigt, wird schneller die Fische finden als derjenige, der einfach „auf gut Glück" fischt. Die Forellen verhalten sich manchmal eigenwillig, indem sie nur in einer ganz bestimmten Wassertiefe bleiben und auf vorbeitreibende Nahrung warten. Ein anderes Mal wieder ziehen sie rastlos umher und sind kaum zu orten. Ein weiteres Mal schließlich stürzen sie sich auf alles, was sich irgendwo bewegt.

Modernes Angeln 135

Die Kunst zu verführen

AUF RAUBFISCHE MIT KÜNSTLICHEN KÖDERN

Zander auf Gummi, das ist heute die populärste Form des Angelns auf Raubfische.

Aktives Angeln mit attraktiven Ködern verführt auch passive Räuber zum Anbiß. Das ist eines der Erfolgsgeheimnisse beim Angeln mit künstlichen Ködern auf Raubfische. Bei der schier endlosen Zahl von Kunstködern sind der Kreativität des Anglers keine Grenzen gesetzt. Sein Gespür für den richtigen Köder zur richtigen Zeit entscheidet maßgeblich über den Erfolg.

Ich danke meinem Freund Uli Beyer für viele Anregungen und für seine tollen Fotos.

Auf einen Blick:
Köder und Geräte zum Spinnfischen

Blinker, Spinner und Wobbler sind die klassischen Kunstköder. Twister und Gummifische machen das Spinnfischen noch vielseitiger. Leistungsfähiges Gerät führt zum Erfolg.

Zwei Herren aus dem neunzehnten Jahrhundert verdanken wir die Klassiker unter den Spinnködern: Dr. Karl Heintz, Jahrgang 1850, Autor des Standardwerks „Der Angelsport im Süßwasser" (1. Auflage 1903), konstruierte 1906 den Heintz-Blinker, der sich besonders im strömenden Wasser, aber auch beim Schleppfischen in Seen bis heute bewährt. Fritz Ziegenspeck, der seine 1875 in Berlin gegründete Firma 1902 in „Deutsche Angelgeräte Manufaktur" (D A M) umbenannte, taufte mit seinen Initialen „FZ" den Effzett. Dieser vielfach kopierte Blinker ist immer noch ein absolutes „Muß" in der Köderschachtel jedes Spinnfischers.

Blinker sind Blechfische, die aufgrund ihrer Wölbung im Wasser taumeln. Beim Einholen rotieren sie um ihre eigene Achse und erzeugen dabei Druckwellen. Zusätzlich reizen sie den Raubfisch durch Lichtreflexe. Löffelblinker vom Typ Effzett haben viel Wasserwiderstand, taumeln langsam zum Grund und bewegen sich schon bei geringer Einholgeschwindigkeit. Schlanke Blinker wie der Heintz benötigen mehr Druck, also mehr Strömung oder mehr Tempo. Für weite Würfe und in starker Strömung braucht man schlanke Blinker aus dickem Blech wie den Toby von ABU aus Schweden.

Noch bevor die Herren Heintz und Ziegenspeck ihre Blinker bauten, nämlich im Jahr 1852, wurde in Amerika der Köder patentiert, dem unsere Methode ihren Namen verdankt: der Spinner, auch Schwinglöffel oder fliegender Löffel genannt. Während ein Blinker um seine eigene Achse rotiert, dreht sich beim Spinner ein Löffelblatt um eine feste Drahtachse. Das Spinnerblatt erzeugt im Wasser starke Druckwellen, die auf das Seitenlinienorgan der Raubfische wirken, und Lichtreflexe, die seine Neugier erwecken. Ein rundlich-ovaler Schwinglöffel wie der „Urvater" Mepps hat mehr Wasserwiderstand, spricht daher auf geringeren Druck an und rotiert in größerem Abstand von der Achse als ein

Rutentest mit Uli Beyer am Rhein. Größe und Gewicht der Spinnköder entscheiden über die Zusammenstellung des Geräts.

Die Kunst zu verführen

Kleine Wobbler-Familie: 1, 3 und 4 von Rapala, 2 Turus Ukko, 5 schwebender Zalt und 6 schaufelloser Tomic von Jäger Tackle and Lures.

Klassische Blinker: 1 Heintz, 2 Effzett, 3 schlanker Effzett, 4 Toby.

Eine Agraffe mit rundem Bogen läßt dem Wobbler seine Bewegungsfreiheit.

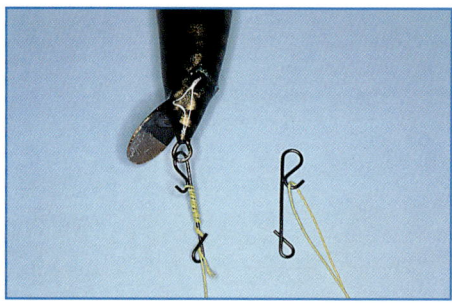

Einfacher und praktischer Schnurverbinder für geflochtene Schnüre: Schnurschlaufe acht- bis zehnmal rumwinden, oben einklinken, fertig.

Verschiedenartige Spinner: 1 Original Mepps, 2 Droppen, 3 Vibrax, 4 schlanker Reflex für die Strömung, 5 Flying C, 6 Mörrum mit Bleikopf, 7 Köderspinner, 8 Effzett-Spinner mit Twisterschwanz.

schlankes Blatt. Bleikopfspinner und Köderspinner sind zwei Sonderformen, die mir an den verschiedensten Gewässern immer wieder gute Erfolge gebracht haben. Der schwedische Renommierfluß für Meerforellen, die Mörrum, stand Pate für einen Bleikopfspinner mit schlankem Blatt und exzentrischem Bleikopf. Dieser Köder fliegt extrem weit und läuft auch in starker Strömung nahe am Grund. In intensiv befischten Gewässern werden die Raubfische mit der Zeit „blechmüde". Mit einer Kombination aus Spinner und Plastikfisch kann man sie immer noch überlisten. Der Räuber spürt zunächst den weichen Plastikfisch und greift zu, bevor er bemerkt, daß doch alles „Blech" war.

Spinner haben einen großen Nachteil, sie verdrallen die Schnur. Schalten Sie deshalb dem Spinner immer einen gut laufenden Wirbel vor, besser zwei (oben und unten am Stahlvorfach). Weitere Möglichkeiten, den Schnurdrall zu reduzieren, sind transparente Anti-Kink-Scheiben oder ein exzentrisch an der Schnur befestigtes Vorblei.

Wie echte Fische

Wobbler sehen nicht nur aus wie echte Fische, sie schwimmen auch so. Ein richtig präsentierter Wobbler läßt kaum einen Raubfisch kalt. Wobbler werden aus Holz oder Kunststoff gebaut. Vom Materialgewicht hängt die Schwimmlage des Wobblers ab. Ist das Material leichter als Wasser, so schwimmt er. Ist es schwerer, sinkt er ab. Eine lange, breite, flach gestellte Schaufel läßt den Wobbler tief tauchen, eine senkrecht nach unten gestellte Schaufel hält ihn nahe der Oberfläche.

Wobbler reizen den Raubfisch durch ihre auffällig „wobbelnde" Schwimmbewegung. Zwei- oder dreiteilige Wobbler erregen noch mehr Aufsehen als einteilige, sind aber schwieriger zu werfen und verhängen sich öfter in der Schnur. Bei einem so „natürlichen" Kunstköder spielt auch die Farbe eine wichtige Rolle. In klarem Wasser verwende ich Wobbler mit Fischdekor und orientiere mich dabei an den Beutefischen. Große Augen erhöhen die Reizwirkung des Wobblers. In den Körper eingebaute Rasseln sprechen darüber hinaus die Hör- und Seitenlinienorgane der Räuber an.

Neben den herkömmlichen Wobblern gibt es auch Modelle ohne Tauchschaufel, zum Beispiel Meerforellenwobbler und amerikanische Jerkbaits. Sie entwickeln im Wasser kaum Eigenbewegung, der Angler muß ihnen durch seine Köderführung Leben geben: Harte Rucke mit einer harten Rute lassen sie aufreizend durchs Wasser schießen. Wobbler sind – abgesehen von den kleinsten Modellen – zumeist mit zwei Drillingshaken ausgestattet, einem Kopf- und einem Schwanzdrilling. Auch bei sehr teuren Wobblern läßt die Qualität der Drillinge manchmal zu wünschen übrig, sie sind zu klein und zu stumpf. Oder die großen Ausführungen tragen dicke verzinkte Drillinge für die Meeresangelei. Dünn und klebend scharf müssen die Drillinge sein, damit sie sofort Halt im harten Maul eines Räubers finden. Prüfen Sie daher vor dem Fischen die Drillinge Ihres Wobblers und montieren Sie im Zweifelsfall neue, bessere.

Große Wobbler hebeln im Drill manchmal den Haken aus. Eine bewegliche Verbindung zwischen Wobbler und Drilling mit einem zwischengeschalteten Wirbel oder einem zusätzlichen Sprengring mindert dieses Risko.

Die weiche Welle

Fische und Würmer, Frösche, Krebse, Lurche und allerlei anderes Getier aus Gummi (und aus Amerika) haben die Kataloge der Hersteller, die Regale der Gerätehändler und die Köderschachteln vieler Angler erobert. In der Praxis freilich bewähren sich nicht alle Köder, die in Nordamerika für Furore sorgen, an europäischen

Außergewöhnlicher Doppelfang: Uli Beyer mit Hecht von 105 und Zander von 98 Zentimetern.

Die Kunst zu verführen

Bunte Vielfalt von Silikon-Ködern: Links Twister mit unterschiedlichen Köpfen, daneben Würmer und Krebse, rechts Shads, unten der BLINKER-Hit.

Gewässern in gleichem Maße. Ein treffendes Beispiel ist der Flying Lure, der Köder, der dank einer besonderen Bleimontage auf den Fisch zuschwimmt. In Amerikas großen Seen fängt er beim Bootsangeln Schwarzbarsche, die in ihren Unterständen mit keinem anderen Köder zu erreichen wären. In Europa hat er sich trotz hohen TV-Werbeaufwands nach einem anfänglichen „Boom" nur eingeschränkt bewährt, weil Fische, Gewässer und Angelmethoden anders sind als in seinem Herkunftsland.

Twister und Gummifisch (Shad) hingegen haben sich durchgesetzt. Die „weiche Welle" mit diesen Silikonködern hat das Spinnfischen enorm bereichert. Sowohl der Twister mit seinem langen, dünnen, lebhaft wedelnden Schwanz als auch der Shad mit seinem wobbelnden Schaufelschwanz bewegen sich im Wasser sehr auffällig und erregen damit die Aufmerksamkeit der Raubfische. Die spüren beim Anbiß kein hartes Blech oder Holz, sondern ein weiches, „fischiges" Material und fassen vertrauensvoll zu. Einreiben mit Aromastoffen kann die Lockwirkung der Gummiköder noch verstärken. Der amerikanische Hersteller Berkley imprägniert seine Power Baits von vornherein mit Lockstoff.

Twister und Bleiköpfe

Twister gibt es heute in allen erdenklichen Farben und in den verschiedensten Größen vom winzigen 3-Zentimeter-Würmchen bis zum heftig wirbelnden 15 Zentimeter langen Mogambo. Auf Twister habe ich schon alle Arten von Raubfischen gefangen, ja sogar räuberische Rotaugen in den flachen Buchten der schwedischen Ostsee.

Neben dem normalen Twister gibt es verschiedene Sonderformen mit besonders breiten, flachen und langen Schwänzen, die dem Köder noch mehr Bewegung geben, wie z. B. der Sandra. Twister mit Doppelschwanz sind außerordentlich lebhafte Köder. Ihre flatternden Schwänze bleiben auch bei sehr langsamer Führung in stehenden Gewässern aktiv.

Twister werden auf spezielle Bleikopfhaken (Jig-Haken) montiert. Die Bezeichnung des Hakens weist hin auf den Vorläufer des Silikonwurms, eben den Jig, einen Bleikopfhaken mit Feder- oder Borstenschmuck. Sie erinnert auch an den Ursprung des Begriffs, nämlich den „Jig", einen temperamentvollen Tanz mit wilden Sprüngen. Genau diesen Tanz soll der Köder den Fischen vorführen. Neben dem üblichen Haken mit kugelförmigem Bleikopf gibt es zahlreiche Varianten für verschiedene Gewässertypen und Arten der Köderführung. Wir kommen darauf zurück.

Weiche Riesen

Gummifische sind die „Aufsteiger" der letzten Jahre unter den Kunstködern. Die kleineren Ausführungen sind gut für Barsche oder Forellen und zum Angeln auf Hecht und Zander im Sommer. Im Herbst und Winter gilt die Formel: Je größer der Köder, desto größer die Hechte und Zander. Fünfzehn, achtzehn, bis zu dreiundzwanzig Zentimeter lang sind die Shads, mit denen die Experten erfolgreich Jagd auf Kapitale machen. Scheuen Sie sich nicht, solch große Köder zu verwenden! Für große Gummifische werden extra langschenklige Spezialhaken mit Bleikopf gebaut. Wählen Sie auch hier nur die beste Qualität mit klebend scharfen Hakenspitzen!

Auch die Silikonfische wurden im Laufe der Zeit weiterentwickelt. Eine Sonderform ist der BLINKER-Hit. Er hat einen besonders großen Schaufelschwanz. Die Noppen auf seiner Schwanzwurzel verursachen zusätzliche Druckwellen, mit denen er sich von anderen Gummifischen unterscheidet. Das kann an stark befischten Gewässern einen Vorteil bringen. In das Loch im Körper kann man als zusätzliche Reize Phosphor-Augen oder einen Wattestopfen mit Flüssig-Lockstoff einsetzen. Auch der Slotter-Shad ist ein Köder, der dank seiner speziellen Schwanzform anders als andere und besonders lebhaft wedelt. Ich verwende ihn gern in stehenden Gewässern, vor allem wenn der Köder sehr langsam geführt werden muß.

Twister und Gummifische bleiben so schön weich und wabbelig, weil ihr Material einen Weichmacher enthält. Der macht freilich auch andere Kunststoffe weich. Bewahren Sie deshalb Ihre Silikonköder in speziellen twisterfesten Köderschachteln oder in Plastikbeuteln auf, und zwar am besten nach Farben sortiert, denn sonst färben sie sich gegenseitig zu ungewollten Phantasiemustern.

Gegen Schnurdrall bei Spinnern: Anti-Kink-Scheibe (sollte ca. 30 cm vor dem Köder montiert werden) und Bleischrot am freien Ende der Schnur.

Ruten mit Rückgrat

Spinnfischen stellt hohe Anforderungen an das Gerät. Schnelle Ruten für weite Würfe, Schnüre mit großer Tragkraft bei geringem Durchmesser, Rollen mit starkem Getriebe und sensibler Bremse – Spitzentechnologie ist keinesfalls „Spinnkram", sondern der Weg zum Erfolg.

Der wichtigste Auswahlfaktor für eine Spinnrute ist ihr Wurfgewicht. Überlegen Sie also vor einem Kauf, wo und wie Sie die neue Spinnrute hauptsächlich verwenden wollen und wählen Sie im Zweifelsfall die etwas stärkere Rute. Damit sind Sie auch beim Anschlag auf der sicheren Seite, denn die Rute braucht Rückgrat, um den Drilling eines Blinkers oder Wobblers in ein sperriges Hechtmaul zu treiben, das den Köder wie ein Schraubstock umklammert.

Oben Stationärrolle und Spinnrute mit großen, hochstehenden Ringen. Unten Multirolle und Spezialrute mit Revolvergriff und eng anliegenden Ringen. Geflochten oder Monofil heißt die Wahl bei den Schnüren. Stahlvorfächer gehören fast immer dazu.

Spinnruten haben einen zweigeteilten Korkgriff mit Schraubrollenhalter. Ein kurzer Griff läßt sich einfacher handhaben, ein langer erzieht zu ruhigen, gezielten Würfen, er führt damit zu größerer Wurfweite und -genauigkeit. Außerdem hilft er beim Drill, weil er sich stützend gegen den Unterarm legt und das Handgelenk entlastet.

Die Ringe müssen groß sein, um den Ablauf der Schnur von der Stationärrolle nicht zu behindern, und von bester Qualität. Beim Spinnfischen werden an jedem Angeltag viele Kilometer Schnur unter Gegendruck eingeholt. Geflochtene Schnüre belasten die Ringe zusätzlich durch ihre Reibung. SIC (Silicon-Carbid) heißt die Formel für wirklich widerstandsfähige und zuverlässige Ringe.

Eine mittlere Stationärrolle deckt die meisten Bereiche des Spinnfischens ab. Wichtig ist ein ebenso präzises wie robustes Getriebe, das hohen Belastungen standhält. Nicht nur, weil Spinnrollen „Dauerläufer" sind, sondern vor allem, weil jeder Ruck beim Anschlag oder bei einem Hänger voll auf das Getriebe zurückschlägt. Aus diesem Grund haben erstklassige moderne Rollen eine stufenlose Rücklaufsperre, die den Rotor in jeder Stellung ohne Spiel blockiert.

Die Übersetzung des Getriebes bestimmt mit über die Geschwindigkeit des Köders. Zum Spinnfischen ist eine Übersetzung von ungefähr 1 : 5 ideal (eine Umdrehung der Kurbel bewirkt 5 Umdrehungen des Rotors). Rollen mit einer Übersetzung von 1 : 6 oder höher verführen, den Köder zu schnell einzuholen. Und das ist der häufigste Fehler beim Spinnfischen. Angeln Sie möglichst immer mit der gleichen Rolle und entwickeln Sie damit ein Gefühl für unterschiedliche Geschwindigkeiten.

Ein versetzter Spulenhub mit unterschiedlichen Geschwindigkeiten beim Auf und Ab sorgt für eine saubere Kreuzwicklung. Das heißt, die einzelnen Lagen der Schnur kreuzen sich und können sich nicht ineinander verkeilen. Eine hohe konische Spule mit einer Abwurfkante aus poliertem Metall begünstigt den reibungslosen Ablauf der Schnur und bringt einige Meter zusätzliche Wurfweite.

Die Bremse muß sich präzise auf die Knotenfestigkeit der Schnur einstellen lassen, bei Belastung ruckfrei ansprechen und im Drill einen gleichbleibenden Druck auf den Fisch ausüben. Eine Frontbremse läßt sich im allgemeinen feiner einstellen und wirkt direkter als eine Heckbremse. Deshalb verwenden die meisten Spinn-Experten Rollen mit Frontbremse. Ich persönlich bevorzuge eine Heckbremse mit zusätzlicher Kampfbremse, mit der ich im Drill blitzschnell die Bremskraft verstärken oder reduzieren kann, ohne die Grundeinstellung zu verändern.

Multi-Talente

In Nordamerika und teilweise auch in Skandinavien sind Multirollen die Nr. 1 bei den Spinnfischern. Sie besitzen einige überzeugende Vorzüge: Sie produzieren keinen Schnurdrall, vermitteln einen direkten Kontakt zum Fisch, auch ihre Bremse wirkt direkter, und sie sind leichter als Stationärrollen mit vergleichbarer Kraft und Schnurkapazität. Leider bescheren sie ungeübten Anglern beim Wurf ungeahnten Schnursalat.

In jedem Fall eignen sich Multirollen besser zum Schleppen, bei geübter Handhabung auch zum schweren Spinnfischen. Für Ködergewichte bis 20 Gramm ist die Stationärrolle überlegen. Da die Multirolle nicht an der Rute hängt, sondern auf ihr „steht", sind Spezialruten mit einer größeren Anzahl von engen Ringen vorteilhaft. Sie führen beim Drill die Schnur oberhalb des Rutenblanks. Ein speziell geformter Rutengriff (Revolvergriff) erleichtert die Handhabung.

Krieg der Schnüre

Monofil oder geflochten – die Frage nach der besseren Schnur hat unter Spinnfischern einen wahren Glaubenskrieg ausgelöst. Geflochtene Schnur ist bei gleicher Tragkraft erheblich dünner und auch weicher als monofiles Nylon. Sie ermöglicht daher leichteres Werfen und größere Wurfweiten. Das gilt allerdings nur für sehr eng und rund geflochtene Schnüre mit relativ glatter Oberfläche.

Bei Weitwürfen kommt hinzu, daß eine geflochtene Schnur praktisch keine Dehnung aufweist. Sie vermittelt also in jeder Distanz einen direkten Kontakt zum Köder. Jeder Biß, jeder Stupser eines mißtrauischen Räubers am Köder, jedes Anstoßen am Grund oder an Hindernissen wird unmittelbar und deutlich übertragen. Und genauso direkt und kompromißlos bringt die geflochtene Schnur den Anschlag zum Fisch.

Beim Angeln mit großen, schweren Ködern auf weite Entfernung ist für mich eine erstklassige Geflochtene eindeutig die erste Wahl. Zum leichten und mittelschweren Spinnfischen mit Ködern unter 20 Gramm ist Monofil gleichwertig, in einem Punkt sogar im Vorteil: Durch seine Dehnung wirkt es im Drill wie ein Stoßdämpfer und verhindert, daß der Haken aus dem Fischmaul ausschlitzt. Aus diesem Grund ziehe ich beim leichten Spinnangeln monofile Schnüre vor.

Die Kunst zu verführen

Jagen auf Jäger

Auf frischer Tat ertappt: Der Nacht-Hecht, der sich selbst verriet.

Spinnfischen auf Hechte

Charakterkopf: Der Hecht jagt auf Sicht. Sein Blick ist nach oben gerichtet.

Ein Gewässer erkunden, typische Hechtstandplätze finden und die Köderführung dem Jagdverhalten des Räubers anpassen, das sind die Schlüssel zum erfolgreichen Spinnfischen auf unseren beliebtesten Raubfisch.

Betrachten Sie einen Hechtkopf: Neben dem tief gespaltenen, zahnstarrenden Maul sind die großen, hoch oben am Schädel stehenden Augen das auffälligste Merkmal des Räubers. Der Hecht ist ein „Augenfisch", er jagt auf Sicht. Sein Blick ist nach oben gerichtet. Das heißt, er steht am Grund oder in Bodennähe und lauert auf Beutefische, die über ihm vorbeischwimmen. Hat er ein Opfer ausgemacht, so stößt er blitzartig zu. Hechte sind Sprinter, keine Langstreckenläufer, das zeigt ihr torpedoförmiger Körper. Lange Verfolgungsjagden liegen ihnen nicht. Kranke oder verletzte Fische, die in ihrem Bewegungsablauf behindert sind und als Einzelgänger außerhalb von Schwärmen herumschwimmen, sind eine besonders bequeme Beute. In Flüssen haben die Hechte, insbesondere die größeren, zumeist einen festen Standplatz. Von diesem Standplatz aus kontrollieren sie ihr Jagdrevier, das sie nur zur Laichzeit oder bei starkem Hochwasser verlassen. In stehenden Gewässern wechseln die Jagdreviere der Hechte mit der Jahreszeit und der Wassertemperatur, aber zu einem bestimmten Zeitpunkt bieten immer auch bestimmte Gewässerzonen die besten Fangaussichten. Wir kommen darauf zurück. Klare Gewässer bringen die größten Hechte hervor. Denn hier finden die Hechte ihre Beute besonders leicht und können sich ohne großen Energieaufwand mästen. Trübe Gewässer bieten dem Hecht keinen guten Lebensraum. Sie werden vom Zander beherrscht, kleinere Hechte spielen eine eher untergeordnete Rolle.

Wecken - interessieren - fangen

Nach den Jagdgewohnheiten des Hechts muß sich die Taktik und die Köderführung beim Spinnfischen richten. Es hat wenig Zweck, ein Gewässer

Die Kunst zu verführen

Sicher im stabilen DAM-Kescher.

"blind" mit dem Spinnköder zu durchkämmen. Erkunden Sie erst das Gewässer nach typischen Standplätzen und Jagdrevieren und fischen Sie diese Plätze gründlich ab.

Manchmal attackiert der Hecht bereits beim ersten Wurf den Köder. Das ist dann ein hungriger Räuber, bei dem alle Sinne auf Fressen eingestellt sind, der gierig auf Beute lauert. Der große Vorteil des Spinnfischens gegenüber dem Angeln mit Köderfischen besteht jedoch darin, daß auch solche Hechte zum Beißen verführt werden, die eigentlich gar nicht fressen wollen. Der Reiz der taumelnden, wirbelnden, blinkenden und rasselnden Kunstköder weckt zunächst die Neugier der Hechte, aktiviert dann ihren Jagdinstinkt, macht sie aggressiv und löst letztlich den Reflex aus, der Anbiß heißt.

Verlassen Sie also einen guten Angelplatz nicht zu schnell, fischen Sie mit Geduld, beim Hechtangeln gibt es keine „Kilometerprämie"! Es ist besser, verschiedene Köder auszuprobieren, in unterschiedlichen Tiefen zu fischen, mit wechselnder Einholgeschwindigkeit. Gewiß gilt der Grundsatz, daß ein Hechtköder langsam geführt werden muß. Wie ein kranker Fisch soll er über dem Standplatz des Räubers hinwegtaumeln, möglichst direkt an seinem Maul vorbei. Nicht selten aber gibt eine andere Gangart dem Räuber den letzten „Kick" zum Anbiß, zum Beispiel ein Gummifisch, der in Sprüngen „flüchtet", ein heftig platschender Wobbler oder Spinnerbait an der Oberfläche ...

Besonders im Sommer kommt es vor, daß Hechte den Köder bis zum Ufer verfolgen. Jetzt wäre es ein Fehler, die Einholgeschwindigkeit zu senken. Kurbeln Sie schneller, vielleicht packt er dann zu, damit ihm die Beute nicht entwischt. Wenn der Hecht mit mächtiger Bugwelle abdreht, versuchen Sie es noch ein- oder zweimal mit dem gleichen Köder, wechseln Sie dann das Angebot, geben Sie nicht zu schnell auf. Denn die Jagdlust dieses Räubers ist geweckt, die Fangchance beträgt achtzig Prozent. Um die restlichen zwanzig Prozent lohnt es zu kämpfen.

Auf der Jagd erwischt

Auf nahezu hundert Prozent steigen die Chancen, wenn Sie einen raubenden Hecht beobachten, der Beutefische verfolgt und verfehlt. Einer solchen Situation verdanke ich einen meiner größten Hechte, der übrigens – entgegen allen überlieferten Theorien – bei Dunkelheit biß. Ich fischte an der Ruhr auf Zander, das Wasser war niedrig und klar, der Vollmond leuchtete vom Himmel: keine guten Voraussetzungen. Plötzlich nahm ich ein Stück stromab ein Klatschen wahr, im Mondlicht zerlief ein großer Schwall an der Oberfläche – ein Räuber auf der Jagd! Zwei Würfe mit dem

Zur Hand-Landung solcher Hechte gehört Mut.

gelben Gummifisch über die Stelle, ein Ruck in der Rute, schwerer Widerstand, das mußte ein großer Hecht sein.

Zunächst ließ er sich heranziehen wie ein nasser Sack, schien noch gar nicht wahrzunehmen, was mit ihm geschah. Doch kurz vor dem Ufer, als wir uns im Schein meiner Kopflampe „Auge in Auge" gegenüberstanden, erkannte er die Gefahr, warf sich herum und riß mit einem Zug 20 Meter Schnur von der Rolle. Wie gut, daß ich die Kampfbremse meiner Rolle heruntergeschaltet hatte, sonst hätte es mit Sicherheit Bruch gegeben bei der kurzen Distanz zwischen Rute und Fisch. Erst jetzt begann der eigentliche Drill, an dessen Ende ich einen Hecht von 105 Zentimetern landen konnte. So einer wiegt ungefähr 18 Pfund. Er hatte den 15-Zentimeter-Gummifisch voll genommen, nur der Bleikopf schaute noch aus der Maulspalte, die scharfen Hechtzähne bissen auf das Stahlvorfach. Nach dem Selbstauslöser-Foto durfte er wieder schwimmen, mit den besten Wünschen für die bevorstehende Laichzeit.

Große Köder, starkes Gerät

Je größer der Köder, umso größer der Hecht – diese Gleichung stimmt fast immer, ausgenommen im Sommer, wenn die Hechte sich an Kleinfisch-Schwärmen vollfressen. Zum Spinnfischen auf Hecht gehört deshalb ziemlich starkes Gerät. Die Rute muß die Kraft besitzen, große Blinker und Gummifische zu werfen. Und sie muß hart genug sein, um die Drillinge eines Wobblers im harten Hechtmaul zu verankern. Meine Lieblingsrute für die Hechtsaison im Herbst und Winter, die Uli Beyer Spezial, ist 2,70 Meter lang und für Wurfgewichte bis 85 Gramm ausgelegt. Wenn ich überwiegend mit Wobblern am Flußfische, so vor allem zu Beginn der Saison nach der Laich- und Schonzeit, ziehe ich eine 3,60 Meter lange Rute vor. Damit kann ich den Wobbler lange in einer ausreichenden Entfernung vom Ufer führen. Auch beim Fischen in Krautlücken und am Rande von Seerosenfeldern im Sommer

Hecht im Drill. Ein Stahlvorfach schützt die Schnur vor seinen scharfen Zähnen.

hilft eine lange Rute, den Köder zielsicher zu dirigieren.

Beim Rollentyp habe ich mich für eine mittelgroße Stationärrolle mit Kampfbremse entschieden. Multirollen sind aber zum Hechtfischen mindestens ebenbürtig. Größere Präzision bei schwierigen Würfen, langsame Köderführung, mehr Gefühl für Köder und Fisch sind ihre Vorzüge. Wenn Sie noch nicht auf eine bestimmte Rolle festgelegt sind und Lust haben, eine etwas schwierigere Wurftechnik zu erlernen, sollten Sie unbedingt die Multi probieren!

Geflochtene und Stahl

Große Köder und starkes Gerät – dazu paßt am besten eine geflochtene Schnur, und zwar eine erstklassige, eng geflochtene mit glatter Oberfläche. 8 Kilo Tragkraft reichen zum Hechtfischen aus. Wer lieber mit Monofil fischt, hat die Wahl zwischen einer dehnungsarmen, aber relativ steifen Schnur von 0,30 mm Durchmesser oder einer weicheren Schnur von 0,35 mm. Beide werfen sich letztlich ungefähr gleich. Die Dehnung und Elastizität der monofilen Schnur kann ein Vorteil sein beim Drill auf kurze Distanz. Bei der Geflochtenen wird dieser Vorteil aber mehr als aufgewogen durch den direkten Kontakt zum Köder und vor allem durch den Anschlag, der ohne Kraftverlust beim Fisch ankommt.

Ein Stahlvorfach ist beim Spinnfischen auf Hechte Pflicht. Zu groß ist die Gefahr, daß die scharfen Hechtzähne eine monofile Schnur zerbeißen. Die geläufige Lehre bei der Fischereiprüfung empfiehlt zum Spinnfischen kurze Stahlvorfächer. Davor möchte ich ausdrücklich warnen. Wenn ein großer Hecht gierig zupackt, hat er den Köder voll im Maul oder im Schlund (betrachten Sie noch einmal mein Nachtfoto!). Davor liegen die Zähne, und bei einer Wendung gerät die Schnur schnell in die scharfen Kiemenbögen, danach möglicherweise wieder ins Maul. Stahlvorfächer zum Hechtfischen sollten mindestens 50 Zentimeter lang sein. Ich baue sie am liebsten selbst aus weichem Soft Strand oder Pike Wire (Hecht-Draht) mit 15 Pfund Tragkraft.

Ein Wort noch zu den Landungsgeräten. Meine Einstellung zu großen Hechten kennen Sie schon: Schwimmen sollen sie, viele Friedfische fressen und für Nachwuchs sorgen. Am liebsten und schonendsten lande daher ich meine Hechte durch einen Griff in die Kiemen. Dabei schont ein Arbeitshandschuh meine Hand. Solche Hand-Landungen erfordern freilich einiges Selbstvertrauen und Geschick, sonst fängt der Angler sich möglicherweise an frei hängenden Haken selbst. Sie sind auch nicht überall möglich. An steilen, steinigen Ufern kommt man nicht nahe genug an den Fisch. Da ist ein Klappkescher mit Teleskopstiel das richtige Landungsgerät. In dieser Warengruppe gibt es jede Menge Klappriges, das den Anforderungen nicht gerecht wird. Ein stabiler DAM-Kescher mit Hammerkopf dient mir seit langem als solider Begleiter am Hechtgewässer.

Spinnen mit dem Köderfisch

Bisher war ausschließlich von künstlichen Ködern die Rede. Doch Martin Wehrle, ehemaliger stellvertretender BLINKER-Chefredakteur, hat einen anderen heißen Tip:

„Ob am Schluchsee oder in der Elbe, in Irland oder Kanada: Mit dem toten Köderfisch als Spinnköder habe ich immer und überall Hechte überlistet. Und alle großen Hechte habe ich auf große Köderfische gefangen. Groß heißt: zwischen 200 und 400 Gramm. Rotauge und Barsch sind meine liebsten Köder. Das Rotauge hat den Vorteil, daß es bei Sonnenschein verlockend blinkt. Nachteil: Nach 40 bis 50 Würfen zerfleddert es. Der Barsch dagegen hält länger. Ich habe schon mit einem einzigen Barsch einen ganzen Herbsttag lang geangelt – und sogar mehrere Hechte gefangen. Die Bißspuren stören nicht, sie machen den Köderfisch nur noch verlockender. Meinen Köderfisch ziehe ich mit einer langen Arterienzange auf das Stahlvorfach. Ich führe sie vom Maul her in den Fisch, bis ihre Spitze durch das Waidloch dringt. Dort klemme ich die Schlaufe des Vorfachs ein und ziehe es mit der Zange durch das Maul heraus. Einen Haken des Drillings plaziere ich im Fleisch des Fisches, die beiden anderen stehen frei."

Die Kunst zu verführen

Große Köder für große Hechte: Wobbler von 15 - 18 cm, Effzett mit Kopfdrilling und großer Löffelblinker, „weicher Riese" mit Bleikopf und Eigenbau-System aus zwei Drillingen.

Explosion an der Oberfläche. Große Hechte sind Kämpfertypen.

Suchen und fangen:
Hecht-Strategien an Fluß und See

In Flüssen sind die Hechte leichter zu finden (und zu fangen). Doch die wirklichen Kapitalen lauern im Stillwasser. Mit den Jahreszeiten wechseln die Räuber ihr Jagdrevier.

Die Hechtsaison beginnt üblicherweise mit dem Ende der Laich- und Schonzeit am 1. Mai. Der Wasserstand der Flüsse hat sich jetzt normalisiert, die Hechte haben ihre Laichgebiete, zum Beispiel überflutete Wiesen, verlassen. Sie suchen ihre Jagdreviere auf und beziehen ihre Standplätze. Geeignete Unterstände finden sie in Pflanzenbewuchs und versunkenem Geäst, an unterspülten Ufern (möglichst mit überhängenden Bäumen) oder im Strömungsschatten dicker Steine. An Naturflüssen befinden sich die Standplätze oft in unmittelbarer Nähe des Ufers, weil sich dort auch die Beutefische aufhalten. Deshalb sollte man mit dem Fischen in Ufernähe beginnen. Ein langsam geführter schwimmender Wobbler ist dafür der beste Köder.

Erstklassige Hechtplätze sind auch das Stauwasser oberhalb und der Kolk unterhalb von Wehren sowie die Strömungskante von Buhnen. Hier halten die Hechte sich gern an den tiefsten Stellen auf, die in beträchtlicher Entfernung vom Ufer liegen können. Schwere Blinker, Bleikopfspinner und Gummifische sind dann die richtigen Köder, um die Räuber zu erreichen.

Hecht-Köder für den Sommer: Links dünnblechiger Blinker, Minnow Spoon, Jaw Breaker; daneben kleine Wobbler und Gummifrosch; Twister und BLINKER-Hit; rechts Spinnerbaits, stark wirbelnde Oberflächenköder.

Im Sommer Kleinkunst

Im Hochsommer haben die Hechte leichtes Spiel. Unter den Schwärmen von Kleinfischen aus der letztjährigen Brut schwebend, müssen sie nur das Maul aufsperren und zustoßen. Auch größere Hechte, wenngleich nicht die ganz Kapitalen, beteiligen sich an dieser Treibjagd. Da die Hechte sich mit geringem Aufwand schnell sättigen können, muß der Spinnfischer sich etwas einfallen lassen. Friedfisch-Schwärme blitzen silbrig. Dagegen setzen kleine Gummifische mit rotem Kopf, 5 oder 6 Zentimeter lange Blinker mit roten Tupfern, Spinner der Größe 2 bis 3 mit bunten Federpuscheln, grell bemalte oder dunkle kleine Wobbler den erfolgbringenden Akzent.

Im Spätsommer beginnt die gute Hechtsaison. Der Instinkt sagt den Fischen, daß sie sich jetzt Kraftreserven für die karge Winterzeit anfressen müssen. Am Rande von Schilfgürteln, Krautbetten oder Seerosenfeldern, ihrem sommerlichen Jagdrevier, fängt man sie mit flach und langsam geführten Wobblern, mit dünnblechigen Blinkern oder mit lebhaft wirbelnden, verführerischen Spinnerbaits.

Hoch-Zeit für Hechte

Herbst und Winter sind die hohe Zeit des Hechtanglers. Die Friedfische verlassen das flache Wasser der Uferzone und ziehen sich in tiefere Regionen zurück. Sie schwimmen nicht mehr aktiv herum, sondern legen lange Ruhepausen ein. Freund Esox muß sich seine Nahrung also gezielt suchen. Da er selbst ein Wechselblüter ist, also bei kälterem Wasser langsamer reagiert, muß er mit seinen Kräften haushalten. Ein großer, kranker und in seinen Bewegungen gehemmter Beutefisch ist ihm jetzt viel lieber als ein wuselnder Schwarm von Kleinfischen. Für den Spinnfischer ist das die Zeit der großen Köder. Mit Wobblern von 13 Zentimetern aufwärts, Gummifischen ab 15 cm und großen Löf-

Die Kunst zu verführen

felblinkern bestehen jetzt die besten Chancen, gute Hechte zu erbeuten. Das Gewässer bestimmt den Köder: Wobbler entfalten ihre Stärke besonders beim Fischen am Ufer entlang – also vor allem in kleineren Flüssen. Blinker erreichen die Hechte auf Distanz in großen Flüssen, zum Beispiel in Staustrecken.

Große Gummifische sind besonders geeignet, um tiefe Löcher auszufischen. Und das sind die besten Hechtplätze in den großen schiffbaren Strömen. Ob Rhein oder Maas, Weser oder Elbe, der Hechtbestand in diesen Gewässern ist zwar rückläufig, aber dafür bieten sie die Aussicht, einen Kapitalen zu erbeuten. Zu den besten Stellen zählen große, tiefe Buhnenfelder, in deren Boden die Rückströmung Löcher (mit Kiesgrund) gefressen hat. Nicht selten lauert in einem solchen Loch ein Hecht. Durch Beobachten bei Niedrigwasser im Sommer oder durch Abfahren mit Boot und Echolot kann man ein großes Gewässer genau erkunden. Diese Mühe findet hoffentlich mit einem wirklich großen Hecht ihren verdienten Lohn.

Im Winter ziehen die Friedfische sich zurück in tiefe, ruhige Gumpen, Buhnen und Staustrecken. Natürlich folgen die Hechte ihren Beutefischen. Der ideale Köder ist jetzt ein großer Gummifisch, der exrem langsam geführt wird und aufgrund seines Gewichts in die „Hechtlöcher" eintaucht. Probieren Sie ruhig mal einen fetten 23-Zentimeter-Shad. Das Vertrauen in solche Riesenköder zahlt sich letztlich aus. Allerdings muß der Gummifisch außer dem Bleikopfhaken mindestens noch einen, besser zwei Drillinge tragen, weil der Hecht seine Beute in der Regel von hinten faßt. In den großen Strömen wandern die Hechte mit ihren Beutefischen in tiefe Hafenbecken und ähnliche Ruhezonen. Gummifische oder Blinker vom Effzett-Typ sind dann die besten Köder. Auch bei großen Blinkern ist ein zweiter Drilling am oberen Ende (Kopfdrilling) vorteilhaft.

Stillwasser-Hechte

Der Begriff Stillwasser umfaßt ganz unterschiedliche Gewässertypen. Alte Kiesgruben mit reich entwickeltem Pflanzenbewuchs sind ausgezeichnete Hechtgewässer. Hier ist die Nahrungskette in Ordnung: Die Wasserpflanzen bieten nicht nur Standplätze für den Hecht, sondern auch die Grundlage für eine reichhaltige Entwicklung von Kleintieren als Nahrung für Weißfische ... als Nahrung für Hechte. In größeren Moorseen findet unser Räuber ähnlich gute Lebensbedingungen. Im Sommer und Frühherbst kann man anhand des Pflanzenbewuchses die Hechtreviere leicht erkennen. Flach schwimmende Wobbler, Löffelblinker mit Krautschutz, Minnow Spoon und Jaw Breaker mit ihren nach oben gerichteten krautgeschützten Einfachhaken, Gummifrösche oder ein Spinnerbait sind die richtigen Köder. Wenn die Hechte auf Kleinfisch-Schwärme eingestellt sind, müssen Sie die gleiche „Kleinkunst" vorführen wie am Fluß.

Im Winter sind die Hechte recht einfach zu orten, nämlich an den tiefsten Stellen des Gewässers. In flachen Seen sind dies oft nur geringfügige Vertiefungen in der überwiegend gleichförmigen Bodenstruktur, Rinnen und Löcher, die man beim Ausloten oder besser mit dem Echolot findet. Als Köder kommen Löf-

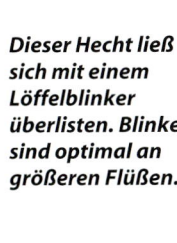
Dieser Hecht ließ sich mit einem Löffelblinker überlisten. Blinker sind optimal an größeren Flüßen.

Sehenswerter Wobbler-Hecht.

felblinker und Schwimmwobbler mit angemessenem Tiefgang zum Einsatz. Sehr gut sind in solchen Gewässern schwebende Suspender-Wobbler. Die kann man nämlich besonders langsam über die vermuteten Standplätze führen oder sogar mal einen Moment ruhen lassen. Dabei würde ein Blinker zum Grund fallen und ein Schwimmwobbler auftauchen.

Große Seen und Talsperren sind die besten und ergiebigsten Hechtgewässer, sie bringen die meisten Kapitalen hervor. Einfach zu beangeln sind sie freilich nicht. Von Zufallsfängen abgesehen, gehen die großen Räuber entweder einheimischen Anglern an den Haken, die das Gewässer seit Jahren beobachten und die Jagdreviere der Hechte kennen, oder sie werden von Experten gefangen, die den See gründlich erkunden und dabei ihr Wissen über die Lebensgewohnheiten des Hechts nutzen. Die Hechte wechseln nämlich im Jahresablauf wiederholt ihren Aufenthaltsbereich, weil sie ihren Futterfischen folgen.

Im Frühjahr stehen die Hechte zunächst noch im Uferbereich nahe den Flachwasserzonen, in denen sie abgelaicht haben. Ausgedehnte Schilf- und Riedgürtel an Naturseen, überflutete Wiesen an den Buchten von Talsperren sind typische Fangplätze. Die Hechte sind hungrig und haben während der Schonzeit die Angler und ihre aufdringlichen Kunstköder vergessen. Manch schwerer Hecht fällt da auf einen flach laufenden Schwimmwobbler oder einen langsam geführten Löffelblinker herein. Große Spinner oder Spinnerbaits haben ebenfalls Chancen bei den alten Damen (die Kapitalen sind ja immer Weibchen). Bootsangler sind im Vorteil, weil sie an den Uferlinien entlang fischen oder in Schilflücken hineinwerfen können, um den Köder von dort in das tiefere Wasser zu ziehen.

Über der Sprungschicht

Im Verlauf des Jahres ziehen die Hechte weiter hinaus und in größere Tiefen. Als erste Faustregel gilt, daß die besten Fangtiefen zwischen vier und sieben Metern betragen. Und die besten Fangplätze liegen dort, wo der Hecht in dieser Tiefe Grund unter den Flossen hat. Deshalb sind schräg abfallende Uferhalden oder schräg aufsteigende Scharkanten im See besonders gute Hechtreviere.

Ein wenig Gewässerkunde verrät, daß hinter dieser Faustregel die Sprungschicht steckt. Das ist die thermische Schicht des Gewässers zwischen dem kalten und relativ sauerstoffarmen Wasser der Tiefe und dem durch Sonneneinstrahlung erwärmten, durch Wind und Wellen umgewälzten und sauerstoffreichen Wasser der Oberflächenzone, wo sich die Beutefische des Hechts aufhalten. Folglich stehen die Hechte gern knapp über der Sprungschicht.

Nach der ersten Erwärmung des Wassers im Frühjahr befindet sich die Sprungschicht in 2 bis 4 Metern Tiefe. Durch die Sonneneinstrahlung im Sommer verschiebt sie sich nach unten. In klaren Seen kann sie im Spätsommer in einer Tiefe von 10 bis maximal 15 Metern liegen, in trüben Gewässern dagegen selten unter 7 Metern. Denken Sie immer daran, daß die Hechte sich gern dort aufhalten, wo die Sprungschicht Uferböschungen oder Scharkanten berührt und suchen Sie solche Gewässerbereiche. Die optimalen Hechtplätze schlechthin sind Unterwasser-Plateaus in Höhe der Sprungschicht.

In der Tiefe

Im Spätherbst und Winter bei niedrigen Lufttemperaturen und kaltem Wind kühlt sich das Oberflächenwasser stark ab. Da Wasser bei 4 Grad Celsius sein höchstes spezifisches Gewicht erreicht, sinkt das kalte Oberflächenwasser nach unten, und das gesamte Gewässer wird umgewälzt. Für eine gewisse Zeit „verschwimmt" die Sprungschicht, bis schließlich im tiefsten Winter die tiefsten Zonen des Gewässers das – bei 4 Grad – „wärmste" Wasser enthalten. Hier beziehen die Weißfische ihr Winterquartier, und hier müssen die Hechte stehen, wenn sie gelegentlich etwas fressen wollen.

Vom Ufer aus hat der Spinnfischer keine besonders guten Karten. Die berühmten Barschberge unter Wasser kann er nicht erreichen. Das Abfischen von Uferböschungen ist schwierig und mit dem Risiko häufiger Hänger behaftet. Schwere Löffelblinker und Bleikopfspinner erreichen die erforderlichen Wurfweiten, man holt sie aus der Tiefe heraus in stufen- oder wellenförmigen Bewegungen ein. Bei der ersten Grundberührung (und beim nächsten Wurf möglichst vorher) muß die Rute zügig angehoben werden, damit der Köder sich nicht in der Böschung festrennt.

Wenn keine Weitwürfe erforderlich sind, ziehe ich einen Gummifisch mit relativ leichtem Bleikopf vor (7 oder 10 Gramm für einen 15-Zentimeter-Shad). Erstens kann ich diesen Köder noch langsamer auf und ab taumeln lassen. Zweitens bei Grundberührung zuerst der Kopf anstupst und nicht der nach oben weisende Haken. Hänger werden so reduziert, und der leichte Köder läßt sich problemlos nach oben manövrieren. Allerdings erreicht man im Winter die Hechte nur an ganz wenigen tiefen Stellen im Bereich von Sperrmauern und Brücken. Ansonsten hilft nur ein Boot.

Die Kunst zu verführen

Seefahrt auf Hecht: Taktik für große

In großen Seen und Talsperren leben die größten Hechte. Doch auf den ausgedehnten Wasserflächen sind sie nicht leicht zu finden. Uli Beyers Erfolgsmethode ist eine Mischung aus Schleppen, Twistern, Spinnen und Driften.

Schleppen ist die erste Methode auf großen Seen. Die Ruten (mit Multirollen) liegen im Halter. Der aufmerksame Blick ist auf das Echolot gerichtet.

„Petri Heil, und danke für den Tip!" - So eine freundliche Begrüßung am frühen Morgen ist nicht selbstverständlich. Aber verständlich war sie schon. Denn der Sportfreund hatte ein paar Tage zuvor in Uli Beyers Geschäft an der Möhne-Talsperre gefragt, was er denn tun könne – er fische oft und fange nichts. Uli gab ihm zwei große Gummifische und den Rat: „Den ganzen Tag schleppen." Prompt fing der Sportfreund gleich beim ersten Mal zwei Hechte, darunter einen von sieben Pfund.

Hechtangeln auf großen Wasserflächen ist ein Lotteriespiel, wenn man nicht systematisch vorgeht. Das System demonstrierte mir Uli Beyer auf der Möhne. Den BLINKER-Raubfisch-Experten muß man nicht vorstellen. Er hat die große Sauerland-Talsperre in nur zwei Jahren so gut erforscht, daß er in dieser Zeit ein Dutzend Hechte über einen Meter an Bord hieven konnte. Die beiden größten wogen 37 und 31 Pfund.

Mit Ulis System können Sie auch andere große Hechtgewässer erobern.

Wo stehen die Hechte? Diese Frage ist der Ausgangspunkt aller Überlegungen. Die Antworten kennen Sie schon: im Frühjahr nach der Laichzeit am Kraut und in flachen Buchten, im weiteren Verlauf des Jahres knapp über der Sprungschicht an Kanten und auf Plateaus, im Winter an den tiefsten Stellen. Nun müssen Sie diese Stellen „nur noch" finden. In großen Seen führen außerdem Wind und Temperaturschwankungen zur Verlagerung der Sprungschicht und zu Planktonwanderungen, denen sich die Futterfische und mit ihnen die Raubfische anschließen.

Das einzige wirklich zuverlässige Hilfsmittel zum Erkunden eines großen Gewässers ist ein Echolot. Es zeichnet die Tiefe und die Bodenstruktur nach. Das sind die entscheidenden Faktoren bei der Suche nach Hecht. Auf dem Bildschirm erscheinen auch Schwärme von

Große Wobbler und Gummifische verführen beim Schleppen die großen Hechte.

Wasserflächen

Nicht schlecht, der Hecht: Uli Beyers (bisher) Größter mit 37 Pfund aus der Möhnetalsperre.

Die Kunst zu verführen

Für die Kamera gefangen, dieser Zehnpfünder.

Kleinfischen. Einzelne große Fische werden durch sichelförmige Symbole abgebildet. Von der Qualität des Echolots hängt ab, wieviel verwertbare Informationen es liefert.

Erst mal schleppen

Schleppen ist die erste Angelmethode auf Hechte in großen Gewässern. Dafür eignen sich starke Spinnruten von drei Metern Länge für Wurfgewichte bis 100 Gramm. Sie werden in spezielle Boots-Rutenhalter auf der Bordkante gestellt. Multirollen sind vorteilhaft, weil man damit den Ablauf der Schnur besser kontrollieren kann als bei einer Stationärrolle. Außerdem spulen sie die Schnur immer drallfrei auf und ab. Die Nachteile der Multi beim Wurf spielen beim Schleppen keine Rolle. Die Bremse wird ziemlich straff eingestellt. Der Fisch muß beim Anbiß genügend Widerstand bekommen, um sich selbst zu haken, ohne daß aber Bruch entstehen kann. Der anschließende Anschlag ist eigentlich ein „Nachschlag", um den Haken richtig fest einzutreiben.

Auf der Rolle befindet sich eine geflochtene Schnur mit 8 Kilo Tragkraft, daran ein sehr langes (1 Meter) Stahlvorfach mit 15 lbs (6,8 Kilo) Tragkraft. Warum so lang? Uli hat zweimal erlebt, wie ein Hecht so dumm am Köder vorbeischoß, daß er die Schnur durchbiß.

Die besten Schleppköder sind tief laufende Wobbler. Schwimmende Wobbler mit viel Tiefgang sind leichter zu handhaben als sinkende. Sie haben sozusagen ihre eingebaute Schwimmtiefe. Sinkwobbler sind schwieriger, weil man viel Gefühl braucht, um ihren Tiefgang richtig zu bemessen. Mit dem Schwimmwobbler gibt es auch weniger Hänger. Wenn man an einer Rute einen Fisch drillt, steigt der Schwimmwobbler an der anderen auf, anstatt zum Grund zu sinken und sich dort möglicherweise zu verhängen.

Wenn ein Gewässer stark befischt wird, kennen die Hechte mit der Zeit die gängigen Wobbler. Dann sind große Gummifische eine sehr gute Alternative. Ein 23 Zentimeter langer Gummifisch mit einem Bleikopf von 30 bis 60 Gramm Gewicht ist auch beim Schleppen ein exzellenter Köder. Weil es relativ viele Fehlbisse gibt, werden die Gummifische zusätzlich mit zwei Drillingen in den Flanken bestückt.

Ähnlich wie bei Sinkwobblern ist es beim Gummifisch nicht einfach, die Lauftiefe zu bestimmen. Sie hängt ab vom Gewicht des Bleikopfs, der Schnurlänge und dem Winkel, in dem die Schnur ins Wasser eintritt. Uli Beyer bringt an seiner Schnur Tiefen-Markierungen in verschiedenen Farben mit Filzstiften an. Dazu schleppt er ein längeres Stück über gleichbleibender Tiefe (Echolot!) und markiert die Schnur auf der Länge, bei der der Köder Bodenkontakt bekommt. Anhand der Markierungen kann er bestimmen, wie tief der Köder läuft.

Tiefe anpassen

Wie bei allen Angelmethoden, so kommt es auch beim Schleppen auf die Feinheiten an. Es hat wenig Zweck, den Köder einfach ins Wasser zu lassen und dann stundenlang „blind" herumzurudern. Beobachten und reagieren bringen auch hier den Erfolg. Wenn Sie mit zwei Ruten schleppen, sollten Sie in unterschiedlichen Tiefen oder mit verschiedenen Köderfarben fischen und beobachten, an welcher Rute mehr passiert.

Wenn sich die Wassertiefe verändert oder das Echolot Fische in einem Bereich anzeigt, den Ihre Köder nicht durchlaufen (z. B. Hecht im Mittelwasser hinter einem Maränenschwarm), müssen Sie die Tauchtiefe Ihrer Köder anpassen. Sinkende Köder laufen tiefer, wenn man langsamer rudert oder die Schnur verlängert. Schwimmende Wobbler tauchen tiefer ein, wenn man schneller fährt oder die Schnur verlängert, aber nur bis zu ihrer „eingebauten" Maximaltiefe.

Beim Schleppangeln ist die Ausbeute in der warmen Jahreszeit am besten, wenn die Hechte relativ flach in Wassertiefen von 2 bis 6 Metern jagen. Ab September ziehen sie in tiefere Regionen. Gute Chancen bestehen bis in den November hinein, so lange die Fische nicht allzu tief stehen und noch einigermaßen aktiv sind.

Zurück zur Praxis. Unser Angeltag beginnt mit Schleppen. Die Erfahrung der vergangenen Wochen sagt, daß die Hechte in Wassertiefen von 10 bis 12 Metern zu erwarten sind. Mit Hilfe des Echolots können wir das Boot entlang dieser Tiefenlinie steuern. Beide Köder, ein weißer und ein grüner Gummifisch, laufen in der gleichen Tiefe 1 bis 2 Meter über dem Grund. Nach knapp zwei Stunden bekommen wir drei Bisse kurz hintereinander, beide an der Rute mit dem weißen Köder. Der grüne an der

Der Driftsack ist ein wenig bekanntes, aber gutes Hilfsmittel zum langsamen Absuchen von großen Wassserflächen.

152 Modernes Angeln

anderen Rute bleibt unbeachtet. Beim vierten Biß hängt der erste Hecht, natürlich am weißen Gummifisch.

Wir schleppen weiter. Nach vielen hundert Metern Strecke ohne Biß frage ich: „Was sagt eigentlich das Echolot?" Ulis Beyers Antwort: „Indirekt sagt es uns, wir angeln schlecht." Fisch-Symbole sind nämlich immer wieder über den Bildschirm gewandert, aber gebissen hat nichts. Es ist ein kühler Oktobertag, in der Nacht ist das Barometer kräftig abgestürzt. Offenbar liegen die Hechte ziemlich faul am Grund und sind nicht bereit, einem geschleppten Köder nachzujagen. Also müssen wir sie reizen. Wir schleppen zunächst weiter, bis wir einen Bereich finden, in dem das Echolot mehrere Fische anzeigt. Hier gehen wir vor Anker. Twistern ist angesagt. Mit einem langsam und in kleinen Sprüngen über den Boden gezockten Gummifisch versuchen wir, die Hechte zu verführen. Mit Erfolg, denn schon nach kurzer Zeit ruckt es zum ersten Mal kräftig in der Rute. Der Anschlag geht ins Leere, aber auf dem Gummifisch haben die Hechtzähne deutliche Spuren hinterlassen. Bald danach haben wir den nächsten Hecht an Bord.

Der Wechsel der Angelmethode hat also den Erfolg gebracht. Und das ist geradezu ein Lehrbeispiel für das Angeln auf großen Seen: Befischen Sie zunächst durch Schleppen viel Wasserfläche, um das Gewässer kennenzulernen und die Fische zu lokalisieren. Das geht natürlich am besten mit dem Echolot. Wenn Sie Fische gefunden haben, ankern Sie und angeln die Stelle gründlich ab. In Seen folgen die Hechte ihren Futterfischen, und ein Hecht steht selten allein.

Methodenwechsel

Eine andere sehr ergiebige Methode, einen größeren Gewässerbereich langsam abzufischen, ist das Driften. Bei Windstille oder sehr wenig Wind können Sie das Boot einfach treiben lassen und durch sternförmig ausgelegte Würfe das Wasser mit ihrem Köder durchkämmen. Eine amerikanische Erfindung ist der Driftsack, ein wasserdurchlässiger Sack aus Kunststoff, der seitlich neben der Bordkante ins Wasser gehängt wird und das Abtreiben des Bootes bei Wind verzögert. Mit dem Driftsack am Boot können Sie den Köder entweder werfen und einholen oder – bei lebhaftem Wind – langsam schleppen.

Ich komme noch einmal zurück auf das Echolot. In manchen Anglerkreisen herrscht die Befürchtung (oder der Neid?), mit diesem Hilfsmittel könne man gezielt die Gewässer leerfischen. Das ist Quatsch, denn die Zahl der Fische, die man auf dem Echolot erkennt, steht in krassem Mißverhältnis zur Zahl, die man wirklich fängt. Wir haben an einem Tag auf der Möhne unzählige Hechte auf dem Bildschirm gesehen und nur fünf gefangen. An vielen Gewässern ist das Angeln mit Echolot verboten. Wer eines besitzt, kann es dennoch nutzen, um das Gewässer zu erkunden und die Tiefenlinien festzustellen. Ansonsten helfen Tiefenkarten, Ausloten oder Abfahren von Gewässern mit Wobblern, deren Schwimmtiefe man kennt: Wo sie anhaken, ist die Tiefe erreicht.

Das Echolot ist also kein Wundermittel, mit dem man gezielt Fische fangen kann. Es hilft aber, die Fische zu finden. Und es verhindert, daß man blind im Niemandsland herumfischt. Ich schließe mich Uli Beyers Meinung an: „Raubfischangeln auf großen Wasserflächen ohne Echolot ist wie Stippen mit verbundenen Augen."

Mit dem Pilker in die Tiefe

Im Winter nach der Auflösung der Sprungschicht stehen die Räuber in den tiefsten Regionen und sind sehr schwierig zu beangeln. Ein Expertentip hierzu stammt vom ehemaligen BLINKER-Verlagsleiter Karl Koch: „Pilken ist eine wenig bekannte, aber sehr erfolgreiche Methode auf Hechte in tiefen Seen. Nehmen wir zum Beispiel den Großen Schweriner See: Ab Oktober fängt man keinen Hecht mehr oberhalb von 22 Metern. Köderfisch und Schleppen sind verboten. Wie fischt man 22 Meter tief mit Kunstködern? Die Antwort heißt Pilken.

Mit Klein-Pilkern, die treppenartig über den Grund hüpfen, habe ich neben Barschen und Zandern viele gute Hechte gefangen.

In den holsteinischen und dänischen Seen geht das so: Ich feuere den 10 bis 20 Gramm schweren Pilker weit hinaus und lasse ihn bis zum Boden absinken. Dann führe ich ihn hüpfend heran, wobei ich ihn ständig auf den Boden aufditschen lasse. Regelmäßig beißen Barsche. Plötzlich hängt zwischen den Barschen ein Hecht, und zwar meist ein schwerer. Das passiert so häufig, daß man nicht mehr von Zufälle sprechen kann. Pilken auf Hecht ist eine fängige Methode!"

Die Kunst zu verführen

Zander gedeihen sehr gut in Gewässern, die von Menschenhand geprägt wurden. Die Räuber mit den Glasaugen gehen in trübem Wasser oder bei Dunkelheit auf Beutezug.

Glasaugen sind wachsam:
Spinnfischen auf Zander

Zander gedeihen gut in Gewässern, die von Menschenhand geprägt wurden. Diese Spundwand am Rhein ist eine heiße Stelle.

Blitzlicht im Glasauge. Große Zander rauben gern bei Nacht.

Nach Rang und Namen die Nummer eins unter den Raubfischen ist und bleibt der Hecht. Doch in der Beliebtheit bei den Anglern hat der Zander zu ihm aufgeschlossen. Das hat zwei Gründe: Erstens sind Zander eine ausgesprochene Delikatesse. Und zweitens sind sie sehr viel weiter verbreitet, auch und gerade in Gewässern, die vor der Haustür liegen und der breiten Masse der Angler zugänglich sind.
Es gibt eine Theorie, daß der Zander den Hecht verdränge. Daran scheint etwas zu sein: Grob könnte man sagen, Hechte sind Kulturflüchter, Zander Kulturfolger. Zander gibt es massenhaft mitten in Hamburg, Paris oder Rotterdam. Sie sind hinsichtlich ihres Lebensraumes weniger anspruchsvoll und gedeihen besonders gut in Gewässern, die von Menschenhand geprägt wurden, die groß sind und tief, monoton, pflanzenarm und trüb – lauter Eigenschaften, die dem Hecht überhaupt nicht behagen. Richtig ist auch, daß der Zander Gewässer erobert hat, in denen sich Hechtbestände nur mühsam und mit aufwendigem Besatz halten lassen. In typischen Hechtgewässern hingegen treten die beiden kaum in Konkurrenz zueinander.

Große Flüsse – große Zander

Generationen von Autoren haben den Zander als einen zaghaften Raubfisch beschrieben, den man am besten mit kleinen Köderfischen an feinem Gerät fangen könne. Beim Spinnfischen galt er als nahezu unfangbar – bis der Twister auf der Bildfläche erschien. Der Silikon-Wurm und seine Verwandten haben den Zander zu einem Fisch für Spinnangler gemacht. Seit Ende der achtziger Jahre, als sich nach Besatzmaßnahmen in vielen unserer Flüsse und Ströme die Zanderbestände natürlich vermehrten und ausbreiteten, hat sich ein wahrer Zander-Twister-Boom entwickelt.

Ein Blick in die Fisch-Hitparaden verrät, daß in großen Schiffahrtsflüssen die schwersten Zander gefangen werden. An erster Stelle steht der Rhein (er ist ja auch der längste), es folgt die Donau. Auch Main, Weser und Elbe werden häufig genannt. Diese Flüsse bringen nicht nur die Kapitalen hervor, sondern auch die dichtesten Zanderbestände. Hot Spots für Zander sind die Einmündungen von Bächen, Flüssen und Kanälen, große und tiefe Buhnenfelder, Hafenausfahrten und ähnliche Übergangsbereiche zwischen verschiedenen Strömungsläufen bzw. zwischen Strömung und ruhigem Wasser. An solchen Stromkanten wird Nahrung abgelagert, dorthin zieht es die Futterfische und mit ihnen die Zander.

Zander lieben es, im Dunklen zu rauben, für ihre Beutefische unerkannt. Ihre großen, auffälligen „Glasaugen" geben ihnen ein vorzügliches Sehvermögen. Gern suchen sie schattenspendende Hindernisse und Bauwerke auf. Deshalb sind Brückenpfeiler ganz heiße Stellen. Unter der Brücke ist es dunkel, da können die Räuber tagsüber ruhen und verdauen. Am Pfeiler bildet sich eine Strömungskante, in der die Weißfische Nahrung finden. Mit Einbruch der Dämmerung kommen die Räuber aus ihrer Deckung hervor und schlagen zu. In den großen Strömen, deren Wasser durch starken Schiffsverkehr ständig getrübt wird, brauchen sie solche Verstecke nicht. Dort gehen sie auch tagsüber auf die Jagd – und an die Angel.

Kanal-Strukturen

Kanäle sind ebenfalls hervorragende Zandergewässer, gerade die großen und stark befahrenen, in denen das Wasser stets aufgewühlt und trübe ist. Kilometerlang gleichförmige Ufer machen die Suche nach den vielen guten Kanal-Zandern scheinbar zu einem Rätsel. Doch die Fische sind

Die Kunst zu verführen

keineswegs gleichmäßig verteilt, sondern konzentrieren sich an ganz bestimmten Stellen: Ober- und Unterwasser von Schleusen, Verbreiterungen für Schiffsanleger, Hafenausfahrten und Wendebecken.

Im offenen Kanal muß man nach Strukturen suchen, die vom eintönigen Ufer- und Bodenverlauf abweichen. Dazu zählen Löcher und Untiefen, die man beim Abloten mit Blei und Pose ausmachen kann, besser selbstverständlich mit dem Echolot. Oder auch durch aufmerksames Abfischen mit dem Twister, wobei im Idealfall ein Zander höchstpersönlich die richtige Stelle bestätigt.

Im Sommer und Herbst gehen die Zander gern über schräg abfallenden Steinschüttungen auf die Jagd nach Ukeleis und kleinen Rotaugen, für die sich im Algenbewuchs auf den Steinen ein reichhaltiges Angebot an Nährtieren entwickelt. Zum Winter ziehen sich die Weißfische in tiefe, geschützte Bereiche zurück, vor allem in die Häfen. Dort findet sich dann auch unser Freund Glasauge ein.

Ein starker Winterzander aus dem großen Strom.

Für große Strom-Zander: starke Spinnrute (Uli Beyer spezial), gelbe geflochtene Schnur, das unterste Ende schwarz gefärbt, große Gummifische, Twister und Schwimmwobbler.

Talsperren – wie Fluß und See

Unter den stehenden Gewässern findet der Zander in großen Stauseen und Talsperren die besten Lebensbedingungen. Sie bieten ihm eine Mischung aus Fluß und See mit alten Fluß- und Bachbetten als tiefe Rückzugszonen, überschwemmten Wiesen und überflutetem Buschwerk als ideale Laichgebiete und flachen Buchten als nächtliche Jagdreviere. Die einmündenden Flüsse und Bäche bringen dem Wasser ein ausreichendes Maß an natürlicher Trübung, in der die Zander sich wohlfühlen. Gute Voraussetzungen bieten auch Seen, die durch Nährstoffe (Überdüngung) und starkes Aufkommen von Plankton getrübt sind.

Auch im See verlagern sich die Zanderplätze im Laufe der Saison. Unmittelbar nach der Fortpflanzung bewachen die Zandermännchen für eine bis zwei Wochen die Laichnester. Die kleineren Fische laichen im Flachen ab, die Laichnester der großen Zander liegen oft in drei oder mehr Metern Tiefe. In diesen Bereichen bestehen unmittelbar nach der Laichzeit die besten Fangchancen. Im Sommer halten die Räuber sich in größerer Tiefe auf – je klarer das Wasser, umso tiefer, denn Zander scheuen helles Licht. Was freilich nicht bedeutet, daß sie auch in der Tiefe jagen. In klaren Gewässern gehen sie am liebsten nachts auf Beutezug. Dann kommen sie auch in die flacheren Uferregionen, wo die Kleinfische vor sich hin dösen. Hier beginnt die beste Angelzeit mit der Abenddämmerung.

Ob im Fluß oder im See – Zander stehen gern über hartem Grund. Gut ist fester Kies-, Sand- oder Lehmboden, schlecht ist Schlamm. Nur in der Laichzeit und unmittelbar danach halten sie sich auch über weichem Grund auf. Das beste Zanderrevier überhaupt sind Muschelbänke. Wo große Kolonien von Dreikantmuscheln stehen, da finden sich die Rotaugen ein, um sich an den ein- und zweijährigen Muscheln zu mästen. Und da zieht es auch die Zander hin.

Lebens- und Jagdgewohnheiten

Die Lebens- und Jagdgewohnheiten des Zanders verändern sich mit seinem Alter. Junge Zander leben in Rudeln oder kleinen Schwärmen. Wenn sie auf Jagd gehen, veranstalten sie wahre Freßorgien. Wo ein kleiner Zander an die Angel geht, da fängt man wahrscheinlich weitere, aber ebenso wahrscheinlich keinen großen. Große Zander rauben nämlich in kleinen Trupps oder werden zu Einzelgängern. Sie schnappen lieber einen großen Brocken oder sammeln leicht erreichbare Beute ein, zum Beispiel tote oder angeschlagene Fische, die bei der wilden Jagd ihrer jungen Artgenossen zurückgeblieben sind. Zander-Experten empfehlen die frühe Morgendämmerung als die beste Zeit für Kapitale.

Spinnruten, die als Zanderruten bezeichnet werden, haben meist ein empfohlenes Wurfgewicht von 20 bis 40 Gramm. Diese Zuordnung ist ebenso richtig wie falsch. Das Sortiment der Kunstköder für Zander reicht von mittelgroßen Twistern über unterschiedliche Wobbler bis hin zu großen, schweren Gummifischen. Die Wahl der Rute und die Zusammenstellung des übrigen Geräts richten sich in erster Linie nach dem Köder. In jedem Fall sollte die Rute eine schnelle Aktion und eine harte Spitze besitzen, damit sie beim Anschlag den Haken sicher in das knochige Maul des Zanders setzt.

Aus dem gleichen Grund verwende ich fast immer eine geflochtene Schnur. Sie garantiert einen direkten Kontakt mit dem Köder, signalisiert jede Bodenberührung und jeden Hauch von einem Biß. Das ist gerade im Winter wichtig, wenn auch große Zander nur zaghaft zufassen. Und die Geflochtene garantiert, daß der Anschlag ungedämpft beim Fisch ankommt. 6 Kilo Tragkraft reichen im allgemeinen aus. In hindernisreichen Gewässern oder für sehr schwere Köder sind 8 Kilo Tragkraft sicherer. Monofile Schnüre nehme ich nur im Sommer zum Twistern mit kleineren Ködern, dann am liebsten eine gelb fluoreszierende Schnur von 0,25 mm Durchmesser.

BLINKER-Raubfisch-Experte Uli Beyer ist ein entschiedener Verfechter auffällig gefärbter Schnüre: „Damit kann ich den Weg meines Kunstköders auch bei schlechten Sichtverhältnissen optimal kontrollieren. Aus diesem Grund wurde auch die geflochtene Stroft GTP auf meinen Wunsch gelb eingefärbt. In klaren Gewässern färbe ich die untersten zwei oder drei Meter mit einem wasserfesten Filzstift schwarz. So kann die gelbe Schnur den Zander wirklich nicht stören."

Ein Stahlvorfach ist beim Spinnfischen auf Zander im Prinzip nicht notwendig. Wenn in Ihrem Gewässer auch Hechte vorkommen, sollten Sie dennoch eines verwenden. Beim Angeln mit Gummifischen in Grundnähe ist sogar ein ziemlich langes Stahlvorfach von ungefähr 50 bis 70 Zentimetern ratsam, damit das Ende der Schnur nicht über Muschelbänken aufgerieben wird. Nur beim leichten Twistern (mit monofiler Schnur) erscheint mir ein Stahlvorfach entbehrlich, ja sogar störend.

Mindest-Maß

Obwohl ich Zander meist von Hand durch einen Griff in den Kiemenbogen lande, führe ich stets einen stabilen Unterfangkescher mit. Nicht immer erlaubt das Ufer eine Handlandung, aber den Verlust eines guten Zanders möchte ich nicht riskieren. Denn während ich Hechte grundsätzlich zurücksetze, nehme ich Zander ab 4 Pfund gern mit zur „sinnvollen Verwertung" in der Küche. Das sind Fische von 60 Zentimetern aufwärts, also mindestens genauso lang wie der Handgriff meiner Spinnrute. Mit den üblichen Mindestmaßen von 50 oder gar nur 45 Zentimetern kann ich nichts anfangen. Solche Jünglinge bestehen fast nur aus Kopf und Schwanz und gehören zurück ins Wasser.

Von Hand an Land. Ein toller Rhein-Zander, auf Gummifisch gefangen.

Modernes Angeln

Die Kunst zu verführen

Toller Wobbler-Zander. Der Biß kam in der Dämmerung.

Wobbeln oder wabbeln?
Köder-Variationen für Zander

Der richtige Köder zur richtigen Zeit wird jedem Zander zum Verhängnis. Twister, Gummifische und Wobbler sind die Favoriten. Jahreszeit und Gewässer bestimmen die Wahl.

Freunde der Nacht: Dieser Zander ging erst bei Dunkelheit an den Haken.

Leichte Spinnrute und fluo-gelbes Monofil zum Twistern, dazu typische Sommerköder: Links Sandra, Sking und BLINKER-Hit. Twister in Chartreuse und kleine Shads in blau-weiß (Ukelei!) und grün-gelb sind besonders erfolgreich. Rechts Doppelschwanz-Twister und Köderspinner.

An Flüssen sind die Standplätze der Zander leichter zu erkennen. Das ist leider nicht nur von Vorteil, denn außer den Zandern ziehen sie auch die Angler an. Dann bekommen die Fische beinahe tagtäglich die ganze Palette der gerade aktuellen Kunstköder vorgeführt. Kein Wunder, daß sie mit der Zeit nicht mehr darauf hereinfallen. Versuchen Sie daher an solchen Stellen, anders zu fischen als die Kollegen. Probieren Sie vor allem andere Köder aus.

Im Sommer sind Twister und kleinere Gummifische von 8 bis 10 Zentimetern Länge die besten Zanderköder. Jedenfalls fängt man damit die meisten Fische, wenngleich viele kleinere Zander darunter sind. Grün fluoreszierende und gelbe Twister sind immer gut. Blau-weiße und grün-weiße Gummifische werden oft von den Zandern bevorzugt, vielleicht weil sie Ähnlichkeit mit Ukeleis bzw. kleinen Rotaugen besitzen. Zum Fischen mit den kleinen Ködern und Bleiköpfen von 7 bis 14 Gramm eignet sich eine leichte Spinnrute mit 20 bis 40 Gramm Wurfgewicht und eine monofile Schnur von 0,25 mm.

Mit Reizen nicht geizen

Wenn die üblichen Köder nicht mehr wirken, versuchen Sie es mit Sonderformen wie dem BLINKER-Hit, Sandra oder Sking. Ihre Bewegungen und die von ihnen ausgehenden Druckwellen unterscheiden sich von denen der Standardköder, und das macht die Zander neugierig. Auch die Bleiköpfe beeinflussen das Verhalten der Köder. Haken Sie den Gummifisch statt auf den bekannten runden Bleikopf mal auf einen Fischkopf oder Propeller-Jig. Diese Formen sind der Strömung besser angepaßt. Oder stecken Sie den Twister auf einen Standup-Jig, lassen Sie ihn auf den Grund stoßen und dort ein paar Sekunden stehen. Sein Aufprall und die kleine Schlammwolke, die er dabei erzeugt, machen den Zander aufmerksam. Wenn er dann „fliehen" will, packt der Jäger zu. Vielleicht bewirkt auch ein Spinnerblatt am Jigkopf den zusätzlichen Reiz, der einen Biß auslöst. Oder ein paar Tropfen Lockstoff, mit denen Sie den Gummiköder vorher eingerieben haben? Wir wissen, daß der

Modernes Angeln 159

Die Kunst zu verführen

Ein wunderschöner Zander gleitet durch sein Element.

Zander seine Beute mit allen Sinnen wahrnimmt.

Auch Leuchteffekte können ihre Wirkung zeigen. Meinen ersten zweistelligen Zander aus der Ruhr fing ich bei drei Metern Hochwasser mit einem 15 Zentimeter langen Glower-Twister. Das ist ein phosphoreszierender Köder, der einige Minuten lang nachleuchtet, wenn man ihn mit der Taschenlampe anstrahlt. Ich bin nicht sicher, ob der Fisch in dem milchkaffeefarbigen Wasser einen anderen Köder gefunden hätte.

Bitte vergessen Sie auch nicht den guten alten Spinner nicht. Gerade weil kaum noch jemand damit auf Zander fischt, wird er wieder interessant. Ein guter Tip sind Köderspinner wie der Mepps Mino. Sie haben den Vorteil, daß der Räuber zuerst auf weiches Material beißt und nicht sofort auf Blech. Oder ersetzen Sie den Drilling am Spinner durch einen langschenkligen Einfachhaken und bringen Sie darauf einen Twister an.

Schwimmende Wobbler

Bei aller Wertschätzung für Silikonköder glaube ich, daß in Flüssen bis zu einer Wassertiefe von etwa drei Metern der Wobbler der beste Köder für Zander ist, zumindest für die größeren Fische. Schwimmende Wobbler kann man wunderbar langsam führen. Man kann sie weit

Bertus Rozemeijer, holländischer Zander-Experte, fischt gern mit Horizontalwobblern.

Nicht zimperlich: Dieser Vierpfünder hat den feuerroten 15-Zentimeter-Gummifisch voll inhaliert.

mit der Strömung abtreiben lassen, um Uferkanten und Steinböschungen abzufischen, kann sie diagonal über Flachwasserzonen führen, in denen die Zander abends und nachts auf die Jagd gehen. Und all das mit einer relativ geringen Gefahr von Hängern.

Im Sommer verwende ich gern einteilige Schwimmwobbler von 9 oder 11 Zentimetern Länge, im Herbst und Winter ein- oder zweiteilige von 13 cm. Und als eines Tages der extrem fängige zweiteilige Rapala Jointed, 13 cm, Farbe Fire Tiger, unseren Zandern buchstäblich zum Hals raus hing, probierte es mein Freund Helmut mit einem rot-goldenen einteiligen Magnum von 18 cm und fing prompt zwei dicke Zander von 7 und 13 Pfund am gleichen Abend. Beim Wobbeln, insbesondere mit den größeren Modellen, sorgt eine härtere Spinnrute mit 30 bis 60 Gramm Wurfgewicht für einen wirksamen Anschlag.

Herbst und Winter sind die Hochsaison des Zanderanglers. In dem Maße, wie die natürlichen Beutefische knapp werden, steigen die Chancen mit dem künstlichen Köder. Große Zander sind jetzt im Prinzip leichter zu fangen, aber schwieriger zu erreichen. Denn sie stehen (wie die Weißfische) in den tiefen, ruhigen Gewässerzonen. Und die liegen oft besonders weit vom Ufer entfernt: Hafenausfahrten oder tiefe Rinnen in Staustrecken sind typische Win-

Die Kunst zu verführen

terquartiere für den Stachelträger und seine Beute. Nun kommt es auf den richtigen Köder und die Köderführung an. Der Köder muß schwer genug sein für weite Würfe und ausreichenden Tiefgang. Er soll sich aber langsam durch das Wasser bewegen, damit der Zander nicht hinterherjagen muß, sondern ihn leicht einsaugen kann.

Unter diesen Bedingungen sind große Gummifische von 12 oder 15 Zentimetern die mit Abstand besten Köder. Denn durch die Kombination mit einem passenden Bleikopfhaken bringen sie einerseits reichlich Wurfgewicht, lassen sich aber andererseits perfekt ausbalancieren und wechselnden Strömungsverhältnissen anpassen: Mehr Strömung = größerer Bleikopf oder kleinerer Köder. Weniger Strömung und langsamere Führung = kleinerer Bleikopf oder größerer Köder. Gummifische mit Barschdekor sind besonders fängig auf Zander. Feuerrot mit schwarzem Rücken und gelb fluoreszent sind weitere gute Farben speziell bei angetrübtem (Hoch-)Wasser. Weite Würfe mit großen Gummifischen erfordern eine starke Spinnrute mit 40 bis 80 Gramm Wurfgewicht.

Stufen zum Erfolg

Der Gummifisch soll eine Wasserschicht von 1 bis 3 Metern über dem Grund stufenweise abfischen. Die Köderführung beginnt bereits am Ende des Wurfs: Wenn der Köder auf das Wasser trifft, schließe ich sofort den Rollenbügel und nehme die lose Schnur auf. Der Shad soll an gestraffter Schnur zum Boden sinken. Manchmal läßt sich dabei schon ein Biß erspüren oder beobachten, wenn die Schnur für einen Moment erschlafft. Leuchtend gelb eingefärbte Schnüre erleichtern die Köderkontrolle.

Wenn der Gummifisch den Grund erreicht hat und aufsetzt, wird er durch unterschiedlich schnelles Heben und Senken der Rutenspitze und Einkurbeln der Schnur eingeholt. Er soll in Auf- und Abbewegungen wie ein natürlicher Beutefisch durch das Wasser gleiten, keine heftigen Sprünge vollführen. Heben Sie mit zunehmender Beschleunigung die Rute bis fast zur Senkrechten, verweilen Sie dort kurz, um anschließend Schnur aufzurollen und dabei die Rute zurück in die Waagerechte zu führen. Danach beginnt das Manöver wieder von vorn. Das war das Grundschema, aber die Variation macht den Meister.

Je kälter das Wasser, umso langsamer und in kleineren Stufen muß der Köder laufen. Dann wird die Rute nicht mehr in einem Zug angehoben und gesenkt, sondern in kürzeren Intervallen. Experimentieren Sie dazu mit unterschiedlichen Köderfarben, Ködergrößen und Bleigewichten, bis ein Zander Ihre Wahl bestätigt. Mehr als 20 Würfe mit dem gleichen Köder an der gleichen Stelle lohnen selten. Wenn sich nach mehrfachem Wechsel des Köders und der Köderführung nichts rührt, steht eben an dem Platz kein Zander, zumindest kein beißwilliger. Dann sollten Sie besser eine andere Stelle aufsuchen und dort wiederum die ganze Palette der Möglichkeiten durchspielen. Gerade in der kalten Jahreshälfte, wenn Wassertemperatur und Wasserstand häufig schwanken, verändern die Zander ihre Standplätze, weil sie ihren Futterfischen folgen.

Kanal und See

Kleinere Twister und Gummifische sind auch am Kanal die erfolgreichsten Zander-Verführer in der warmen Jahreshälfte. Schwimmende Wobbler sind besser zum Fischen über Steinschüttungen, denn sie verursachen kaum Hänger. Gut sind auch schwebende Wobbler (Suspender), wenn die Zander am Fuße der Böschung stehen. Mit weiten Würfen diagonal zum Ufer erreichen Sie, daß der Köder möglichst lange über der schrägen Böschung wandert. Wenn im Winter die Kanalzander ihren Futterfischen in die Häfen folgen, führen wieder größere Gummifische in den oben beschriebenen Stufen zum Erfolg: langsam und gefühlvoll präsentiert, gut ausbalanciert und in der Regel eine Nummer kleiner als im Fluß. Auf blau-weiß (Ukelei) und Barschdekor in 10 oder 12 cm Länge mit Bleiköpfen von 5 bis 10 Gramm sprechen die Zander am besten an.

Im See halten sich die Zander unmittelbar nach dem Ablaichen in relativ flachem Wasser in der Nähe ihrer Laichnester auf. Dort fängt man sie am besten mit schwimmenden Wobblern, Köderspinnern oder leicht beschwerten Twistern und Shads, ähnlich wie im Kanal. Im Sommer ziehen sie sich in größere Tiefen zurück: umso tiefer, je klarer und sichtiger das Wasser ist. In Stauseen stehen sie dann gern im alten Flußbett, in großen Naturseen am Abhang von Scharkanten und Barschbergen. Dort unten sind sie mit Kunstködern, zumal vom Ufer aus, nur schwierig zu erreichen. In der Regel beißen sie tagsüber auch nicht, sondern machen sich erst in der Dämmerung auf den Weg nach oben ins flache Wasser zu den Weißfischen. Köder siehe oben.

Tiefen-Strategien

Nach den ersten Nachtfrösten im Herbst, wenn die Weißfische ihr Winterquartier im Tiefen beziehen, wandern die Zander zwangsläufig mit. Uferangler bekommen nun Probleme, denn die tiefen Stellen liegen entweder weit draußen oder jenseits von steilen Abbruchkanten. Eine vernünftige Köderführung in Grundnähe ist nur mit größeren Gummifischen möglich, die entsprechend der Wurfdistanz und der Wassertiefe ausbalanciert sind.

Bei weiten Würfen in sehr tiefem Wasser muß die Stufen-Technik in einem Punkt abgewandelt werden. Wenn nach dem Auftreffen des Köders auf dem Wasser der Bügel der Rolle geschlossen wird, zieht die Schnur den Gummifisch diagonal zum Ufer zurück. Bevor er den Grund erreicht, gehen etliche Meter Distanz verloren. Lassen Sie also den Köder bei geöffneter Rolle absinken, kontrollieren Sie dabei die Schnur

Montagen für die Horizontale: Schwimmwobbler mit Bottom Bouncer, Twister mit Schwimmköpfen und Walker-Blei, Horizontalwobbler und Blattspinner, attraktive Kombination aus Wobbler und Twister.

mit Daumen und Zeigefinger der linken Hand, um eventuelle Bisse beim Absinken zu erspüren.

Eine andere Variante zum Fischen auf sehr große Distanz ist das „Treppenspinnen" mit eigenschweren Blinkern, zum Beispiel schlanken Meerforellenblinkern vom Typ Toby oder mit Küstenwobblern. Damit fischt man ähnlich wie mit großen Shads: auswerfen, an freier Schnur kontrolliert zum Grund sinken lassen, ein bis zwei Meter hochzupfen, an straffer Schnur wieder absinken lassen, hochzupfen usw.

Tasten und täuschen

Die beste Methode, um den Köder über längere Strecken langsam am Grund entlang zu führen, ist das Fischen mit schwimmenden Ködern (schwimmende Wobbler, Twister oder Shads mit auftreibenden Köpfen) und Vorblei. Die Montage besteht im einfachsten Fall aus einem Birnenblei am Seitenvorfach. Wählen Sie den Seitenarm etwas schwächer als die Hauptschnur, dann haben Sie eine „Sollbruchstelle" und verlieren bei Hängern nur das Blei. Speziell zum Zanderangeln mit schwimmenden Ködern wurde in Amerika das Walker-Blei entwickelt, das wahlweise am Seitenarm befestigt oder (bei hindernisfreiem Grund) direkt in die Hauptschnur eingehängt wird. Dieses schlittenförmige Blei gleitet sehr gut über den Boden. Bei Steinen oder anderen Hindernissen am Grund gibt es mit dem Vorblei häufig Hänger. Für solche Verhältnisse haben die Amerikaner den Bodentaster (Bottom Bouncer) erfunden, einen beschwerten Drahtstab, der auch über Steinböschungen hinwegklettert.

Alle Arten des Fischens mit Vorblei wurden für die Bootsangelei erdacht. Ihre Vorzüge kommen am besten zur Entfaltung, wenn man vom Boot aus über tiefem Wasser fischt und den Köder horizontal führen kann. Das gilt auch für sinkende Horizontalwobbler wie den Rattlin' Rap oder Blattspinner vom Typ Cicada. In Holland, dem Land der großen Kanäle und Häfen, ist das Horizontalspinnen bzw. -schleppen vom treibenden Boot aus besonders beliebt und erfolgreich. Wenn Sie mehr darüber erfahren möchten, empfehle ich Ihnen das BLINKER-Buch „Raubfischangeln" von Bertus Rozemeijer, dem führenden holländischen Experten.

Zocken nach Drachkovitch

Obwohl dieses Kapitel von künstlichen Ködern handelt, darf eine Naturköder-Variante des Spinnfischens an dieser Stelle nicht fehlen: Das Angeln mit dem Drachkovitch-System, einem

System mit Biß. Albert Drachkovitch und sein Zandersystem mit beweglichem Bleikopf.

Spinnsystem, das von dem in Frankreich lebenden Albert Drachkovitch entwickelt und unter seinem Namen patentiert wurde. Das System besteht aus einer Drahtspange, die in den toten Köderfisch eingeführt wird, einem Kupferdraht zu seiner Befestigung, zwei Drillingen und einem frei beweglichen Bleikopf. Das beköderte System wird eingeworfen, sinkt ab und wird dann in kleinen Hüpfern über den Boden geführt. Die Methode kommt am besten beim Angeln vom Boot auf stehenden Gewässern zur Geltung.

In Frankreich löste das Drachkovitch-System unter den Zanderanglern eine Revolution aus. Es erwies sich als so fängig, daß zeitweise ernsthaft über ein Verbot diskutiert wurde, um die „Ausrottung" der Zanderbestände zu verhindern. Sein Erfolg liegt wohl darin begründet, daß der frei bewegliche Bleikopf den Köder besonders reizvoll taumeln und spielen läßt.

In Deutschland konnte die Methode sich nie so recht durchsetzen, wie überhaupt das Angeln mit Köderfisch-Systemen vernachlässigt wird. Schade und unerklärlich, denn es ist ungeheuer erfolgreich. Aber für die Grundangler ist es eben wie Spinnfischen, und die Spinnangler mögen keine Köderfische fangen. Das Drachkovitch-System bietet freilich einen Kompromiß an, denn es ist auch mit Gummifischen sehr fängig.

Die Kunst zu verführen

Dieser schöne Barsch biß auf einen gelben Twister.

Rund um's Jahr:

Der langjährige BLINKER-Chefredakteur Karl Koch freut sich über seinen Lieblingsfisch.

Spinnfischen auf Barsche

Sie leben in fast allen Seen, Kanälen und größeren Flüssen. Sie beißen rund um's Jahr, selbst im Winter unter dem Eis: Barsche sind für den Spinnfischer eine reizvolle Beute.

Die wichtigsten Barsch-Köder (von links oben): kleiner Spinner, Köderspinner, Minnow Spin und Barschdekor-Wobbler für Kannibalen; Twister mit Pendel-Jig, Turbo-Tail und Helicopter-Jig; kleine Pilker und Rauhala-Balancewobbler für tiefes Wasser.

Leichte Spinnruten mit 5 bis 20 Gramm Wurfgewicht sind das richtige Gerät für Barsche. Solche Ruten sind meist sehr kurz. Für eine bessere Köderführung vom Ufer aus bauen Experten sich Spezialruten aus Fliegenruten-Blanks von 2,40 bis 2,70 Metern Länge. Gut eignen sich auch leichte Zanderruten. Zur Rute paßt eine leichte Stationärrolle mit fein einstellbarer Bremse, denn zum erfolgreichen Angeln auf Barsche verwendet man dünne monofile Schnüre von 0,16 bis 0,22 mm. Eine gelb fluoreszierende Schnur erleichtert die Führung und Kontrolle des Köders. Die Barsche stört sie normalerweise nicht.

Die dehnungsfähige monofile Schnur in Verbindung mit einer elastischen Rute ist auch für den Drill vorteilhaft. Im Barschmaul, das teils knochig ist, teils dünn und spröde wie Pergamentpapier, haften nämlich die Haken nicht gut. An zu hartem Gerät können die Barsche sich durch ihr typisches Schütteln und Stoßen oft vom Haken befreien. Manchmal gehen gute Fische schon durch einen zu harten Anschlag verloren. Beschränken Sie sich daher beim Biß darauf, mit der Rute stetigen Gegendruck auszuüben. Dann hakt der Barsch sich selbst.

Flußbarsche

In Flüssen kommt der Barsch von der Barbenregion über die Brassenregion bis ins Brackwasser vor. An der deutschen Ostseeküste halten sich die Barsche im Sommer auch im salzigen Wasser auf, zum Beispiel im Mündungsgebiet der Schlei und der Trave oder rund um Rügen. Die besten Fangplätze sind immer dort, wo sich die Beutefische der Barsche aufhalten. Sie wechseln daher im Laufe der Jahreszeiten.

Gute Stellen in kleineren Flüssen sind Wehrkolke, Einmündungen von Nebengewässern und ähnliche Plätze, an denen verschiedene Strömungsläufe aufeinander treffen, denn hier finden die Kleinfische ihre Nahrung. Wenn tiefes Wasser in der Nähe ist oder der Schatten von Brücken, umso besser: Da können die Barsche ruhen, bevor sie auf Raubzug gehen – und danach ungestört verdauen.

Die Kunst zu verführen

Ungeachtet der vielen Gummiköder halte ich Spinner mit ovalem Löffel vom Typ Mepps oder Colonel in den Größen 2 und 3 noch immer für die besten Köder zum Angeln auf Flußbarsche. Sie lassen sich in der Strömung extrem langsam führen und erzeugen dabei heftige Druckwellen, die der Barsch mit seinem Seitenlinienorgan wahrnimmt. Das erregt den Jagdinstinkt des Räubers, der anschließend seine Beute in erster Linie mit dem Auge verfolgt.

Dunkle Querstreifen auf einem messingfarbigen Löffel regen die Barsche besonders an, rote Woll- oder Federpuschel am Drilling sind ein zusätzlicher Reiz. Große Barsche neigen zum Kannibalismus, daher stammt vermutlich ihre Vorliebe für solche Farbkombinationen. Wenn sie auf herkömmliche Spinner nicht mehr hereinfallen, sind kleine Wobbler einen Versuch wert, am besten mit Barschdekor.

Sehr gut sind auch Kombinationen aus Spinner und Plastikfisch (Köderspinner). Sie schwimmen perfekt horizontal wie ein natürliches Fischchen. In Amerika, dem Mutterland der Kunstköder, gibt es unzählige Variationen solcher Kombi-Köder. Für unsere europäischen Barsche eignen sich am besten Bleiköpfe mit nachfolgendem Spinnerblatt und einem langen Einfachhaken. Darauf können Sie Twister oder lange Gummiwürmer montieren oder auch einen fetten Tauwurm!

Buhnen sind top

Buhnen sind die Top-Angelstellen auf Barsch an größeren Flüssen. Ich beginne immer mit einigen Würfen vom Ufer zur Buhnenspitze, um den Spinner oder Wobbler über die Steinschüttung vor der Buhne zu führen, denn dort zwischen den Steinen lauern die Barsche gern. Danach suche ich das Buhnenfeld mit dem gleichen Köder oder mit einem leichten Twister fächerförmig ab. Zum Schluß fische ich in der Strömungskante mit einem schwereren Twister oder Gummifisch, einem Bleikopfspinner oder sinkenden Wobbler. Besonders im Sommer stehen große Barsche oft am Rand der starken Strömung.

Im Spätherbst ziehen sich die Barsche mit ihren Futterfischen in ruhiges Wasser zurück. Nun sind tiefe Buhnen und Staustrecken sowie die Häfen von schiffbaren Flüssen die besten Fangplätze. Tief und langsam müssen die Köder geführt werden. Winterzeit ist Gummizeit: Kein anderer Köder entwickelt bei langsamer Führung soviel Aktivität wie ein Doppelschwanztwister oder ein Turbo Tail (Twister mit Schaufelschwanz) mit einem der Tiefe und Strömung angepaßten Bleikopf.

Ganz schön gierig! Dieser Kleine wollte offenbar durch Kannibalismus ein Großer werden.

Kanal voll Barsch

Kanäle sind sehr gute Barschgewässer. Auch hier orientieren die Barsche sich im Laufe des Jahres an ihren Beutefischen. In der warmen Jahreszeit sind schräg abfallende Steinböschungen besonders aussichtsreich, am besten an dicht bewachsenen Ufern, wo Strauchwerk über den Kanal ragt. Leichte Spinner der Größen 0 bis 2, kleinste Wobbler und Twister von 3 bis 5 Zentimetern mit leichten Bleiköpfen sind dafür ideal.

Weitere gute Barschplätze am Kanal sind Duckdalben und andere Einbauten oder die Abschnitte unterhalb von Schleusen, kurz gesagt alle Plätze, an denen sich Strömungskanten bilden und Nahrung für die Weißfische konzentrieren. Gut sind auch Ankerplätze großer Schiffe, die regelmäßig den Bodenschlamm aufwühlen und Löcher mit hartem, sauberem Grund schaffen. Hier können sich Muschelbänke ansiedeln, beliebte Freßplätze nicht nur für Weißfische, sondern auch für Barsche, die übrigens selbst gern Muscheln mögen.

An Spundwänden, Kai- und Hafenmauern stehen die Barsche häufig in unmittelbarer Nähe des Ufers. Lassen Sie hier Ihren Twister mit harten, aber kurzen Sprüngen von 10 bis 20 Zentimetern Höhe „immer an der Wand lang" tanzen. Oder probieren Sie Zocker aus, Horizontalwobbler und Blattpilker. Diese Spezialköder wurden eigens zum Fischen unter der

Einfache Beifänger-Montage mit Pilker und Streamer.

Twistern mit der Pose: Tauwürmer am Endvorfach und ein Twister am Seitenarm. Die Methode wirkt nur bei Drift oder Strömung.

Rutenspitze entwickelt. Kontrollieren Sie die Schnur beim Absinken des Köders, denn oft faßt ein Barsch schon in dieser Phase zu.

Suche im See

Während im Fluß die Uferstruktur und der Strömungsverlauf die aussichtsreichen Stellen verraten, ist an großen stehenden Gewässern mehr Beobachtung und Erfahrung notwendig, um die Barsche zu finden. Steil abfallende Ufer mit Vorsprüngen, in den See ragende Landzungen und ähnliche Stellen mit starken Unterschieden im Bodenprofil, Häfen, Bootsanleger und andere Bauwerke sind gute Barschplätze. Die besten Stellen findet man oft nur durch genaues Ausloten oder mit dem Echolot: Bodenerhebungen im See, Berge unter Wasser, bezeichnenderweise „Barschberge" genannt. In flachen Seen hingegen zieht es die Barsche in die tiefsten Löcher.

Wenn ein Schwarm Barsche auf Raubzug geht, kommt er meist aus der Tiefe und treibt die Weißfische an der Oberfläche zusammen. Das Auseinanderspritzen der Kleinfische und das Klatschen der Räuber sind ein unübersehbares, oft sogar hörbares Spektakel. Auf der weiten Fläche großer Seen können Möwenschwärme einen Hinweis auf raubende Barsche geben; denn die Möwen fressen von oben die Beute, die ihnen die Barsche von unten zutreiben.

Ihr Einsatz, Mr Twister

Im Sommer rauben die Barsche fast immer auf diese Weise nahe der Oberfläche, am liebsten in den frühen Morgenstunden oder abends bei Einbruch der Dämmerung. Kleine, lebhaft spielende Twister mit Bleiköpfen bis etwa 6 Gramm sind die besten Köder. Sie sind kompakt und lassen sich weiter werfen als Spinner oder Wobbler. Weite Würfe sind oft der Schlüssel zum Erfolg, wenn die Barsche sich nicht in die Nähe des Ufers trauen. Twister und andere weiche Gummiköder sind bei langsamer Führung an stehenden Gewässern häufig erfolgreicher als die harten Blinker, Spinner und Wobbler.

Als in den achtziger Jahren die DAM den ersten Twister aus Amerika auf den deutschen Markt brachte, hatte ich zunächst wenig Vertrauen in diesen Wabbelköder, der folglich längere Zeit in meiner Gerätekiste schmollte. Das änderte sich bei einer Bootstour auf Barsch mit meinem Freund Fredy. Wir probierten all unsere bewährten Blinker und Spinner durch, bekamen aber fast nur Anstupser und Nachläufer, konnten kaum einen Fisch haken. Schließlich montierte ich Mister Twister und fing schon beim zweiten Wurf einen guten Halbpfünder. Aus dem Staunen wurde Überzeugung, denn in der Folge fing ich nicht nur mehr als Fredy, sondern auch „seine" Barsche: Wurde sein Metallköder nur angestoßen, so beschrieb er mir die Stelle, und spätestens beim dritten Wurf hing der Barsch am Twister.

Das weiche Material der Twister erscheint den Barschen beim Anbiß offenbar „natürlicher" als hartes Blech, daher fallen sie darauf herein. Der große Einzelhaken ist ein weiterer Vorteil. Er haftet viel besser in ihrem spröden Maul als ein Drilling, von dem sie sich im Drill oft losschütteln können.

Im Winter verhalten sich die Barsche im See genauso wie in den Flüssen und Kanälen: Sie ziehen hinter ihren Futterfischen her in die tieferen Bereiche. Am besten fängt man sie jetzt vom Boot aus, wiederum mit Zockern, Blattpilkern, Pendel-Jigs oder Horizontalwobblern.

Beim Auffinden der Fangplätze ist ein Echolot von unschätzbarem Wert. Denn es bildet nicht nur die Bodenformation ab, sondern zeigt auch den Standort größerer Weißfisch-Schwärme an. Wer die Winterquartiere der Barsche kennt, kann sie auch bei strengem Frost unter dem Eis fangen. In Skandinavien ist das Eisloch-Angeln auf Barsche sogar eine Art Volkssport. Kleine Zocker, Pilker, Jigs und Horizontalwobbler, künstliche Nymphen oder auch Naturköder wie Maden und Mückenlarven werden knapp über dem Grund mit langsamen Bewegungen angeboten, denn im winterlich kalten Wasser wird selbst der lebhafte Barsch träge.

Doppelstrategie

Pilken und twistern auf Barsche kann ein sehr kurzweiliger Sport sein, aber auch ebenso langweilig – wenn nichts beißt. Eine große, bunte Kunstfliege als zusätzlicher Reizköder, 40 bis 60 Zentimeter oberhalb des Hauptköders an einem Seitenzweig montiert, sorgt oft für Belebung. Vielleicht stachelt sie den Futterneid der Barsche an, die eine „Verfolgungsjagd" zwischen Fliege und Pilker wahrnehmen. Jedenfalls sorgt sie für mehr Bisse, gelegentlich sogar für eine „Dublette".

Die Idee ist übrigens nicht neu. Seit Generationen fischen Barschangler am Bodensee mit der Hegene. Das ist ein System mit einem Blei oder Pilker am Ende der Hauptschnur und mehreren Seitenzweigen, an denen Kunstfliegen, Nymphen oder spezielle Gummiköder (Nuggis) montiert werden.

Kapitale Einzelgänger

Wenn große Rudel von halbstarken Barschen auf „Treibjagd" gehen, stoßen sie schwanzschlagend in einen Kleinfisch-Schwarm und sammeln dann ihre halbbetäubten Opfer ein. Manchmal lauert ein gewitzter Großbarsch ein Stück tiefer unter ihnen. So kann er bequem angeschlagene Kleinfische aufnehmen oder aber einen der heranwachsenden Artgenossen schnappen und verspeisen. Ein paar Würfe mit einem größeren, schwereren Köder, der unter dem raubenden Schwarm hindurchgeführt wird, können so einem alten Kannibalen zum Verhängnis werden.

Für gezieltes Angeln auf kapitale Barsche sind große, tiefe Seen und Talsperren die besten Gewässer. Schleppangeln vom Boot mit tief laufenden Wobblern entlang der Scharkanten hat sich als die erfolgreichste Methode erwiesen. Viel Geduld und eine ausgezeichnete Gewässerkenntnis sind freilich notwendig, um die seltenen und heimlichen Großbarsche über drei Pfund auf ihre rauhen Kammschuppen zu legen.

Die Kunst zu verführen

Wölfe im Schafspelz: **Rapfen**,

Wie überdimensionale Ukeleis sehen sie aus, als wollten sie sich vor ihrem wichtigsten Beutefisch tarnen: Rapfen sind exzellente Sportfische. Auch die Allesfresser Döbel und Aland haben räuberische Neigungen.

Rapfen leben im Strom und lieben die Strömung. Die Donau und die Unterläufe ihrer großen Nebenflüsse sind seit jeher als gute Rapfengewässer bekannt, Elbe und Oder ebenso. In Rhein und Main entwickelt sich ein guter Rapfenbestand, seit diese Gewässer sauberer geworden sind.

Scharfe Strömungskanten vor Buhnenköpfen oder unterhalb von Wehren, Turbinenausläufe und Kraftwerkseinleiter sind die besten Stellen. Rapfen jagen fast immer in unmittelbarer Nähe der Oberfläche. Oft lauern sie im Grenzbereich zum ruhigeren Wasser, in dem sich die Ukelei-Schwärme aufhalten. Wenn ihnen nach Fressen zumute ist, fallen sie in wilder Jagd über die Ukeleis her und verraten sich durch lautes Schwanzschlagen. Die Kleinfische spritzen in Panik auseinander, springen dabei häufig aus dem Wasser. So wird eine Rapfenjagd auf mehrfache Weise weithin sicht- und hörbar.

Die besten Fangzeiten sind die Sommermonate von Juli bis September. Besonders häufig gehen die Rapfen ganz früh morgens auf Beutejagd, oft am späten Abend, manchmal auch tagsüber.

Rapfenblei & Co.

Weite Würfe und eine schnelle Köderführung knapp unter der Oberfläche sind die Voraussetzungen für erfolgreiches Spinnfischen auf Rapfen. Der klassische Köder dafür ist das Rapfenblei, eine einfache Bleiolive mit einer Drahtachse, an der unten ein Drilling und oben ein Wirbel befestigt ist. Farbige Federpuschel am Drilling, vielleicht auch noch ein kleiner Propeller zwischen Blei und Wirbel, erhöhen den Reiz des unscheinbaren Bleis, ebenso eine Bemalung in rot, orange oder weiß. Kleine Pilker bis 6 Zentimeter, Küstenwobbler und schlanke Blinker sind weitere erfolgreiche Rapfenköder. Wichtig ist, daß sie beim Einholen keine großen „Haken schlagen". Rapfen haben zwar kaum Probleme, einem schnellen Köder zu folgen. Aber wenn der Köder aus der Schwimmrichtung ausbricht, schießen sie mit Volldampf an ihm vorbei. Spektakuläre Fehlbisse sind das Ergebnis.

Da die Ködergewichte meist zwischen 10 und 20 Gramm liegen, meistert eine leichte Spinnrute

Ähnlichkeit mit der Beute: Rapfen fressen bevorzugt Ukeleis.

mit 20 - 40 Gramm Wurfgewicht auch die notwendigen Weitwürfe – umso besser, wenn sie mindestens 2,70 Meter lang ist. Die mittlere Stationärrolle sollte eine hohe Getriebeübersetzung (6 : 1 oder mehr) für schnelle Köderführung besitzen und eine sensible Bremse. Wenn sie richtig eingestellt ist, reicht im hindernisfreien Wasser eine Schnur von höchstens 0,25 mm aus.

Explosionen

Wenn Sie Rapfen bei ihrem Überfall auf einen Ukelei-Schwarm entdeckt haben, werfen Sie Ihren Köder über die Stelle hinaus. Beginnen Sie bereits beim Aufprall auf das Wasser mit dem Einholen. Der Köder soll höchstens 20 Zentimeter unter der Oberfläche laufen und manchmal aus dem Wasser hüpfen wie ein flüchtender Ukelei. Führen Sie den Köder mitten durch den Schwarm. Schockfarben wie Rot oder Orange sind dabei oft besonders erfolgreich, weil solche Köder sich von der silbrigen Masse der Ukeleis abheben.

Je schneller der Köder läuft, umso härter kommt der Biß. Manchmal deutet er sich schon durch eine Bugwelle an, wenn ein Rapfen den Köder

Peter Biedron hat einen schönen Döbel am Wickel.

168 Modernes Angeln

Döbel und Aland

Die Kunst zu verführen

Filigrane Wobler von Peter Biedron verführen räuberische Friedfische.

Der Döbel fiel auf einen Spinner herein.

Gelegenheit macht Diebe. Dieser 11-pfündige Schuppenkarpfen hat beim nächtlichen Zanderangeln den 15-Zentimeter-Gummifisch „ordnungsgemäß" genommen.

verfolgt. Den Anschlag erledigt der Rapfen zumeist selbst, um sofort zu einer mächtigen Flucht anzusetzen. Versuchen Sie jetzt nur nicht, den Fisch zu halten. Gegen die Strömung ist das aussichtslos. Stellen Sie lieber die Bremse relativ weich ein, damit sie diese „Explosion" der Kräfte abfängt. Rapfen sind keine sehr ausdauernden Kämpfer, ihr Widerstand ermattet recht bald. Verstärken Sie dann den Druck, um den Fisch ruhig und stetig gegen die Strömung heranzupumpen. Aber Vorsicht kurz vor dem Kescher – da „explodieren" die Rapfen gern noch einmal!
Auf große Rapfen hat sich Michael Werner spezialisiert, der Chefredakteur der Zeitschrift FLIEGENFISCHEN:
„Irgendwann habe ich mich entschlossen, gezielt auf kapitale Rapfen zu angeln. Seitdem fange ich regelmäßig Exemplare über 6 Pfund. Egal wo ich fische, ich suche mir immer die härteste Strömung aus, denn an den typischen Rapfenstellen wie Strömungskanten rauben vielfach nur die Halbstarken. Die notwendigen extremen Wurfweiten erreiche ich mit Rapfenbleien, kleinen Küstenwobblern und Pilkern von 20 bis 30 Gramm an einer 3,30 Meter langen Rute für 30 bis 60 Gramm Wurfgewicht. Ich habe 250 Meter Schnur von 0,25 mm auf der Rolle; aber wenn Sie diese Angelei nicht gewöhnt sind, sollten Sie für den Anfang lieber Schnurstärke 0,30 mm wählen. Weiß ist die Köderfarbe für kapitale Rapfen, daran habe ich keinen Zweifel mehr. Auch mit roten und silberglänzenden Ködern fange ich meine Rapfen. Doch weiß lackierte Pilker oder Rapfenbleie mit einem weißen Federpuschel als Schwanz sind eindeutig die Nummer eins bei den Großen."

Räuber Dickkopf

Wer mit seinem großen Maul halbe Pflaumen oder Brotstücke von der Größe einer Streichholzschachtel verschlingt, der frißt auch kleine Fische. Döbel sind für den Spinnfischer speziell im Sommer und Herbst eine interessante Beute, und eine schwierige zugleich. Leichte Spinnruten und feine Schnüre, ähnlich wie auf Barsch, sind das richtige Gerät.
Der Allesfresser mit dem dicken Kopf ist ein Fisch der Bäche und Flüsse von der Forellenregion (wo er als Laich- und Bruträuber unerwünscht ist) bis in die Barbenregion. In Bächen stehen die Döbel in ruhigen Staustrecken und tiefen Gumpen, in der Nähe von Wasserpflanzen oder unter überhängenden Bäumen und Sträuchern am Ufer. Bester Köder ist ein kleiner Schwimmwobbler, der sich mit der Strömung auch in verborgene Unterstände dirigieren läßt. Wenn das Wasser klar und keine Deckung vorhanden ist, sind die scheuen Döbel nur beim Spinnfischen stromauf zu überlisten. Werfen Sie einen kleinen Spinner oder Blinker über die vermuteten Standplätze hinweg und lassen Sie ihn an gespannter Schnur mit der Strömung auf sich zu taumeln.
In größeren Flüssen bevorzugen die Döbel schneller fließende Strecken mit Kiesgrund. Kleine eigenschwere Blinker, Spinner mit schlankem Blatt oder Bleikopfspinner versprechen gute Beute. Oder kleine sinkende Wobbler wie die von Peter Biedron. Der Wobbler-Experte aus Mülheim/Ruhr baut winzige Wobbler von 2 bis 3 Zentimetern, die er an feinstem Gerät Stück für Stück stromab treiben läßt. Außer „Räuber Dickkopf" fängt er damit in der Ruhr noch andere seltene Gäste: Rapfen, Forelle, Barbe und Aland.

Vorsicht, Kamera!

A propos Aland – auch dieser nahe Verwandte des Döbels wird gelegentlich zum Räuber. Hierzulande lohnt gezieltes Spinnfischen wohl nur an einigen Gewässern wie der Elbe. Aber meinen größten Aland – mit sechs Pfund einer meiner „kapitalsten" Fische überhaupt - habe ich mit der Spinnangel gefangen, beim Angeln auf Meerforellen an der Küste von Gotland. Natürlich waren keine Meerforellen da, auch nicht an unserem letzten Angeltag.
Die Angelfreunde hatten schon aufgegeben und beobachteten vom Ufer aus bei Tee mit Rum mein fruchtloses Bemühen. Natürlich verfluchten sie Tee und Rum, als ich plötzlich einen Fisch im Drill hatte.
Natürlich war es keine Meerforelle (wäre ja auch meine erste gewesen), sondern besagter Aland. Im ersten Moment enttäuscht, freute ich mich dann über den tollen Fisch, watete stolz zum Ufer und präsentierte den Aland für die Kamera. Das Bild möchten Sie sehen? Natürlich hatte der Fotograf keinen Film drin!

170 Modernes Angeln

Adel auf Raubzug:
Forellen an der Spinnangel

Forellen sind Räuber. Sie decken einen erheblichen Teil ihres Nahrungsbedarfs mit Kleinfischen, und gerade die Großen lassen sich gut mit Spinnködern überlisten.

Alte Forellen werden zu Kannibalen. Wobbler mit Forellen-Dekor sind daher Top-Köder.

Edelfisch hin, Salmonide her – ich halte nichts davon, die Forelle in den „Adelsstand" zu erheben und ausschließlich mit der (Trocken-) Fliege zu befischen. Ihr natürlicher Speiseplan enthält Kleinfische wie Koppen und Elritzen in den Bächen der Forellenregion, junge Äschen und Weißfische weiter flußab und natürlich den eigenen Nachwuchs überall. Spinnfischen ist daher eine erfolgreiche Methode, besonders für den Fang großer Forellen.

Die beste Jahreszeit für den Spinnangler ist der Frühling nach dem Ende der Laich- und Schonzeit. Die Bachforellen ziehen zum Ablaichen weit in den Oberlauf der Fließgewässer, so daß man im Frühjahr erstaunlich große Fische in erstaunlich kleinen Bächen antrifft. Nach einiger Zeit wird ihnen dort der Lebensraum zu eng, und die großen Bachforellen wandern stromab in die Äschen- und Barbenregion. Regenbogenforellen, ihre Verwandten aus Amerika, leben eh lieber in solchen größeren Gewässern.

Leicht und fein

Zum Spinnfischen auf Forellen eignen sich leichte Spinnruten mit 2 bis 15 oder 5 bis 20 Gramm Wurfgewicht und einer Länge von 1,80 bis 2,40 Metern. Zur Rute paßt eine kleine und leichte Stationärrolle. Die normale Schnurstärke liegt bei 0,20 mm; an sehr hindernisreichen Gewässern sind 0,25 mm sicherer, bei klarem Niedrigwasser muß man noch feiner fischen.

Eigenschwere Blinker vom Typ Effzett oder Toby in den kleinsten Ausführungen zählen zu den besten Forellenködern. Sie ermöglichen präzise Würfe und lassen sich auch in der Strömung tief und langsam führen. Das gilt auch für schlanke, eigenschwere Spinner, während ovale Spinner vom Typ Mepps sich eher zum Spinnfischen bei langsamer Strömung oder für Würfe stromauf eignen. Kleine Schwimmwobbler sind exzellente Köder, die nachweislich besonders große Forellen an den Haken bringen. Einer ihrer Vorzüge besteht darin, daß man sie mit der Strömung in Unterstände treiben lassen kann, in denen die Forellen vor jedem anderen Köder sicher wären. Wobbler (und auch Blinker) mit Forellen-Dekor üben einen besonderen Reiz aus, weil sie den Kannibalismus der alten Raubforellen ansprechen.

An vielen Forellengewässern ist Spinnfischen nicht gern gesehen oder gar verboten, weil die Gefahr besteht, Jungforellen mit den Drillings-

Die Kunst zu verführen

bewehrten Ködern zu verangeln. Tatsächlich stürzen sich auch kleine Forellen mit solcher Gier auf einen Spinnköder, daß sie sich manchmal mit allen drei Haken des Drillings das Maul regelrecht vernageln und beim Lösen erhebliche Verletzungen erleiden. Ich fische daher an Forellengewässern nur mit angedrückten Widerhaken und ersetze in der Regel den Drilling durch einen großen Einzelhaken oder eine große Kunstfliege (Streamer).

Forellen wecken

Im frühen Frühjahr bei kaltem, klarem Niedrigwasser stehen zunächst die Aussichten schlecht. Die Forellen liegen wie reglos in ihren Unterständen. Irgendwann steigen die Temperaturen, Regenfälle sorgen für hohes und trübes Wasser. Jetzt kommt Leben in den Bach, die Jagdzeit der Forellen beginnt. Allerdings sind sie noch ziemlich träge. Deshalb haben langsam am Ufer entlang gegen die Strömung geführte Köder die besten Chancen, das Interesse der Forellen zu wecken: kleine Blinker und schlanke Spinner, die auch bei Hochwasser und turbulenter Strömung tief genug laufen.

„Wecken" ist das richtige Wort. Oft beißen Fische nämlich erst, wenn man ihnen den Köder mehrere Male vorgeführt hat. Zunächst nehmen sie seine Schwingungen über ihr Seitenlinienorgan auf, dann legen sie sich auf die Lauer, schließlich fassen sie zu. Fischen Sie daher einen erfolgversprechenden Platz immer gründlich aus. Beobachten Sie die Strömungsverhältnisse vor einem Standplatz, um den Köder richtig zu plazieren. Suchen Sie Tarnung am Ufer, um von der Forelle nicht eher gesehen zu werden als der Spinnköder.

Bäche und kleine Flüsse haben oft einen dichten Uferbewuchs, der das Werfen behindert. Fischen Sie dort mit Ihrer kürzesten Rute, die auch unter den Büschen hindurch einen gezielten Unterhandwurf ermöglicht. Und wählen Sie die Schnur auf keinen Fall zu dünn (0,20 bis 0,25 mm), sonst verlieren Sie viele Köder: Erstens durch Hänger, zweitens durch Fehlwürfe, z.B. in das Gebüsch am anderen Ufer, drittens durch große Forellen – und die sind dann auch weg.

Stromab und stromauf

Wenn im Laufe des Frühjahrs das Wasser sinkt, wandern die großen Raubforellen flußabwärts. Sie beziehen – ganz ähnlich wie Hechte – feste Standplätze, aus denen sie ein größeres Jagdrevier kontrollieren können. Das gilt zumindest für Bachforellen. Regenbogenforellen wechseln häufiger ihr Revier.

Köderwahl und Köderführung richten sich nach den Gegebenheiten des Gewässers. Bietet der Fluß gute Unterstände, z. B. Außenkurven mit unterspültem Ufer oder überhängende Bäume und Büsche, so wirft man schräg stromab und führt den Spinner oder Blinker möglichst nahe am Standplatz der Forelle vorbei. Häufig sind kleine Schwimmwobbler die besten Köder, weil man sie mit der Strömung treiben lassen und damit Verstecke abfischen kann, die durch keinen Wurf zu erreichen wären.

Wichtig ist, daß der Köder langsam geführt und gefühlvoll in der Strömung dirigiert wird. Holen Sie ihn nicht mit konstant gleichbleibendem Tempo und auf keinen Fall zu schnell ein. Lassen Sie ihn gelegentlich verweilen, durch Senken der Rutenspitze abtauchen, vielleicht auch mal ein Stück rückwärtsschwimmen. Gerade solche Manöver vor ihrem Standplatz reizen die Forelle zum Angriff.

Wenn der Bach oder Fluß mit sanften Windungen durch breite Wiesentäler gleitet, fehlen die oben genannten Verstecke – für die Forellen ebenso wie für den Angler. Dann bringt der Wurf stromab mit allmählichem Einholen stromauf wenig Erfolg. Die Fische können den Köder im klaren Wasser zu lange beobachten, verfolgen ihn vielleicht neugierig, stupsen ihn einmal an, erkennen spätestens dann den Schwindel. Nur

Kombinationen aus Spinner und Wobbler (Minnow Spin) sind besonders fängig.

Leichtes Spinngerät für Forellen, dazu die passenden Köder: Links kleine Blinker und schlanke Spinner; Mitte Köderspinner, Minnow Spin und Wobbler mit Forellen-Dekor für die alten Kannibalinnen; unter der Rolle Mini-Wobbler.

Watspinnen auf Forellen in herrlicher Umgebung.

eine veränderte Köderführung bringt sie an den Haken.
Eine erste Variante ist der Wurf quer über den Fluß. Drüben läßt man den Blinker oder Spinner absinken, ein Stück am anderen Ufer entlang und dann im Bogen über den Fluß treiben. Oft verfolgen die Forellen den Köder und fassen in dem Moment zu, wenn er beim Einkurbeln stromauf „flieht".
Bei klarem Niedrigwasser im Sommer bringt der Wurf stromauf häufig mehr Erfolg. Ich beginne mit Würfen am eigenen Ufer entlang, dann in die Flußmitte und schließlich zum anderen Ufer, und lasse den Köder auf mich zutreiben. Die Schnur ist dabei immer gespannt, sonst würde der Köder nicht arbeiten, und der Anbiß wäre nicht zu erkennen. Kleine, nicht zu schwere Blinker oder Spinner der Größen 1 und 2 in matten oder dunklen Farben sind richtig zum Stromauf-Spinnen. Sehr gern verwende ich bei dieser Technik Köderspinner mit kleinen Silikonfischen.

Forellen im See

Seen mit kaltem, klarem Wasser bieten der Forelle gute Lebensbedingungen.
Die großen Fische ernähren sich zu einem erheblichen Teil auf räuberische Art. Daher ist Spinnfischen eine gute, wenn nicht die beste Methode für ihren Fang.
Je größer das Gewässer, umso schwieriger sind die Forellen allerdings zu finden, zumal sie bei Temperatur- und Witterungsveränderungen immer wieder ihr Revier verlagern. Die besten Chancen bieten sich im Frühjahr, wenn die Forellen in der Nähe der Oberfläche und im flachen Wasser jagen. Erfolgversprechende Reviere sind Bacheinmündungen in den See und der Einlaufbereich von Stauseen und Talsperren.
Früh morgens rauben die Forellen oft sehr nahe am Ufer.
Fischen Sie daher zunächst mit kleinen, flach laufenden Spinnern in der Uferzone. Schwerere Köder kommen später an die Angel, um die Wasserfläche mit fächerförmigen Würfen Richtung Seemitte systematisch abzufischen. Eigenschwere Blinker, z. B. ein Toby von 10 Gramm, oder Bleikopfspinner haben genügend Wurfgewicht und Tiefgang.
Je weiter die Jahreszeit fortschreitet, umso mehr zieht es die großen Forellen ins tiefe Wasser. Alte Bach- und Flußbetten, der Austritt kalter Quellen, steil abfallende Felsen oder beim Einstau überflutete Gemäuer sind nun ihre bevorzugten Reviere.
Für den Uferangler sind sie nur noch an wenigen Stellen zu erreichen, vor allem im tiefen Bereich nahe der Sperrmauer. Ansonsten braucht man ein Boot und eine gute Gewässerkenntnis, um erfolgreich auf Großforellen zu spinnen, besser noch zu schleppen. Denn die meisten kapitalen Forellen aus stehenden Gewässern werden beim Schleppfischen erbeutet. Das gilt insbesondere für Seeforellen, die edlen Räuber der Alpenseen, die erfolgreich auch in verschiedenen Talsperren der Mittelgebirge eingebürgert wurden.

Faszinierende Fischwaid

Die Kunst mit der Fliege

Mit Schwung ins Ziel: Die Fliegenschnur bringt die Fliege zum Fisch.

Fliegenfischen ist eine besonders aktive und interessante Angelmethode. Leider findet die Mehrheit der Angler keinen Zugang zu dieser spannenden Disziplin. Ein Grund dafür ist der Mangel an guten Gewässern mit Forellen und Äschen, den wichtigsten Fischen für die künstliche Fliege. Hinzu kommt, daß manche Veröffentlichungen das Fliegenfischen recht kompliziert erscheinen lassen. Doch Fliegenfischen ist gar nicht so schwierig und exklusiv. Mit Geschick, Einfühlungsvermögen und etwas Übung werden Sie recht bald Ihre ersten Fische fangen und faszinierende Fischwaid erleben.

Mit Schwung ins Ziel:
Gerät und Wurftechnik

Gut abgestimmtes Gerät ist die Voraussetzung für kontrolliertes Werfen mit der künstlichen Fliege und damit für den Fangerfolg.

Künstliche Fliegen imitieren Insekten in ihren verschiedenen Arten und Lebensphasen. Die bekannteste Form ist die Trockenfliege, die auf der Wasseroberfläche schwimmt. Doch viele Insekten verbringen den größten Teil ihres Lebens unter Wasser. Als Larven oder Puppen sind sie ein wichtiger Bestandteil der Nahrung unserer Fische. Forellen z. B. ernähren sich zu 80 Prozent von solchen Unterwasser-Insekten und von Flohkrebsen. Diese werden durch künstliche Nymphen nachgebildet. Zu den Ködern des Fliegenfischers zählen außerdem Naßfliegen, die versunkene Insekten imitieren, und Streamer als Nachbildungen von Kleinfischen.

All diesen Ködern ist gemeinsam, daß sie kein oder nur wenig Eigengewicht besitzen. Deshalb liegt das Gewicht, das sie hinaus zu den Fischen bringt, in der Schnur. Fliegenfischen erfordert ganz spezielles Gerät und eine eigene Wurftechnik. Aufgabe der Rute ist es, die Schnur - und mit ihr die Fliege - gestreckt auf die gewünschte Entfernung zu werfen.

Uhrzeiger im Sinn

Die Wurftechnik mit der Fliegenrute wird in den Skizzen auf den nächsten Seiten beschrieben. Wenn Sie es mit dem Fliegenfischen ernst meinen, rate ich Ihnen aber, das Werfen mit Hilfe eines erfahrenen und guten Fliegenfischers zu erlernen oder an einem qualifizierten Kurs teilzunehmen. Kursangebote finden Sie in der Zeitschrift FLIEGENFISCHEN. Sonst geht es Ihnen nämlich wie mir: Ich habe mir das Fliegenwerfen als Jugendlicher selbst beigebracht, sozusagen mit der Rute in der rechten und dem Lehrbuch in der linken Hand. Und ich habe mir dabei viele kleine Fehler angewöhnt, die ich später nur schwierig abstellen konnte.

Am leichtesten wird der Fliegenwurf verständlich, wenn man sich die Rute als Zeiger einer Uhr vorstellt. Acht bis zehn Meter Schnur liegen gestreckt auf dem Wasser, die Rute zeigt zwischen 2 und 3 Uhr. Heben Sie jetzt die Schnur vom Wasser und führen Sie die Rute mit

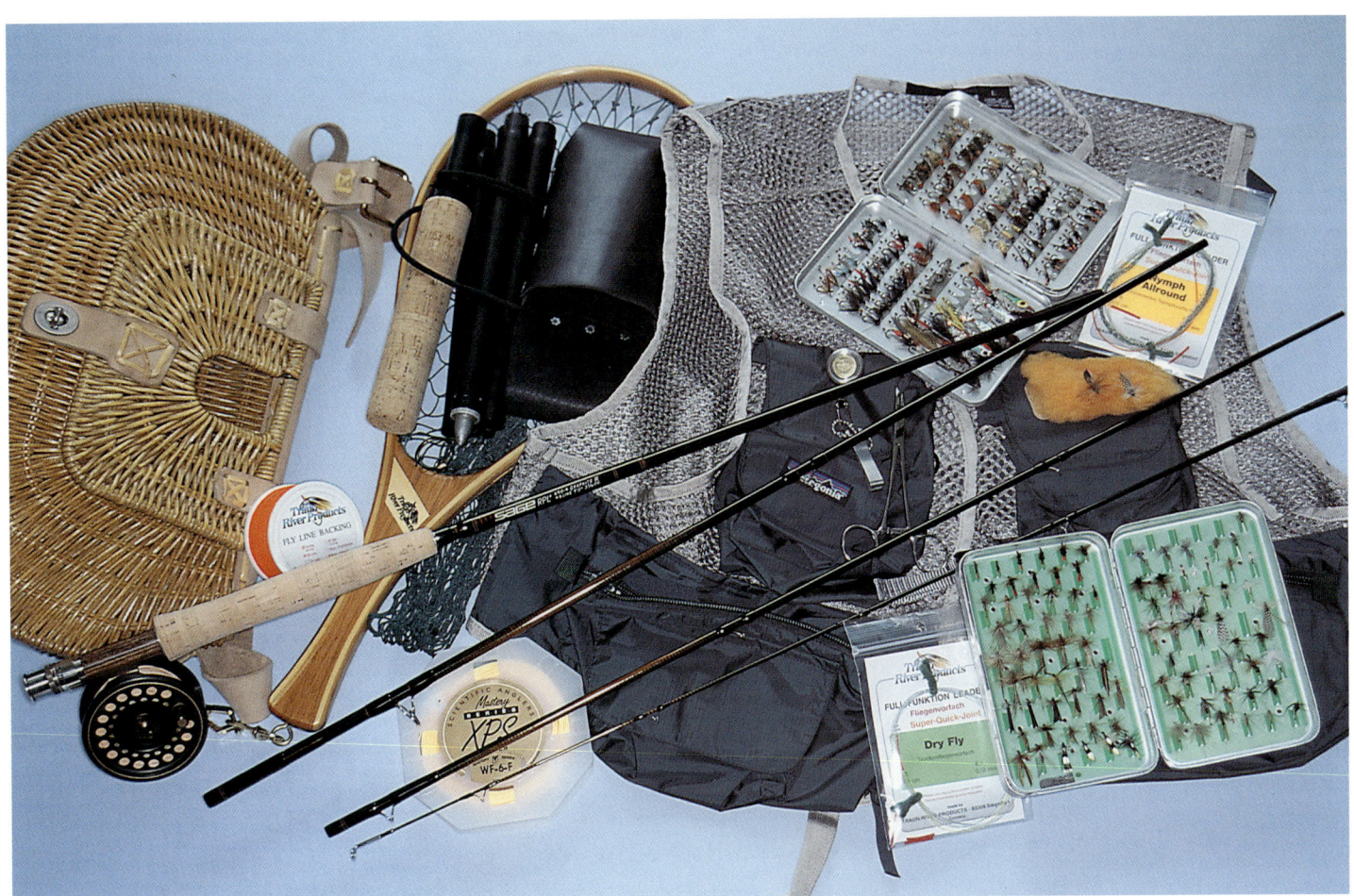

Geräte zum Fliegenfischen: Fliegenrute, Rolle und Schnur, Fischkorb, Watkescher, darin ein zusammenlegbarer Watstock, Weste mit Fliegenschachteln und Vorfächern.

Faszinierende Fischwaid

zunehmender Beschleunigung bis 11 Uhr, stoppen Sie dort ab. Die Schnur fliegt in einer engen Kurve an der Rute vorbei und streckt sich nach hinten. Wichtig ist dafür die zunehmende Beschleunigung. Bei einer gleichmäßigen Wedel-Bewegung würde die Schnur einen weiten Bogen beschreiben und hinten herunterfallen. Während die Schnur sich streckt, gehen Sie mit der Rute noch ein kleines Stück mit,

Schnur allein mit der „Schnurhand" zu kontrollieren.

Wenn die erforderliche Schnurlänge in der Luft ist, kommt als letzter Vorschwung der Wasserwurf. Dabei führen Sie die Rute nach dem Stop bei 1 Uhr herunter bis 3 Uhr, so daß die Schnur auf dem Wasser abrollt und sich streckt.

Vermeiden Sie um jeden Preis den häufigsten Anfänger-Fehler, das Werfen aus dem Hand-

te Schnur nutzt die Federkraft der Rute nicht genügend aus, eine zu schwere überfordert die Rute und läßt sich nicht kontrolliert werfen. Die Hersteller benennen daher das Gewicht ihrer Schnüre nach einer internationalen Norm, den AFTMA-Klassen. Auf den Fliegenruten geben sie die geeignete Schnurklasse an. So findet auch der Anfänger eine passende Kombination von Rute und Schnur, zumal wenn er

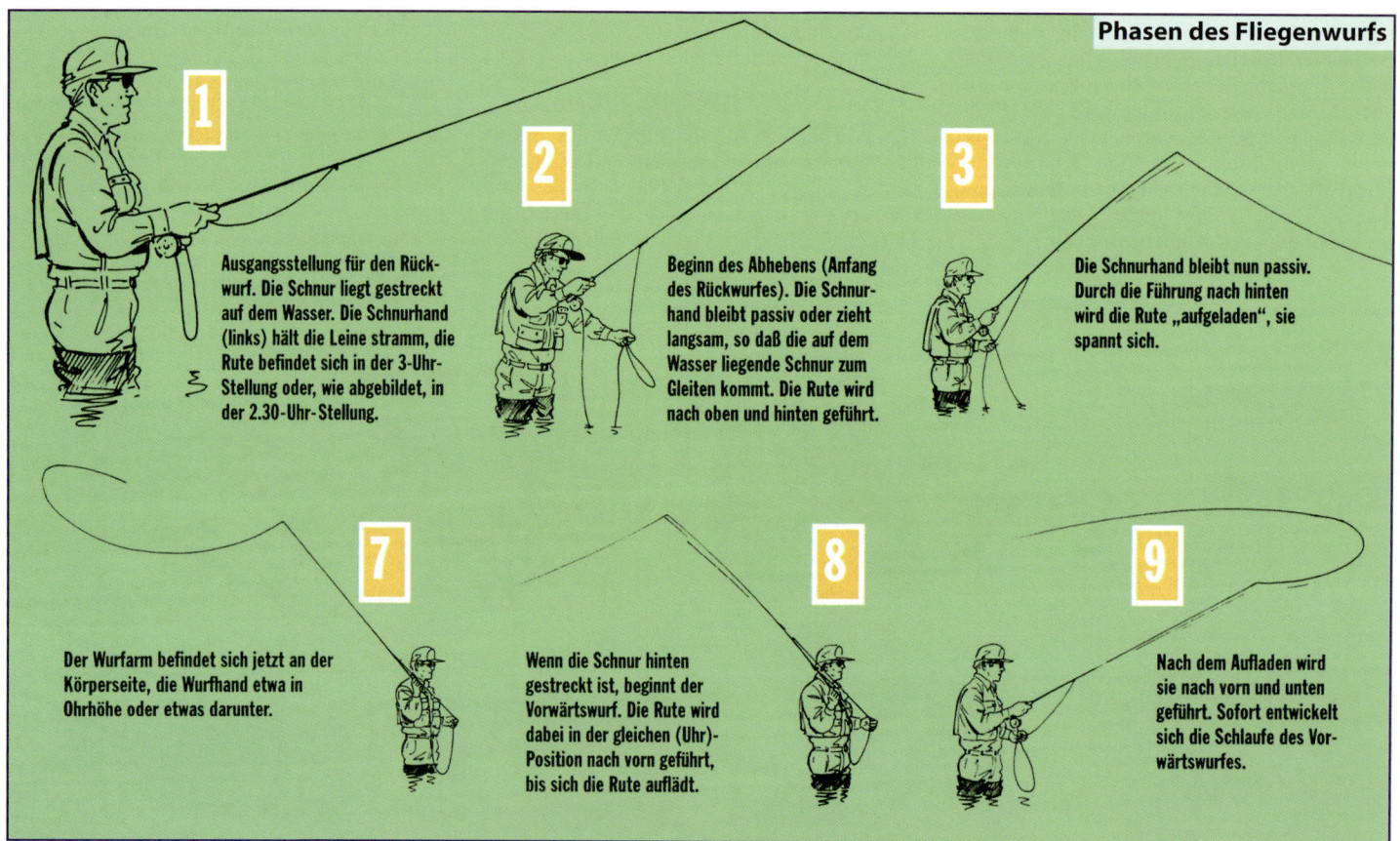

Phasen des Fliegenwurfs

1. Ausgangsstellung für den Rückwurf. Die Schnur liegt gestreckt auf dem Wasser. Die Schnurhand (links) hält die Leine stramm, die Rute befindet sich in der 3-Uhr-Stellung oder, wie abgebildet, in der 2.30-Uhr-Stellung.

2. Beginn des Abhebens (Anfang des Rückwurfes). Die Schnurhand bleibt passiv oder zieht langsam, so daß die auf dem Wasser liegende Schnur zum Gleiten kommt. Die Rute wird nach oben und hinten geführt.

3. Die Schnurhand bleibt nun passiv. Durch die Führung nach hinten wird die Rute „aufgeladen", sie spannt sich.

7. Der Wurfarm befindet sich jetzt an der Körperseite, die Wurfhand etwa in Ohrhöhe oder etwas darunter.

8. Wenn die Schnur hinten gestreckt ist, beginnt der Vorwärtswurf. Die Rute wird dabei in der gleichen (Uhr)-Position nach vorn geführt, bis sich die Rute auflädt.

9. Nach dem Aufladen wird sie nach vorn und unten geführt. Sofort entwickelt sich die Schlaufe des Vorwärtswurfes.

ungefähr bis 10.30 Uhr. Experten haben das im Gefühl, als Anfänger sollten Sie über die Schulter schauen und die Schnur beobachten.

Bei nach hinten gestreckter Schnur beginnt der Vorschwung, ebenfalls mit zunehmender Beschleunigung und einer engen Schnurkurve. Stoppen Sie den Vorschwung bei 1 Uhr und folgen Sie der sich nach vorn streckenden Schnur bis 2 Uhr. Danach geht's wieder zurück. Um die Schnur zu verlängern, drücken Sie diese mit dem Mittelfinger der Wurfhand gegen die Rute und ziehen mit der anderen Hand einen Meter Schnur von der Rolle. Diese lassen Sie beim nächsten Vorschwung durch die Ringe schießen. Mit der Zeit werden Sie lernen, die

gelenk. Alle Wurfbewegungen kommen aus dem Ellbogen- und Schultergelenk, das Handgelenk bleibt steif. Beim Einhalten dieses Grundsatzes hilft eine spezielle Rutenhaltung: Der Zeigefinger oder Daumen und Zeigefinger der Wurfhand liegen auf dem Rutengriff. Erst wenn Sie einen Fliegenfischer-Kurs für Fortgeschrittene besuchen, werden Sie lernen, daß man das Handgelenk doch gebrauchen darf – für die Feinabtimmung des Wurfs.

Harmonische Einheit

Um der Schnur die notwendige Beschleunigung zu vermitteln, müssen Rute und Schnur eine harmonische Einheit bilden. Eine zu leich-

sich von einem erfahrenen Gerätehändler beraten läßt.

Moderne Fliegenruten werden aus leistungsfähiger und leichter Kohlefaser hergestellt. Zum Angeln im Süßwasser sind Ruten von 2,40 bis 2,70 Metern Länge für Schnüre der Klassen 4 bis 6 gebräuchlich. Letztlich hängt die Wahl der Rute und Schnur von den Gewässern ab, in denen Sie damit fischen wollen.

Auffälligstes Merkmal der Ruten ist der am unteren Ende angebrachte Rollenhalter. Durch diesen Sitz der Rolle wird die Rute optimal ausbalanciert, Voraussetzung für müheloses Werfen. Bei leichten Fliegenruten ist der Kork-Handgriff nach vorn verjüngt (Zigarrenform).

Diese Griff-Form unterstützt die oben beschriebene Rutenhaltung. Der unterste Ring (Führungsring) ist ein stabiler Brückenring, bei hochwertigen Ruten mit SIC-Einlage. Darüber sind die Fliegenruten mit gewichtsparenden Schlangenringen bestückt.

Die Fliegenrolle dient in erster Linie als Schnurreserve. Sie sollte leicht sein, um die Balance des Geräts nicht zu beeinträchtigen. Für den Wurf hat die Rolle wenig Bedeutung, wohl aber für den Drill. Gute Fliegenrollen besitzen eine fein einstellbare Bremse. An größeren Gewässern sollte die Rolle unter der Fliegenschnur mindestens 50 Meter Nachschnur (Backing) als Reserve für den Kampf mit einem großen Fisch fassen.

Schnur-Formen

Fliegenschnüre unterscheiden sich neben der Gewichtsklasse durch ihre Formen. Die beiden grundlegenden Formen werden mit den Kürzeln DT (Double Taper = doppelt verjüngt) und WF (Weight Forward = Gewicht vorn) bezeichnet. DT-Schnüre laufen auf den ersten drei Metern an beiden Enden spitz zu, dazwischen sind sie gleichbleibend stark. WF-Schnüre sind ebenfalls auf den vorderen drei Metern verjüngt, auf den nächsten neun Metern gleichbleibend stark, danach wieder verjüngt und bis zum Ende gleichbleibend dünn. Bevor die englische Sprache das Fliegenfischen eroberte, bezeichnete man sie als Keulenschnüre. WF-Schnüre eignen sich besonders gut für Weitwürfe, weil der dünne Schnurkörper hinter der 9 Meter langen „Keule" leichter durch die Rutenringe gleitet als der dicke Körper einer DT-Schnur.

Schließlich unterscheidet man Fliegenschnüre nach ihrem Verhalten im Wasser. Zum Angeln mit Trockenfliegen und bei den meisten anderen Variationen müssen sie schwimmen. Schwimmende Schnüre tragen die Bezeichnung F = Floating. In 90 Prozent aller Fälle kommen Sie

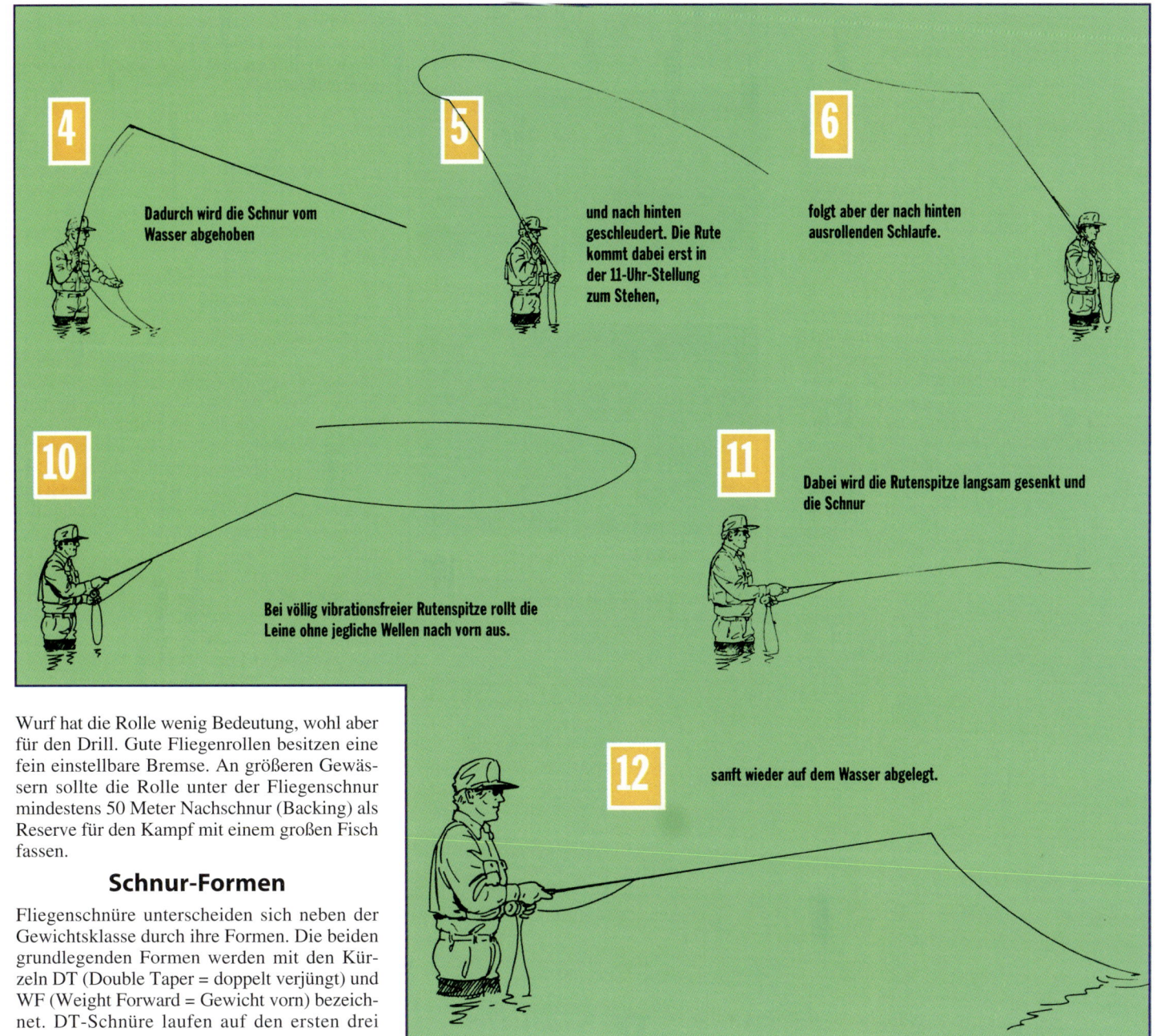

Faszinierende Fischwaid

mit einer schwimmenden Schnur aus. Nur beim Fischen mit Nymphen und Streamern braucht man gelegentlich sinkende Schnüre (S = Sinking).
Jetzt haben wir alle Merkmale der Fliegenschnur beisammen. Bevor Sie verwirrt aufgeben, verrate ich Ihnen den Code für eine Schnur, mit der Sie viele Jahre an vielen verschiedenen Gewässern erfolgreich fischen können: WF - 6 - F, das heißt Keulenschnur - Gewichtsklasse 6 - schwimmend.

Vorfach verjüngt

Selbstverständlich kann man eine winzige Kunstfliege nicht an das Ende der dicken Fliegenschnur knüpfen. Ein langes Vorfach von ungefähr zweieinhalb Metern muß die Schnur möglichst weit von der Fliege weg und damit aus dem Gesichtsfeld der Fische heraushalten. Auch die Vorfächer werden in Verlängerung der verjüngten Schnur zur Fliege hin immer feiner. Das ist notwendig, damit sie sich beim Wasserwurf strecken. Ein langes, gleichmäßig dünnes Vorfach würde in Kringeln um die Kunstfliege herum auf das Wasser fallen.
Am liebsten verwende ich heute geflochtene Vorfächer, die knotenlos mit der Fliegenschnur verbunden werden. Im dick geflochtenen oberen Teil übertragen diese Vorfächer die Abrollbewegung der Fliegenschnur, in der Mitte sind sie dünner geflochten, unten monofil. Mit einem Verbindungsknoten kann man eine beliebig feine Vorfachspitze anknüpfen oder man bindet die Vorfachspitze in einen winzigen Metallring. Der Handel bietet auch knotenlos verjüngte Vorfächer in verschiedenen Stärken an. Diese Vorfächer sind jedoch ziemlich weich und rollen nicht so gut ab wie die geflochtenen. Außerdem sind sie für meinen Geschmack entweder oben zu dünn oder unten zu dick. Dann binde ich lieber selbst und wähle den oberen Teil des Vorfachs so steif, daß es sich gut streckt. Mein Tip für ein Trockenfliegen-Vorfach: 100 Zentimeter Schnur 0,45 mm, dann 20 cm 0,35 / 20 cm 0,30 / 20 cm 0,25 / 30 cm 0,20 / 60 cm 0,16.

Waten und landen

Einen Fliegenfischer erkennt man an der Weste. Fliegenfischen ist aktives Angeln mit viel Bewegung. Sperriges Zubehör wäre dabei nur hinderlich. Fliegenschachteln, Vorfachmaterial, Lösezange, Schnur- und Fliegenfett, Hakenschleifstein, Fischmaß, Messer etc. finden in den vielen Taschen einer Fischerweste Platz. Häufig gebrauchte Geräte wie einen Schnurclip kann man mit einem Ausziehroller anpinnen. Geradezu unverzichtbar ist eine Polaroidbrille,

Die vier Grundtypen von Kunstfliegen (von oben): Trockenfliegen, Nymphen und Flohkrebs, Naßfliegen und Streamer.

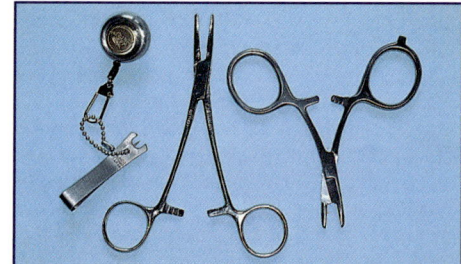

Praktische Kleingeräte: Ausziehroller mit Clip, daran ein Dorn zum Öffnen verklebter Fliegen-Ösen, Arterienzange und kleine Flachzange zum Hakenlösen.

die die Lichtreflektionen auf der Wasseroberfläche reduziert und damit das Beobachten der Fliege und der Fische erst ermöglicht.
Watstiefel oder eine Wathose runden die Ausrüstung des Fliegenfischers ab. Wenn Sie überwiegend an kleineren Gewässern fischen, sollten Sie Watstiefel mit Profilsohle tragen, denn meist angeln Sie ohnehin vom Ufer aus. An größeren Flüssen ist eine Wathose angebracht. Auf Kiesgrund und Steinen bieten Filzsohlen mehr Gefühl und einen sicheren Stand. Nach einer Tauchübung in der grob-steinigen Lenne habe ich mir einen Watstock zugelegt, sozusagen als drittes Bein. In starker Strömung und tiefem Wasser möchte ich dieses Hilfsmittel nicht mehr missen.
Ob mit Stiefeln oder Hose, bitte waten Sie immer nur dort, wo es notwendig ist. Denn durch unnötiges Herumtrampeln in kleinen Gewässern oder Uferzonen werden nicht nur Fische verscheucht, sondern auch Laichplätze und wertvolle Lebensräume für Kleintiere zerstört.
Über die Landung der Fische scheiden sich die Geister. Viele Fliegenfischer landen von Hand. Das heißt, eigentlich landen sie gar nicht, sondern lösen die Fische noch im Wasser schonend vom Haken. Catch and Release (fangen und zurücksetzen) ist eine Einstellung, die dazu beiträgt, die strapazierten Salmoniden-Bestände zu erhalten. Vor allem in Bezug auf die Kormoran-geschädigte und ohnehin sehr empfindliche Äsche schließe ich mich ausdrücklich dieser Haltung an. Aus diesem Grund und auch zur Schonung untermaßiger Fische verwende ich grundsätzlich Haken mit angedrückten Widerhaken.
Um aber eine wehrige Regenbogenforelle unter Kontrolle zu bringen, ist ein (schwimmender) Watkescher mehr als nützlich. Beim Fischen vom Ufer sind zusammenlegbare Modelle im Köcher praktisch, die sich nicht ständig irgendwo an Zäunen oder Gestrüpp verhängen.
Hätte ich meinen Kescher nicht aus falscher Bescheidenheit im Wagen zurückgelassen, so wäre mir meine „Traun-Taufe" wohl erspart geblieben: An der Gmundener Traun in Österreich unter fachkundiger Anleitung von Hans Aigner fing ich im letzten Abendlicht einen für mich kapitalen Regenbogner von 50 Zentimetern. Der Mond war längst aufgegangen, als das Kampfpaket endlich zur Handlandung bereit schien. Was dann geschah, weiß ich nicht mehr, nur soviel: Ich lag im Wasser, Wathose voll, Brille stromab. Über dem Wasser waren nur der Fisch in der linken und die Rute in der rechten Hand. Ausgleichende Gerechtigkeit: Später im Hotel „Marienbrücke" mundete die Forelle köstlich.

Fangen auf Sicht:
Trockenfliegen gekonnt serviert

Mit dem passenden Fliegenmuster und durch richtiges Servieren der Trockenfliege überlisten Sie Forellen und Äschen an der Oberfläche.

Tolle Bachforelle auf Trockenfliege.

Schräg gegenüber am anderen Flußufer steigt die Forelle nach einer Fliege. Ein Ring an der Oberfläche, ein kaum hörbares Schnalzen verrät sie dem aufmerksamen Angler. Mit mehreren Luftwürfen bringt er die erforderliche Länge Schnur aus, dann ein gestreckter Wasserwurf, die Fliege setzt auf. Sekunden später ein Schwall gerade dort, wo zuvor der Ring zu sehen war. Geistesgegenwärtig hebt der Angler die Rute, strafft die Schnur, und eine starke Bachforelle kämpft aufopfernd um ihr Leben. Das ist Trockenfliegen-Fischen pur, die faszinierendste Art des Flugangelns.

Unser Angler hat gut beobachtet, hatte die richtige Fliege am Vorfach und hat sie gut serviert. Damit sind die drei Bedingungen für den Erfolg mit der Trockenfliege benannt. Die Wahl der Kunstfliege richtet sich nach der natürlichen Flugnahrung. Gewiß gibt es Tage, an denen die Fische sich wie wild auf alle möglichen Fliegen stürzen. Doch das ist eher die Ausnahme, zumal an den wenigen guten Gewässern, die für Gastangler zugänglich sind und entsprechend intensiv befischt werden. Wenn die Fische auf Insekten an der Oberfläche steigen, fängt immer diejenige Kunstfliege am besten, die dem natürlichen Vorbild besonders nahekommt.

Die für den Fliegenfischer wichtigsten Insekten sind Eintagsfliegen, Köcherfliegen, Steinfliegen und Mücken. Sie alle verbringen die meiste Zeit ihres Lebens als Larven im Wasser. Ein bis drei Jahre lang leben sie am oder im Gewässerboden, unter Steinen oder an Pflanzen. Dann beginnt ihre Umwandlung, sie verpuppen sich und steigen zur Oberfläche. Dort entschlüpft

Faszinierende Fischwaid

Drei Entwicklungsstadien der Trockenfliege: oben Duns, links (Rot-) Spinner, rechts Spent.

der Larvenhaut das fertige Insekt, das nur noch kurze Zeit zu leben hat. Gerade ein paar Stunden bleiben manchen Eintagsfliegen, einige Wochen höchstens den Köcherfliegen, um sich fortzupflanzen und ihre Eier abzulegen. Dann sterben sie ab, und ein neuer Lebenszyklus beginnt. Beim Angeln mit der Trockenfliege sind die Insekten in den folgenden Phasen interessant: als Aufsteiger (englisch: Emerger) kurz vor dem Schlupf im Oberflächenfilm des Wassers; als frisch geschlüpfte Fliegen, die an der Oberfläche treiben (Dun); als flug- und fortpflanzungsfähige Insekten (Spinner), die ihre Eier auf der Wasseroberfläche ablegen, um danach abzusterben und mit seitlich abgespreizten Flügeln als Spent abzutreiben.

Das Jahr der Forelle

Im Jahresverlauf verändert sich das Aufkommen natürlicher Flugnahrung. Auf dem Speiseplan der Forellen stehen vom Beginn der Saison Ende März bis Mitte Mai vor allem kleinere Eintagsfliegen. Die beste Fangzeit liegt in den Mittagsstunden und am frühen Nachmittag, wenn das Wasser sich so weit erwärmt hat, daß die Insekten schlüpfen. Kleine graue oder olivfarbene Eintagsfliegen-Muster auf Haken Größe 14 bis 16 haben jetzt die besten Chancen. Mit zunehmender Erwärmung im Mai verlagern sich der Insektenschlupf und die Steigzeit in die Abendstunden.

Im Juni kommt die Zeit der Köcherfliege (Sedge) und damit die beste Zeit zum Fischen mit der Trockenfliege. Denn diese großen und nahrhaften Insekten bringen auch kapitale Fische an die Oberfläche, die sich sonst überwiegend von Larven oder Kleinfischen ernähren. Sie schlüpfen und schwärmen vor allem abends in großen Massen, werden beim Schlupf, bei der Eiablage oder danach als Spent ein wahrhaft gefundenes Fressen. Gleiches gilt für eine Familie besonders großer Eintagsfliegen, die Maifliegen. Ihr Vorkommen ist allerdings sehr von der Wasserqualität abhängig und daher eingeschränkt. Große Köcher- und Maifliegen-Imitationen auf Haken Größe 10 bis 12 verführen große Forellen.

Juli und August sind schwierige Monate für den Fliegenfischer. Bei niedrigem, klarem Wasser und einem Überangebot an natürlicher Nahrung sind die Fische ebenso scheu wie wählerisch. Gute Chancen bieten Kunstfliegen, die auf das Wasser gefallene Landinsekten nachbilden: Käfer, Ameisen, Heuschrecken, ... Buschig gebundene Palmer, Bivisible, künstliche Ameisen und Heuschrecken sind geeignete Imitationen. Auch Köcher- und Steinfliegen, jetzt etwas kleiner auf Haken Größe 12 bis 14, bleiben erfolgreich.

Im September werden die Forellen noch einmal sehr aktiv. Sie müssen Kraft für die bevorstehende Laichzeit tanken. Eintagsfliegen, kleinere Köcherfliegen und Steinfliegen finden jetzt ihr Interesse. Eine der besten Trockenfliegen überhaupt ist die Buck Caddis. Sie vertritt als Gruppenmuster alle möglichen Köcherfliegen (Caddis), ähnelt auch Steinfliegen. Und sie schwimmt sehr gut, weil sie aus Rehhaar (Buck) gebunden ist.

Eine weitere Allround-Fliege empfahl mir Hans Gebetsroither, der Mentor des modernen Fliegenfischens in Europa: „Wannst nix fangst, nimmst halt a Red Tag." Der Rotschwanzpalmer (Red Tag), fast so alt wie die Fliegenfischerei, ist immer noch eine vorzügliche Fliege, genau wie

Köcherfliegen-Imitationen.

seine mit grauen Hecheln gebundene Verwandte, die Hexe. Wenn ich nicht genau ausmachen kann, worauf die Fische wirklich steigen, greife ich zu einer bewährten Fliege, zu der ich Vertrauen habe, konzentriere mich auf das Beobachten des Gewässers und darauf, sie präzise zu servieren. Das ist weit besser, als planlos das ganze Fliegensortiment durchzuprobieren.

Punktlandung

Beobachten ist unser nächstes Stichwort. Ein Gewässer blindlings mit der Fliegenschnur auszupeitschen, beschert nur Frust und Hektik, selten Fische. Ein Ring oder Schwall an der Oberfläche ist ein sicheres Zeichen für einen aktiven Fisch. Vielleicht können Sie auch eine Forelle im flachen Wasser beobachten. Oder Sie suchen Standplätze auf, wo eigentlich eine stehen „muß", zum Beispiel Strömungskanten hinter Steinen oder anderen Hindernissen, tiefe Rinnen in Ufernähe, möglichst unter überhängendem Gebüsch, ...

Aber werfen Sie nur nicht sofort los! Beobachten Sie erst den Fisch. Hat er Sie auch gesehen und Verdacht geschöpft, oder steigt er weiter nach Insekten? Wie bewegt er sich dabei, wie trägt die Strömung ihm die Insekten zu? Und welche? Welches Fliegenmuster entspricht in Größe, Struktur, Farbe und Lichtdurchlässigkeit dem natürlichen Vorbild?

Erst wenn diese Fragen geklärt sind, tritt die Fliegenrute in Aktion, denn der erste Wurf muß eine Punktlandung sein. Verzeihlich ist allenfalls ein zu kurzer Wurf, der die Forelle nicht erreicht. Wird aber der Standplatz überworfen, klatscht die Fliegenschnur vor dem Fisch auf, drückt die Strömung auf die Schnur und die Fliege furcht über das Wasser, so ist die Forelle fürs erste vergrämt. Suchen Sie dann eine andere auf und kommen Sie später noch einmal zurück.

Die Fliege soll ungehindert und ohne verdächtige Eigenbewegungen abtreiben. Von dieser Regel gibt es eine, allerdings wichtige Ausnahme. Die dicken Köcherfliegen zappeln heftig beim Schlüpfen aus ihrer Puppenhaut. Und beim Ablegen ihrer Eier schlittern die Weibchen stromauf und verursachen eine V-förmige Welle. Eine entsprechend geführte künstliche Sedge oder Buck Caddis kann beim Abendstieg im Sommer speziell großen Regenbogenforellen, aber auch Bachforellen zum Verhängnis werden. Der Fisch, dem ich meine „Traun-Taufe" verdanke, war so ein Fall.

Werfen Sie dazu den anvisierten Fisch oder Standplatz stromab an. Wenn die Fliege einen halben Meter darübertreibt, heben Sie die Rute an, damit die Fliege über das Wasser schlittert. Und behalten Sie bei dem stürmischen Anbiß die Nerven: Nicht anschlagen, sondern erst kurz die Rute senken und dann dagegenhalten. Sonst gibt's Bruch.

Vorhalt für Äschen

Erklärter Liebling vieler Flugangler ist die Äsche. Ihr Fang gilt als die „Hohe Schule" des Fliegenfischens. Leider haben die zuvor ausgezeichneten Äschenbestände in deutschen Gewässern stark unter der unsäglichen Kormoran-Plage gelitten. Gute Äschenfischerei bieten dagegen noch viele Flüsse in Österreich.

Die Schonzeit der Äsche endet im Mai. Dann sollte man die vom Laichgeschäft geschwächten Fische jedoch noch in Ruhe lassen. Die beste Äschensaison beginnt im August/September und zieht sich bis in den Winter hinein.

Äschen stehen immer am Grund, die großen Fische bevorzugen tiefe Rinnen und Züge. Zur Aufnahme von Insekten an der Oberfläche steigen sie auf, lassen sich dabei von der Strömung rückwärts treiben, kehren anschließend an ihren Standplatz zurück. Je nach Wassertiefe entsteht also der Ring, den sie beim Einsaugen des Insekts verursachen, 1 bis 2 Meter unterhalb ihres Standplatzes. Die Kunstfliege muß daher 2 bis 4 Meter oberhalb eines gesichteten Rings aufsetzen, damit sie rechtzeitig im Sichtfenster der Äsche erscheint und diese zum Aufstieg bewegt.

Außerdem akzeptiert die Äsche nur Fliegen, die seitlich maximal 30 bis 40 Zentimeter an ihrem Standort vorbeitreiben. Das ständige Auf- und Absteigen kostet schon genug Energie, so daß sie Verfolgungsjagden ablehnt. Während des Aufstiegs hat sie die Fliege ständig im Visier. Gerät diese ins Furchen, weil die Strömung am Vorfach zerrt, oder entspricht die Imitation in Form, Farbe und Größe nicht der gerade bevorzugten natürlichen Nahrung, so kehrt sie zum Grund zurück. Im Gegensatz zur Forelle ist sie jedoch nicht beleidigt, sondern weiterhin bereit zu steigen.

Kleine Fliegen und Mücken

Meine größte europäische Äsche von 48 Zentimetern (die „Schallmauer" 50 Zentimeter wird nur selten durchbrochen) aus der Traun war ein Lehrbeispiel für das Verhalten dieser Fischart. Ich hatte die große Äsche beim Steigen beobachtet und warf sie im eineinhalb Meter tiefen Wasser mit entsprechendem Vorhalt an. Einmal stieg sie nur kurz, falsche Fliege. Fliegenwechsel, drei oder vier Würfe später stieg sie wieder, beäugte die Fliege, ließ sich dabei einen oder zwei Meter abtreiben, und tschüs. Falsche Fliege, wieder nichts, was nun? „Wannst nix fangst, nimmst halt a Red Tag." Der Glaube an Hans Gebetsroithers Rat brachte mir diesen Prachtfisch beim nächsten Wurf an den Haken.

Rotschwanzpalmer und Hexe auf Haken Größe 16 bis 18 sind klassische Äschenfliegen für alle Fälle. Im August und September bringt die Buck Caddis Größe 14 oder 16 gute Ergebnisse. Kleine Eintagsfliegen und Mücken Größe 16 bis 20 fangen am besten im Herbst und Winter. Eine der besten Äschenfliegen (ebenfalls nach Gebetsroither) ist die Jungle Cock Midge. Mit ihrem flach aufliegenden Flügel aus einer Dschungelhahn-Feder hat sie von unten – für den Fisch – den Umriß einer Mücke. Der helle Fleck macht auch kleinste Exemplare für den Angler gut sichtbar. Hervorragend auf Äschen sind die kleinen CDC-Fliegen von Gerhard Laible (Vertrieb: R. Heger). CDC ist die Abkürzung für das französische Cul de Canard, zu deutsch „Entenpo". Die Fliegen werden aus Erpelbürzel-Federn gebunden, schwimmen sehr gut und sind ähnlich

Buck Caddis aus Rehhaar.

Red Tag und Jungle Cock.

Winzige Smuts für Äschen.

Faszinierende Fischwaid

Maifliegen sind besonders große Eintagsfliegen.

Dicke Äsche im Sprung.

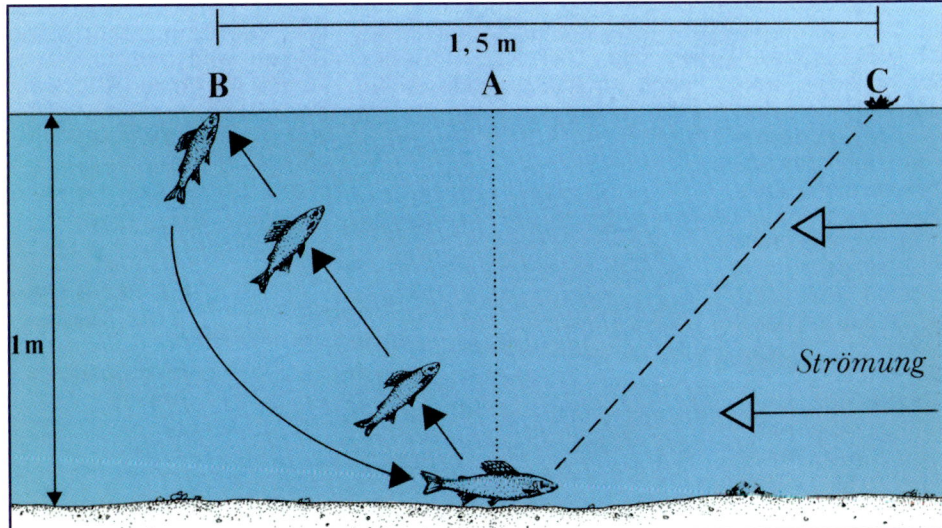
Auf Äschen muß man die Fliege mit Vorhalt präsentieren.

lichtdurchlässig wie natürliche Insekten. Wenn die Äschen winzige Kriebelmücken aufnehmen, die wie Schmutzpartikel im Oberflächenfilm treiben, gönnen sie keiner noch so schönen Trockenfliege einen Blick. Dann fängt man sie nur mit kleinsten Hechelfliegen auf Haken Größe 22 bis 28 (jawohl!), englische Bezeichnung Smuts.

Übungspartner

Fliegenfischen ist nicht auf Salmonidengewässer beschränkt. Auch einige Friedfische nehmen Insekten von der Oberfläche, allen voran der Döbel. Vor allem in den Sommermonaten fängt man ihn mit dicken Hechelfliegen oder Landinsekten-Imitationen an Haken Größe 10 bis 14. Häsling, Ukelei, Rotfeder und – an warmen Abenden im Juli und August – auch Rotaugen nehmen ebenfalls die Trockenfliege. Die Weißfische, insbesondere der scheue und gewitzte Döbel, sind oftmals schwieriger zu überlisten und anzuschlagen als Forellen oder Äschen. Für den Fliegenfischer sind sie daher ideale Übungspartner.

Trickwürfe

Die Fliege muß natürlich und ohne Furchen auf den Fisch zu treiben, das haben Sie jetzt mehrfach gelesen. Klingt plausibel, ist aber in der Praxis nicht ganz so einfach. Kommen wir noch einmal zurück auf unsere Ausgangssituation: Die Forelle steigt am anderen Ufer, Sie werfen quer über den Fluß. Unterschiedliche Strömungen nehmen Einfluß auf die Fliegenschnur. Oft ist die Strömung in der Mitte am stärksten, drückt auf den Schnurbogen und reißt die Fliege mit. Oder drüben in der Außenkurve strömt es am schnellsten. Dann bremst die langsamere Strömung auf Ihrer Seite die Fliege ab.

Tricks beim Werfen und der Schnurführung helfen, solche Situationen zu beherrschen. Die wichtigsten davon spreche ich hier kurz an. Richtig lernen können Sie sie wiederum am besten in einem Wurfkurs.

In schneller und ungleichmäßiger Strömung ist der abgestoppte Wurf angebracht. Bringen Sie beim letzten Luftschwung mehr Schnur aus, als eigentlich zum Erreichen des Ziels notwendig wäre. Stoppen Sie den Vorschwung zwischen 12 und 1 Uhr, lassen Sie Schnur und Fliege herunterfallen. Dann haben Sie genügend Spielraum, um der Schnur mit der Rute zu folgen und die Fliege ungehindert abtreiben zu lassen.

Beim Äschenangeln mit Vorhalt legt die Fliege oft einige Meter zurück, bis sie an den Punkt gelangt, wo die Äsche zufaßt. Sie müssen also ständig Schnur nachgeben, damit die Fliege nicht abgebremst wird. Ziehen Sie dazu Schnur von der Rolle und schwippen Sie diese mit kleinen Vorwärts-Schwüngen der Rute auf das Wasser. Mending the Line (die Schnur berichtigen) heißt dieses Verfahren auf englisch. Wichtig ist, daß die Hauptmasse der Schnur in der gleichen Strömung treibt wie die Fliege.

An kleineren Gewässern und beim Angeln vom Ufer verhindern oft steile Böschungen oder Bäume und Büsche im Rücken einen „normalen" Fliegenwurf mit Rückschwüngen. Hier brauchen Sie den Rollwurf. Lassen Sie zunächst soviel Schnur mit der Strömung abtreiben, wie Sie zum Erreichen Ihres Zieles benötigen. Ziehen Sie dann diese Schnurlänge mit der Rute langsam nach hinten, bis die Rute 11 Uhr zeigt und die Schnur im Bogen hinter ihr durchhängt. Führen Sie jetzt die Rute mit zunehmender Beschleunigung nach vorn wie bei einem gewöhnlichen Wasserwurf. Die Schnur hebt sich dabei vom Wasser ab und streckt sich ins Ziel.

Tips zum Gerät

Zum Schluß ein paar Tips zum Trockenfliegen-Gerät. Die Standard-Kombination, eine Rute von 2,70 Metern mit Schnurklasse 6, eignet sich vor allem zum Forellenfischen an größeren Flüssen. Wenn Sie waten können, reicht eine 2,40 Meter lange Rute mit Schnurklasse 4 oder 5 völlig aus. Beim Äschenfischen ist dies die Standardrute. Experten angeln noch leichter und feiner mit Schnurklasse 3 und entsprechend nachgiebigen Ruten, die auch das Verwenden sehr dünner Vorfächer gestatten.

Die Stärke der Vorfachspitze richtet sich nach der Größe der Fliege und natürlich der zu erwartenden Fische. Hier eine Faustregel: Für große Mai- und Köcherfliegen oder Landinsekten auf Haken Größe 10 bis 12 verwende ich Vorfachspitzen zwischen 0,22 und 0,18 mm. Die Normalgrößen 14 bis 16 knüpfe ich an Spitzen zwischen 0,18 und 0,14 mm. Zu kleinen Äschenfliegen Größe 18 bis 20 paßt eine Spitze von 0,14 bis 0,12 mm, für die winzigen Smuts muß die Spitze oft noch feiner sein. Alles in allem fische ich am häufigsten mit einer Vorfachspitze von 0,16 mm.

Die Trockenfliege muß schwimmen, das versteht sich von selbst. Fliegenfett oder Spray halten sie schwimmfähig. Ein Amadou (Feuerschwamm) trocknet durchnäßte Fliegen blitzschnell. Auch das Vorfach muß schwimmen. Behandeln Sie es mit Schnurfett, aber lassen Sie die Vorfachspitze fettfrei, sonst verursacht sie störende Lichtreflexe.

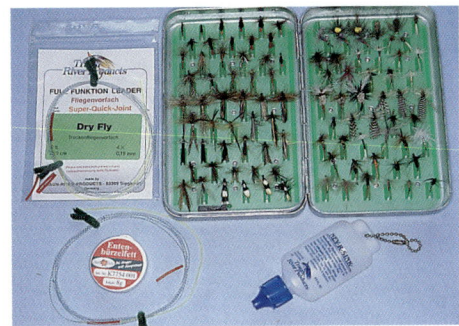
Amadou zum Trocknen der Fliegen. *Trockenfliegen, Vorfächer, Schwimmfett.*

Faszinierende Fischwaid

Diese starke Grundäsche fiel auf eine Pala-retta-Nymphe herein.

Insekten unter Wasser:

Nymphen fangen mehr

Beobachten, überlegen, den Biß erahnen – Angeln mit der Nymphe ist nicht die einfachste, aber die ergiebigste Form des Fliegenfischens.

Insektenlarven und Kleinkrebse sind ein wichtiger Bestandteil der Nahrung unserer Fische. Forellen ernähren sich zu 80 Prozent von solchem Unterwasser-Getier. Außerhalb ihrer aktiven Steigphasen fangen künstliche Nymphen und Flohkrebse daher zumeist besser als die Trockenfliege.

Äschen sind steigfreudiger. Sie sammeln auch kleinste Insekten von der Oberfläche, für die Forellen sich kaum interessieren würden. Allerdings fällt die beste Fangzeit der Äsche in den Herbst und Winter, wenn der Insektenschlupf stark eingeschränkt ist. Um ihren Nahrungsbedarf zu stillen, sammelt auch die schöne Fahnenträgerin eifrig Larven und Krebse. Die ganz kapitalen „Grundäschen" steigen nur selten. Mit einer tief geführten künstlichen Nymphe lassen sie sich überlisten.

Trotz dieser Vorzüge nähern viele Fliegenfischer sich dem Nymphenfischen nur zögernd und kehren nach mehr oder weniger erfolglosen Versuchen wieder zur Trockenfliege zurück. Beim Fliegenfischen unter Wasser fehlt der Blickkontakt zum Köder und zum Fisch. Die Methode erfordert viel Beobachtung, Überlegung und Einfühlungsvermögen. Sonst bleibt es beim „Blindfischen" und bei Zufallsfängen.

Wahl ohne Qual

Natürlich sind Insektenlarven ebenso artenreich und vielfältig wie die Fluginsekten, von denen sie abstammen und zu denen sie werden. Doch die Wahl der richtigen Nachbildung ist nicht so heikel wie bei den Trockenfliegen. In 90 Prozent aller Fälle kommt man mit wenigen künstlichen Nymphen aus, die jeweils eine Gruppe von Larven imitieren. Grundkenntnisse über die Lebensweise und das Verhalten der Larven und über das Insektenvorkommen im Gewässer helfen, das richtige Gruppenmuster zu finden.

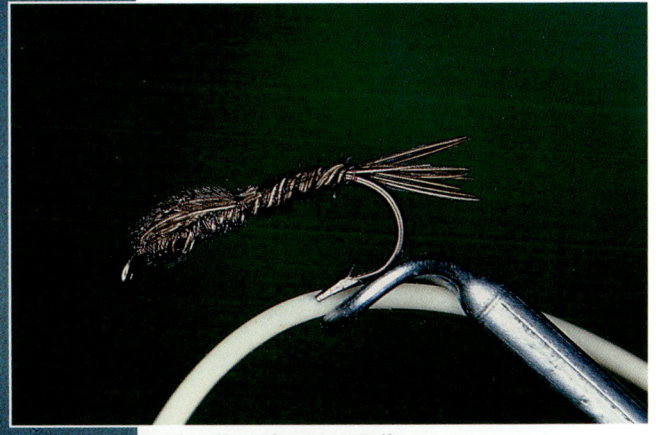

Klassiker Pheasant Tail.

Zu den wichtigsten Nährtieren in sauberen Bächen und Flüssen zählen Eintagsfliegen-Larven. Sie sind 10 bis 30 mm lang, ihr Körper ist stromlinienförmig gebaut, sie tragen zwei oder drei Schwanzfäden, die u. a. als Steuerinstrument beim Schwimmen dienen. Ihr Körper besteht zu zwei Fünfteln aus Kopf und Brust, drei Fünftel macht der auffällig segmentierte Hinterleib aus. Die Larven sind unscheinbar braun, grün, schwarz, in der Mehrzahl olivgrün gefärbt. Die meiste Zeit ihres Lebens verbringen sie am Grund, auf und unter Steinen, an Pflanzen. Also müssen die künstlichen Nymphen in Grundnähe serviert werden.

Verschiedene Köcherfliegen-Nymphen.

Im wesentlichen reichen zwei sehr bekannte Muster aus, um Eintagsfliegen-Larven nachzubilden: Die bräunliche Fasanenschweif-Nymphe (Pheasant Tail) und die olivgrüne Ritz D. Letztere ist durch eine Wicklung Messingdraht am Kopf schwerer und sinkt schneller ab. Beide

Faszinierende Fischwaid

Muster werden auf Haken Größe 10 bis 14 gebunden. Noch mehr Gewicht erhalten sie durch einen Goldkopf.

An vielen Bächen und Flüssen sind Köcherfliegen-Larven die vorherrschende Nahrung. Friedfischangler kennen sie als vorzüglichen Naturköder für Döbel und Barben. Auch Forellen und Äschen laben sich an den nahrhaften gelblich-weißen Larven, die zumeist in selbstgebauten Gehäusen aus pflanzlichem Material, Sand und Steinchen über den Grund spazieren. Künstliche Köcherfliegen-Nymphen haben einen schlanken, gerippten Körper, sind weiß oder gelb gefärbt und werden auf Haken Größe 10 bis 14 gebunden. Ein bekanntes Muster ist die gelbe, schwarz gestreifte Palaretta. Mit reichlich Kupferdraht auf dem Hakenschenkel ist sie äußerst gefährlich für große, tief stehende Äschen. Das gilt auch für Köcherfliegen-Nymphen mit Goldkopf.

Auch die Larven der Steinfliege sind wichtige Nährtiere. Sie zählen zu den größten Insektenlarven in der europäische Fauna und werden durch Nymphen auf Haken Größe 6 bis 10 nachgebildet. Ein Gruppenmuster, das die Fische sowohl für Stein- wie auch Köcherfliegenlarven nehmen, ist die Arthofer-Nymphe.

Bleiben noch die Mückenlarven. Gewässer mit schlammigem Grund sind ihr Lebensraum. Stipper kennen Mückenlarven als Top-Köder für Friedfische. Kein Wunder, daß ihre künstlichen Nachbildungen auch beim Fliegenfischen Döbel, Rotaugen, und Rotfedern verführen.

Einer der erfolgreichsten Köder beim Nymphenfischen ist der Flohkrebs. Zwar haben Bachflohkrebse biologisch betrachtet nichts mit Insektenlarven zu tun. Aber sie teilen ihren Lebensraum und ihr Schicksal, von den Fischen mit Vorliebe gefressen zu werden. Flohkrebse kommen besonders in Gewässern mit Krautbewuchs massenhaft vor. Sie sind dort die wichtigsten Nährtiere für Forellen, die den Krebsen ihr „lachsrotes" Fleisch verdanken. Als aktive Schwimmer bewegen sie sich am oder nahe über dem Grund. Künstliche Flohkrebse benötigen daher genügend Eigengewicht durch Wicklungen aus Blei- oder Kupferdraht auf dem Schenkel des Hakens (Größe 10 bis 14).

Nymphen-Technik

Die klassische Technik beim Nymphenfischen besteht darin, einen gesichteten Fisch stromauf oder schräg stromauf anzuwerfen. Die Nymphe muß weit genug oberhalb seines Standplatzes einfallen, damit sie unter Berücksichtigung der Strömung rechtzeitig in Grundnähe absinkt und dort ankommt, wo der Fisch auf abtreibende oder herumschwimmende Larven lauert. Der Reiz des Köders wird gesteigert, wenn man ihn kurz vor dem Standplatz durch einen Zupfer mit der Rute aufsteigen läßt.

Ein langes Vorfach von mindestens drei Metern mit einer 100 bis 150 Zentimeter langen Spitze ermöglicht der Nymphe das Absinken. In flachen Gewässern sollte nur diese Spitze einsinken. Der Rest des Vorfachs wird gefettet, damit er schwimmt. Das reicht je nach Strömung für 60 bis 80 Zentimeter Sinktiefe. Wenn das Wasser tiefer ist, muß das gesamte Vorfach absinken. Entfetten Sie dazu das Vorfach mit einem Sinkspray aus dem Fachhandel oder einfach mit Spülmittel. Wenn das nicht reicht, klemmen Sie ein Bleischrot über dem untersten Verbindungsknoten auf das Vorfach, oder verwenden Sie ein spezielles sinkendes Nymphenvorfach.

Mit einer 2,70 Meter langen Rute und einer schwimmenden Schnur Klasse 6 sind Sie an den meisten Gewässern auch zum Nymphenfischen richtig ausgerüstet. Damit können Sie lange Vorfächer und beschwerte Nymphen bes-

Bernd Kuleisa, langjähriger Chefredakteur der Zeitschrift Fliegenfischen, ist ein erfahrener Nymphenfischer. Diese schöne Regenbogenforelle nahm eine Goldkopf–Nymphe.

Aufsteiger-Nymphen, sogenannte Emerger, sind äußerst fängig.

Nymphen mit Goldkopf tauchen tiefer.

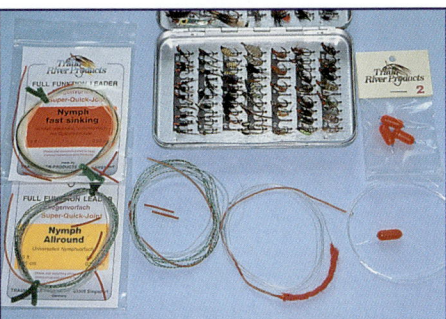

Nymphen-Sortiment und Vorfächer mit unterschiedlicher Sinktiefe. Rechts Bißanzeiger zum Aufschieben auf das Vorfach, daneben ein Vorfach mit eingearbeitetem Bißanzeiger.

ser werfen als mit einer kürzeren Rute. Äschen-Experten verwenden gern leichtere, aber ebenfalls lange Ruten mit Schnurklasse 3 bis 4. Für die Vorfachspitze gelten ähnliche Regeln wie bei der Trockenfliege: 0,16 mm ist Standard, für große und stark beschwerte Nymphen ist 0,18 bis 0,22 mm sicherer.

Den Biß erahnen

Beim Wurf stromauf oder schräg stromauf treibt die Nymphe auf den Angler zu. Er muß also fortlaufend Schnur aufnehmen, um Kontakt mit dem Köder zu halten und bei einem Anbiß prompt anschlagen zu können. Im Idealfall an einem sehr klaren Gewässer wird der Biß dadurch sichtbar, daß der Fisch sich auf den Köder zu bewegt. Ein Schwall, ein Blitzen zeigen sich unter der Oberfläche. Heben Sie die Rute an, straffen Sie die Schnur. Das genügt als „Anhieb".

An vielen Gewässern ist eine so genaue Beobachtung nicht möglich. Als Bißanzeiger dient dann die Schnur bzw. der schwimmende Teil des Vorfachs. Sobald sich daran beim Abdriften verdächtige Bewegungen zeigen – Eintauchen, seitliches Wegtreiben, Zucken oder auch nur Verweilen in der Strömung – sollten Sie sofort reagieren. Lieber zehnmal zu oft die Rute anheben und neu auswerfen als einen Fisch versäumen!

In schneller, quirliger Strömung, bei starken Lichtreflexen oder Schattenbildung auf der Oberfläche kann man an Vorfach und Schnur die Bisse nicht zweifelsfrei erkennen. Hier hilft nur ein Bißanzeiger. Das kann einfach ein roter Wollfaden sein, der zwischen Fliegenschnur und Vorfach eingeknüpft wird. Oder ein kleiner Auftriebskörper, den man auf das dicke Ende des Vorfachs schiebt. Es gibt auch spezielle Nymphenvorfächer mit eingearbeitetem Bißanzeiger. Ich weiß, das klingt nach „Fliegenfischen mit der Pose". Aber der Erfolg heiligt den Fortschritt.

Aufsteiger

Ein anderes Verfahren, die Nymphe zu präsentieren, ist der Wurf quer zur Strömung oder schräg stromab. Damit der Köder ungehindert abtreibt und die notwendige Tiefe erreicht, müssen Sie ständig Schnur nachgeben und durch Schlenker mit der Rute in die Strömung umlegen (Mending the Line). Nymphenfischen stromab ist vor allem eine Technik zum systematischen Absuchen größerer Flüsse, wenn die Fische sich nicht durch Steigen verraten. Ohne Bißanzeiger haben Sie dabei schlechte Karten. Bei rascher Strömung und mehr als einem Meter Wassertiefe ist eine sinkende Fliegenschnur oder eine Schwimmschnur mit sinkender Spitze (Sink Tip) vorteilhaft. Mit einer schweren Sinkschnur kann man die Nymphe auch gegen die Strömung über den Boden heranzupfen. Dabei geht gelegentlich eine große Forelle an den Haken. Äschen haben für Nymphen mit solchen Schwimmkünsten wenig Verständnis. Beim Fischen stromab kommt oft ein Anbiß gerade in dem Moment, wenn am Ende der Drift die Nymphe zur Oberfläche aufsteigt. Das ist kein Zufall, sondern bringt uns zurück zur Lebensweise der Insekten. In der Endphase ihres Larvenstadiums bildet sich in der Larve bzw. Puppe das fertige Insekt heran, die Larve steigt zur Oberfläche. Jetzt haben Forellen und Äschen besonders leichte Beute – und für nichts anderes im Wasser einen Sinn. In einem solchen Moment sind aufsteigende Nymphen, stromab serviert, unschlagbar.

Kurz vor dem Schlupf treiben die Aufsteiger (Emerger) im Oberflächenfilm des Wassers. Auch hier können die Fische sie leicht einsammeln. Sie durchstoßen dabei mit ihrem Kopf oder ihren Flossen die Oberfläche. Das sind Phasen, die den Trockenfliegen-Fischer zur Raserei bringen: Überall Ringe, aber kein Fisch interessiert sich für seine Fliege. Emerger-Nymphen, die knapp unter der Oberfläche treiben, lösen das Problem.

Modernes Angeln **187**

Faszinierende Fischwaid

*Drill an der Wiesent.
Eine starke Forelle
nahm die Naßfliege.*

Mit Fliegen reizen:

Naßfliege und Streamer

Naßfliegen verführen Forellen in Fluß und See. Streamer imitieren Kleinfische und werden auch anderen Räubern gefährlich.

Das Angeln mit der Naßfliege ist die älteste Form des Fliegenfischens. Ihr Gebrauch geht bis ins Mittelalter zurück. Im zwanzigsten Jahrhundert wurde sie durch die Trockenfliege und durch das moderne Nymphenfischen in den Hintergrund gedrängt. Von den britischen Inseln, wo die Naßfliege nie an Bedeutung verlor, kommt sie allmählich auf den europäischen Kontinent zurück, besonders zum Fliegenfischen in Seen und Talsperren.

Die klassische Naßfliege imitiert ein abgestorbenes und versunkenes Insekt, das knapp unter der Oberfläche treibt. Viele Muster ähneln bekannten Trockenfliegen: Märzbraune, Blue Dun, Rotspinner, Goldfliege, Palmer usw. Durch ihre Bindeweise sind sie aber zum Absinken geschaffen. Sie werden mit einem dünneren Kranz aus weichen Hecheln gebunden, die bei Bewegung lebhaft im Wasser spielen. Bei geflügelten Naßfliegen liegen die Flügel nach hinten an, während sie bei Trockenfliegen hoch abstehen.

Meine ersten praktischen Erfahrungen mit Naßfliegen sammelte ich an einem kleinen Fluß in Irland. Auf Trockenfliegen stieg kein Schwanz. Kein Wunder, denn im kühlen irischen Frühling schlüpften kaum Insekten. Mit Naßfliegen im Oberflächenfilm hingegen konnte ich einige wunderschön gezeichnete Brown Trout (Bachforellen) überlisten. Danach habe ich die Naßfliege auch an deutschen Gewässern speziell im Frühjahr bei niedrigen Wassertemperaturen wiederholt mit Erfolg eingesetzt.

Schräg stromab

Bei der üblichen Angeltechnik wird die Naßfliege schräg stromab serviert. An kleineren Flüssen fischt man zunächst das gegenüberliegende Ufer ab. Die Fliege soll frei und ungehindert treiben. Dafür müssen Sie ständig Schnur Richtung Flußmitte nachgeben (Mending the Line). Anderenfalls drückt die Strömung auf die Schnur und zieht die Fliege aus ihrer Bahn. An breiten und flachen Flüssen wirft man watend von der Flußmitte aus die beiden Ufer an. Mit dieser Technik kann man

Faszinierende Fischwaid

Fliegenfischen auf Räuber – mit Streamer auf Hecht.

einen Fluß Stück für Stück fächerförmig absuchen.

Am Ende der Drift treibt die Fliege zwangsläufig quer über den Fluß. Sie haben jetzt zwei Möglichkeiten: Schnur aufnehmen und neu auswerfen oder die Fliege am eigenen Ufer entlang gegen die Strömung heranzupfen. Im zweiten Fall nimmt die Forelle die Kunstfliege nicht mehr als Insekt, sondern als Brutfischchen oder sonstiges Reizobjekt, das sie fangen, vielleicht auch nur verjagen möchte.

Der Anbiß ist beim Fischen mit der Naßfliege nicht immer eindeutig zu erkennen. Manchmal durchbricht der Fisch mit dem Rücken oder der Schwanzflosse die Oberfläche und verursacht einen Schwall. Oft ist aber nur ein mattes Blinken seiner Flanken zu erahnen, wenn er die Fliege ein Stück unter der Oberfläche aufnimmt. Oder das Vorfach bzw. die Fliegenschnur taucht plötzlich weiter als gewöhnlich ein, verändert die Richtung, bleibt in der Strömung stehen. Diese Formen der Bißanzeige kennen wir vom Nymphenfischen. Bei jedem Verdacht sollten Sie sofort die Schnur straffen. Aber bitte nicht mehr! Beim Fischen stromab reißt ein schwungvoller Anschlag dem Fisch die Fliege aus dem Maul, oder er zerreißt das Vorfach. Von meinem irischen Lehrmeister hörte ich immer wieder den Rat: „Don't strike! (Nicht anschlagen!)" Anfangs kam der Rat manchmal zu spät ...

Stillwasser absuchen

Beim Fliegenfischen an Seen und Talsperren ist die Naßfliege der wichtigste Köder. Auf den britischen Inseln hat das Forellenfischen in Reservoirs (Stauseen) eine weit längere Tradition als auf dem Kontinent. Aber es macht allmählich auch hier Schule. Während im Fluß die Forellen zumeist an einem bestimmten Standort stehen und sich auf eine bestimmte Nahrung festlegen, streifen sie in stehenden Gewässern umher und jagen unterschiedliche Nährtiere. Dabei ist ihr Interesse für die reichliche Unterwasserfauna von Insektenlarven, Flohkrebsen und anderen Kleinlebewesen größer als für die zumeist spärliche Flugnahrung.

Die besten Chancen hat der Fliegenfischer daher, wenn er mit der Naßfliege von Ufer oder vom Boot aus das Gewässer absucht. Nach dem Wurf muß die Fliege zunächst ein Stück absinken, bevor man sie mit kurzen, langsamen Zügen allmählich einholt. Um einen Wurf auf 20 Meter Stück für Stück auszufischen, sollte man sich gut zwei Minuten Zeit lassen, denn welche Insektenlarve rast schon durch das Wasser! A propos Larve – selbstverständlich sind auch künstliche Nymphen und Flohkrebse her-

Kunstvoller Koppenstreamer.

Phantasie-Streamer.

Bunte Naßfliegen.

Klassische Naßfliegen (von links): Palmer mit weichen Hecheln, Goldfliege, Alexandra.

Körper aus Silberlametta. Andere Modelle sind noch bunter. Sie heben sich deutlich ab von der dämmrig grünen Unterwasserwelt der Seen und erregen die Aufmerksamkeit der Fische. Für Insekten werden sie freilich nicht gehalten, eher für Fischbrut. Daher muß man sie wesentlich schneller einholen als die Insekten-Nachbildungen. Ein Wurf von 20 Metern sollte nach 30 bis 45 Sekunden ausgefischt sein.

Beim Fliegenfischen an stehenden Gewässern sind also weite Würfe die Regel, besonders beim Angeln vom Ufer aus. Sie gelingen am besten mit einer langen Rute von 2,70 bis 3 Metern und einer WF-Schnur Klasse 6 bis 8. Flache Seen werden mit einer schwimmenden Schnur und einem drei Meter langen Vorfach mit 1 bis 1,5 Metern Spitze beangelt. An tiefen Seen benötigen Sie eine Schnur mit sinkender Spitze oder eine Sinkschnur. Auch im Fließwasser, gegen die Strömung herangezupft, spielen die bunten Phantasiefliegen ihre Reizwirkung aus.

Streamer für Räuber

Aus dem Fischen mit Reizfliegen hat sich eine eigenständige Sparte des Fliegenfischens entwickelt, das Angeln mit dem Streamer. Streamer sind große Kunstköder, die in länglicher Form auf Haken Größe 6 bis 1 und noch größer gebunden werden. Sie täuschen der räuberischen Forelle einen Beutefisch vor. Daher sind Nachbildungen von Koppe und Elritze die klassischen Köder. Daneben gibt es bunt schillernde und glitzernde Streamer, die nur auf Reizwirkung abzielen, ohne ein natürliches Vorbild zu imitieren. Sie wirken auf die Forelle wie ein Spinnköder.

Im Gegensatz zu Trockenfliege, Nymphe und herkömmlicher Naßfliege beschränkt sich der Einsatz des Streamers nicht auf wenige Fischarten – Forellen, Äschen, Döbel. Auch Barsch, Zander, Rapfen und Hecht kommen in die Reichweite des Fliegenfischers. Diese Räuber fallen gern auf grell-bunte Phantasie-Streamer mit gelben, roten oder orangefarbenen Federn und Borsten herein. Rapfen-Spezialist Michael Werner, Chefredakteur der Zeitschrift FLIEGENFISCHEN, schwört auf große weiße Streamer. Damit der Streamer fängt, muß er in der richtigen Tiefe schwimmen und sich „glaubwürdig" verhalten. Jeder Streamer bewegt sich im Wasser auf seine eigene Art. Testen Sie daher zunächst im flachen Wasser, bei welcher Art und Geschwindigkeit des Einholens Ihr Streamer seine beste Wirkung entfaltet. Angeln Sie wie beim Spinnfischen zunächst im Uferbereich, steigern Sie danach allmählich die Wurfdistanz, fischen Sie das Gewässer fächerförmig ab.

Wichtig ist natürlich die richtige Schwimmtiefe des Streamers. Die Köder haben ein gewisses Eigengewicht. Daher kann man sie an langsam fließenden und flachen Flüssen (und natürlich im See) mit einer schwimmenden Schnur und einem langen Vorfach einsetzen. In der Strömung und in tiefen Seen ist eine Sinkschnur, in schneller Strömung eine schnell sinkende Schnur erforderlich. Beim Fischen mit sinkenden Schnüren verwendet man ein kurzes Vorfach von nur ca. 1 Meter Länge, sonst würde der Streamer durch die Strömung hochgeschwemmt. Für die Tiefe eignen sich vorbeschwerte Streamer mit einem konischen Messinggewicht im Kopf (Cone Head) besonders gut.

Das Werfen mit großen und schweren Streamern bereitet einige Schwierigkeiten. Durch ihr Gewicht und ihren Luftwiderstand lassen sie sich schlecht kontrollieren, überholen in der Luft die Schnur oder verhängen sich darin. Ungeübte Werfer fangen sich mit dem Streamer selbst. Das Verletzungsrisiko sollte man nicht unterschätzen. Beim Streamerfischen wird deshalb oft der Rollwurf angewandt.

Wenn Sie sich auf das Streamerfischen spezialisieren möchten, empfehle ich eine 3 Meter lange Rute für Schnurklasse 8 und eine Rolle mit zwei Spulen für eine schwimmende und eine sinkende Schnur. Rechnen Sie mit großen Fischen und spulen Sie unter der Fliegenschnur 100 Meter Nachschnur als Reserve für den Drill auf die Rolle.

Doch auch ohne Spezialisierung ist der Streamer ein Super-Köder. An meinem Standard-Gerät – Rute 2,70 Meter und Schnurklasse 6 – habe ich damit schon oft schöne Forellen erbeutet, wenn die „vornehmen" Methoden nichts brachten, zum Beispiel bei hohem und angetrübtem Wasser.

vorragende Köder für die Fliegenfischerei im Stillwasser.

Anders verhält es sich mit den farbenfreudigen Reizfliegen, die ebenfalls zu den Naßfliegen zählen. Die bekannteste von ihnen ist die Alexandra, ein Kunstwerk aus schillernden Pfauenfedern, durchsetzt mit bunten Fäden und einem

STICHWORT-VERZEICHNIS

Für jedes Stichwort ist nur ein Eintrag angegeben. Er bezeichnet die Seite, auf der das Stichwort erstmalig, besonders ausführlich und/oder mit Abbildung erläutert wird.

Aal	125	Hanf	20	Rotfeder	70
Aftma-Klassen	176	Hebebiß	20	Sbirulino	132
Aland	67	Hecht auf Naturköder	99	Scharkante	149
Äsche	181	Hecht, Spinnfischen	143	Schleie	74
Bachforelle	179	Horizontalspinnen	161	Schleppangeln	150
Baitrunner	86	Kampfbremse	44	Schnurgleiter	45
Barbe	63	Kapselrolle	29	Schwingspitze	55
Barsch auf Naturköder	112	Karausche	70	Segelpose	105
Barsch, Spinnfischen	165	Karpfen	78	Seitenarm-Montage	44
Barschberg	149	Karpfen-Rigs	91	Silikonfische	140
Bibberspitze	44	Knoten für Kevlar	120	Spinner	137
Bißanzeiger, elektronisch	88	Knoten für Öhrhaken, Wirbel	45	Spinnerbait	147
Bleiformen zum Grundangeln	45	Knoten für Plattenhaken	9	Spinnfischen	137
Bleiköpfe	140	Knoten für Schlaufe	9	Spinnrute	141
Bleikopfspinner	138	Knoten für Schnurverbindung	30	Sprungschicht	149
Bleischrot	9	Knoten für Seitenarm	45	Spulenfreilauf	86
Bleischrot-Gewichte	31	Knoten für Stahlvorfach	101	Spundwand	155
Bleistopper	45	Köderfische	102	Stahlvorfach	101
Blinker	137	Köderspinner	138	Steckrute	7
Boilies	82	Kopfrute	7	Stick-Posen	32
Bologna-Methode	23	Kristallposen	32	Stippangeln	6
Brassen	15	Kunstfliegen	175	Stopperknoten	26
Caster	37	Laufpose	26	Streamer	189
Catch and Release	178	Legering	43	Swimfeeder	44
Döbel auf Naturköder	63	Lotblei	9	Swinger	89
Döbel, Spinnfischen	169	Maden	12	Tastfischen	111
Drachkovitch-System	163	Madenpuppen	37	Tauwurm	127
Echolot	150	Madenschleuder	12	Testkurve (Rute)	86
Feeder-Ruten	44	Mais	84	Trockenfliegen	179
Festblei-Montage	88	Matchrute	29	Trotting	32
Fetzenköder	108	Nase	66	Trüsche	130
Fliegenfischen	174	Naßfliege	189	Tunken	16
Fliegenrolle	175	Nottingham-Rolle	32	Twister	140
Fliegenrute	175	Nymphen	185	Unterwasserpose	104
Fliegenschnüre	175	Paternoster-Montage	44	Waggler-Posen	36
Fliegenwurf	175	Pilker	153	Waller	115
Forelle, Spinnfischen	171	Pinkies	20	Wels	115
Futterkorb	51	Pop Up-Köder	92	Winklepicker	47
Futterspirale	64	Quappe	130	Wobbler	138
Geflochtene Schnur	141	Rapfen	168	Wurfgewicht (Rute)	86
Giebel	70	Regenbogenforelle	132	Wurfrohr	85
Grundangeln	42	Rod Pod	87	Zährte	69
Gummifisch	140	Rolling Trolling	49	Zander auf Naturköder	108
Gummizug für Stipprute	8	Rollwurf	183	Zander, Spinnfischen	154
Haarmontage	89	Rotauge	10